DIANA

ANDREW MORTON

DIANA

SUA VERDADEIRA HISTÓRIA

em suas próprias palavras

Tradução
A. B. Pinheiro de Lemos e Lourdes Sette

12ª edição

BestSeller

Rio de Janeiro | 2025

CIP-BRASIL. CATALOGAÇÃO NA PUBLICAÇÃO
SINDICATO NACIONAL DOS EDITORES DE LIVROS, RJ

Morton, Andrew, 1953-

M864d Diana — Sua verdadeira história / Andrew Morton; tradução A. B.
12ª ed. Pinheiro de Lemos, Lourdes Sette. – 12ª ed. – Rio de Janeiro: Best*Seller*, 2025.
il.

Tradução de: Diana: her true story

ISBN 978-85-7684-778-6

1. Diana, Princesa de Gales, 1961-1997. 2. Grã-Bretanha – Príncipes e princesas – Biografia. 3. Princesas – Biografia. I. Lemos, A. B. Pinheiro de (Alfredo Barcellos Pinheiro de), 1938-2008. II. Sette, Lourdes. III. Título.

13-02976 CDD: 923.1
CDU: 929.320

Texto revisado segundo o novo Acordo Ortográfico da Língua Portuguesa.

Título original
DIANA – HER TRUE STORY IN HER OWN WORDS

Publicado em 1992 pela Editora Record.

Edição ampliada e atualizada pela Editora Best*Seller* em 2013

Editoração eletrônica: Abreu's System

Impresso no Brasil

ISBN 978-85-7684-778-6

Sumário

Agradecimentos

Esta biografia da princesa de Gales é única no sentido de que a história destas páginas nunca teria sido contada não fosse pela cooperação sincera de Diana. O texto é baseado em longas entrevistas, gravadas em fita, com Diana, complementado pelos testemunhos da família e de amigos. Assim como Diana, eles falaram com honestidade e franqueza, apesar do fato de que fazê-lo significava deixar de lado a discrição e lealdade que a proximidade com a realeza invariavelmente requer. Minha gratidão pela cooperação deles é, portanto, a mais profunda e sincera.

Agradeço também ao irmão da princesa de Gales, o nono conde Spencer, pelos esclarecimentos e lembranças, sobretudo com relação à infância e à adolescência da princesa.

Meus agradecimentos também à baronesa Falkender, Carolyn Bartholomew, Sue Beechey, Dr. James Colthurst, James Gilbey, Malcolm Groves, Lucinda Craig Harvey, Peter e Neil Hickling, Felix Lyle, Michael Nash, Delissa Needham, Adam Russell, Rory Scott, Angela Serota, Muriel Stevens, Oonagh Toffolo e Stephen Twigg.

Há outros cujos cargos me impedem de agradecer oficialmente pela ajuda. A orientação generosa que me deram foi inestimável.

Agradeço também ao meu editor Michael O'Mara pelas orientações e pelo apoio ao longo do caminho tortuoso, desde a concepção até a conclusão, e a minha mulher, Lynne, pela imensa paciência.

Andrew Morton
setembro de 1997

Agradecimentos

Agradecimentos pelas fotografias

Antes da morte, em março de 1992, o pai da princesa de Gales, o oitavo conde Spencer, muito gentilmente permitiu acesso aos álbuns de fotografias da família. Muitas das fotos deste livro são reproduções desses álbuns. A cooperação generosa dele é imensamente apreciada.

Os retratos lindos e modernos da princesa de Gales e dos filhos que aparecem neste livro são todos de Patrick Demarchelier. As fontes de todas as outras fotos são mencionadas nas legendas.

Prefácio

A morte trágica de Diana, princesa de Gales, em 31 de agosto de 1997 deixou o mundo com um sentimento de luto, desespero e arrependimento sem comparação na era moderna. Essa erupção espontânea de angústia foi uma demonstração não apenas do enorme impacto que Diana causou no cenário mundial, mas também da importância de sua posição, do que ela representava como mulher e como porta-estandarte de uma nova geração, de uma nova ordem e de um novo futuro. Até hoje, ainda estamos tentando aceitar não apenas o fato de tê-la perdido, mas também entender o que ela significou para nós, por que aqueles que nunca a conheceram sentiram uma tristeza que não demonstrariam nem mesmo por parentes e amigos mais próximos. Por alguma alquimia inexplicável, ela personificou o espírito da época; assim, quando a enterramos, também sepultamos uma parte de nós. Aqueles que compuseram o cortejo fúnebre e colocaram flores no palácio de Kensington, sua residência em Londres, choraram não apenas por ela, mas por si mesmos. Ironicamente, uma vez lhe perguntaram que epitáfio gostaria de ter em sua sepultura. "Uma grande esperança esmagada no nascedouro", foi a resposta dela, uma frase que, involuntariamente, resumiu não apenas sua vida curta, mas o espírito que ela representava.

Entre lágrimas e flores havia sentimentos de culpa, vergonha e raiva com relação à família real, que a abandonara, e aos meios de comunicação de massa, que a perseguiram. Esses sentimentos eram muito fortes e demonstravam o quanto a sensibilidade contemporânea se transformara; as placas tectônicas que sustentavam a sociedade de forma cultural, social e política haviam mudado nos últimos anos. Da mesma forma que o povo decidira, nas eleições de maio de 1997, dar ao Partido Trabalhista uma histórica vitória avassaladora, assim também nos dias anteriores e durante o funeral de Diana as pessoas expressaram descontentamento e decepção com duas outras instituições poderosas, porém livres de qualquer controle: a mídia e a monarquia, consideradas traidoras não apenas dos desejos de Diana, mas também dos delas. Diana era do povo e a favor do povo, e o primeiro-ministro Tony Blair capturou esse sentimento quando a descreveu como "a princesa do povo".

Quando a rainha, de pé diante dos portões do palácio de Buckingham com a família, fez uma reverência para a carruagem de artilharia que transportava o caixão de Diana, o gesto revelou muito mais do que respeito por uma mulher muito amada. Foi também um reconhecimento da passagem da velha ordem, da ascensão de uma nova ética que Diana tão vividamente personificou. Em sua emocionante oração fúnebre, o irmão de Diana, o conde Spencer, deu voz àquele clima; em apenas sete breves minutos passou de um desconhecido rebento da aristocracia a um herói nacional. Mais importante do que seus ataques veementes à família real — "ela não precisava de nenhum título de nobreza para continuar a espalhar sua magia" — e aos meios de comunicação foi o fato de que seu discurso fúnebre, tanto no texto quanto no sentimento, expressou muito bem o espírito de Diana. Corajoso, imprudente, apreciando a honestidade e a verdade acima do refinamento social, desequilibrado em sua lógica — o discurso conseguiu o que Diana lutara para alcançar por toda a vida adulta: falar às pessoas por cima dos que as governavam, fossem eles a família real, os políticos ou os barões da imprensa. Conforme demonstrado pelo aplauso espontâneo que se seguiu ao discurso, Diana, ao morrer, encontrara seu defensor.

Nos meses, anos e décadas após uma semana significativa na história não apenas do Reino Unido, mas do mundo, muito seria escrito e discutido sobre o que exatamente Diana significara para nós como indivíduos e como uma sociedade. Como sua vida representara uma parábola de nossos tempos, isso não era apenas correto e apropriado, mas desejável. Ao mesmo tempo, foi feita uma avaliação necessária de sua vida; enquanto escrevia, havia dezenas de biógrafos, vídeos e álbuns comemorativos sendo preparados. Isso também é inevitável, uma vez que desejamos saber sobre os atributos pessoais que transformaram Diana em uma figura de proporções míticas. Com o tempo, o sedimento da história nublará a lembrança dela, a memória daqueles que a conheceram, ou que pensavam que a conheciam, filtrando e mudando a percepção dos admiradores de uma mulher que se tornou o ícone mais estimado da era moderna. Existe o risco de que a percepção de Diana sobre a própria vida, um relato que ela estava tão desesperada para dar, seja obscurecida e repensada com o passar das décadas.

Seria fácil eu contribuir para esse processo: os meus livros, *Diana — Sua verdadeira história* e *Diana, Her New Life* [Diana: sua nova vida] são, atualmente, campeões de venda no mundo, portanto existem motivos comercialmente relevantes para deixar que qualquer distorção nas páginas deles permaneça intacta. Isso, no entanto, significaria desonrar sua memória, distorcer a história e contrariar o espírito de honestidade e proximidade com o povo tão eloquentemente captado por seu irmão, o conde Spencer, no funeral da princesa de Gales.

O que as pessoas nunca perceberam foi o tamanho do comprometimento da princesa com meu livro, *Diana — Sua verdadeira história*, publicado pela primeira vez em junho de 1992. Para todos os fins, era a sua autobiografia, o depoimento pessoal de uma mulher que se viu, na época, desprovida de voz e poder. A história contida nas páginas do livro saiu de seus lábios; a dor e a tristeza em sua vida foram reveladas em uma série de entrevistas gravadas no palácio de Kensington durante o verão e o outono de 1991. Não havia máquinas fotográficas, ensaios ou esclarecimentos. Suas palavras brotaram do coração, delineando em detalhes vívidos e, por vezes, agonizantes o sofrimento e a solidão de uma mulher admirada e adorada pelo mundo. Em função da tragédia de sua vida, que desabrochava, e de sua morte prematura, é difícil não reler e ouvir novamente suas palavras sem derramar uma lágrima. Hoje, seu testemunho permanece como um depoimento eloquente e único diante do tribunal da história.

Tanta coisa mudou desde o fatídico verão de 1991 que é difícil transmitir o sentimento de asfixia e impotência sentido naquela época pela princesa de Gales. Ela se considerava prisioneira de um casamento falido, acorrentada pela realeza insensível e amarrada a uma imagem pública de sua vida totalmente irreal. A todos os lugares a que ia, era seguida por um guarda-costas; todos os seus movimentos eram documentados, enquanto cada visitante à sua casa era registrado e investigado. Ela acreditava estar sob constante vigilância, não apenas monitorada pela polícia e pelos fotógrafos, mas vista com reservas pela família real e por seus cortesãos. Por todo aquele tempo, ela guardava um segredo, um segredo que lentamente a consumia. Na opinião dela, sua vida era uma mentira grotesca e implacável.

O casamento com o príncipe de Gales terminara. Ela sabia que ele retornara para os braços de seu primeiro amor, Camilla Parker Bowles. No entanto, como um personagem de um romance de Kafka, suas preocupações eram ignoradas, vistas como fantasias e paranoia por um *establishment* que não media esforços para acobertar as infidelidades de seu marido. Como Diana explicaria anos mais tarde, na famosa entrevista que concedeu ao programa de televisão *Panorama*, da BBC: "Amigos de meu marido sugeriam novamente que eu era instável, que estava doente e que deveria ser internada em uma clínica para me tratar. Eu era quase um constrangimento." Como o mundo agora sabe, seus instintos estavam certos, tendo o próprio príncipe de Gales confessado seu adultério após o casamento haver "fracassado irreversivelmente" em meados da década de 1980.

Na época, enquanto via o casamento desmoronar, seu maior temor era que o círculo do marido logo começasse o processo de desacreditá-la e tentasse convencer o mundo de que ela era irracional — despreparada para a maternidade ou para representar a monarquia.

No entanto, a frustração que queimava dentro dela era causada tanto pelo antiquado sistema da realeza quanto pelo casamento em frangalhos. Intuitivamente, ela sentia que o estilo da monarquia estava ultrapassado, ao mesmo tempo em que seu próprio papel e suas próprias ambições estavam sendo continuamente tolhidos. Os cortesãos, ou os "homens de terno cinza", como ela os chamava, ficariam satisfeitos se ela fosse vista como uma mulher e mãe submissa, um adorno atraente para o marido intelectual. Ao mesmo tempo, até onde sabia, o sistema constantemente corroía sua posição para reforçar a popularidade do príncipe Charles.

Quando olhava para fora de sua prisão solitária, era raro que um dia se passasse sem que ouvisse o som de outra porta de cela se fechando, enquanto a ficção de seu conto de fadas era ainda mais promovida na mente do povo. A publicação, em 1991, de uma série de livros e artigos celebrando o décimo aniversário de seu casamento serviu para soldar novas barras naquela prisão. "Ela sentia como se a porta estivesse sendo trancada", lembrou uma amiga. "Ao contrário de outras mulheres, ela não tinha a liberdade de sair de casa levando os filhos."

Como uma prisioneira condenada por um crime que não cometera, Diana tinha uma necessidade imensa de contar ao mundo a verdade sobre sua vida, seu sofrimento e as ambições que alimentava. A sensação de que estava sofrendo uma injustiça era profunda. De uma forma bem simples, ela desejava a liberdade para falar o que pensava, a oportunidade de contar às pessoas toda a história de sua vida e deixar que a julgassem com base no que ela era. Ela sentia, de alguma forma, que se conseguisse explicar sua história para as pessoas, para seu povo, eles poderiam entendê-la de verdade, antes que fosse tarde demais. "Deixe-os serem meu juiz", disse ela, confiante de que seu público não a criticaria tão duramente quanto a família real ou a mídia. Seu desejo de explicar aquilo que considerava a verdade se combinava com um temor constante de que, a qualquer momento, seus inimigos no palácio a fariam ser rotulada como doente mental e a trancariam em um hospício. Esse temor não era infundado. Quando sua entrevista no *Panorama* foi exibida, em 1995, o então ministro das Forças Armadas, Nicholas Soames, amigo íntimo e ex-camarista do príncipe Charles, descreveu-a como "em estágios avançados de paranoia".

Como então ela poderia transmitir sua mensagem clandestinamente para o mundo? Examinando outra vez o cenário social da Grã-Bretanha, ela viu que havia poucos meios de veicular sua história. Mesmo hoje, embora ferida e humilhada, a monarquia exerce uma influência poderosa e dominante sobre a mídia. Há apenas seis anos, quando *Diana — Sua verdadeira história* estava sendo preparado, o predomínio da família real era quase absoluto; a dinastia dos Windsor era então, muito mais do que hoje, a família mais influente e temida da terra. As fontes respeitadas nos meios de comunicação, a BBC, a ITV e os assim chamados jornais de qualidade, teriam um desmaio coletivo se Diana tivesse sinalizado que desejava que eles publicassem a verdade sobre sua situação. Por outro lado, se sua história tivesse aparecido nos tabloides, teria sido desconsiderada pelos poderes estabelecidos como um monte de bobagens exageradas.

Então, o que fazer? Alguns integrantes de seu pequeno círculo de amigos íntimos ficaram suficientemente alarmados a ponto de temerem pela segurança física de Diana. Sabia-se que ela cometera algumas tentativas de suicídio não muito convincentes no passado e, à medida que seu desespero aumentava, surgia um genuíno temor de que ela pudesse acabar com a própria vida; preocupações amenizadas por uma crença igual ou mais forte de que, no fim das contas, o amor dela pelos filhos nunca a levaria a tomar esse caminho.

No inverno de 1990, quando comecei a fazer pesquisas para escrever a biografia da princesa de Gales, sabia pouco sobre essas preocupações. Tanto como jornalista quanto como autor, eu escrevia sobre a família real desde 1982, o ano seguinte ao casamento de Diana com o príncipe de Gales, e acumulara muitos contatos nos palácios e nos círculos da princesa de Gales e da duquesa de York. Mais cedo, em 1990, escrevi *Diana's Diary* [O diário de Diana], um livro sobre o estilo de vida da princesa, o qual, soube mais tarde, fora bem-recebido por ela.

Durante minhas pesquisas para aquele livro, ficou claro que as coisas não iam bem no casamento real. Os amigos de Diana e ex-integrantes de sua comitiva faziam alusões sombrias à infelicidade da princesa. Embora esses indícios fossem intrigantes, não eram novidade. As especulações sobre o casamento dos nobres de Gales cresciam desde uma visita que fizeram a Portugal em 1987, durante a qual insistiram em se hospedar em suítes separadas. Para meu livro seguinte, uma biografia minuciosa da princesa, comecei a tentar desencavar os fatos que cercavam a vida de Diana e logo descobri a dolorosa verdade.

Entretanto, à medida que Diana continuava a considerar o dilema de sua vida como integrante da família real, ela notou que uma série de artigos escritos por mim para o *Sunday Times* — notavelmente sobre o furor envolvendo o fato de o príncipe Charles ter oferecido uma festa em Highgrove para comemorar os 30 anos da princesa, assim como a despedida de seu secretário particular, Sir Christopher Airey — demonstravam simpatia para com ela. Diana sabia que eu estava juntando as peças de sua história, que era um escritor independente, que não era manipulado pelos jornais e nem (o mais importante) submisso ao palácio de Buckingham — questões de grande relevância enquanto ela avaliava suas ações futuras. De todo modo, após hesitar e esperar durante algum tempo, ela decidiu abrir a porta do santuário interior de sua mente. Fui convocado a me tornar o veículo de sua verdadeira história.

Havia um obstáculo imenso. A chegada de um autor aos portões do palácio de Kensington imediatamente acionaria um alarme — sobretudo tendo em vista que o príncipe Charles ainda morava lá. Assim como o jornalista de televisão Martin Bashir — que mais tarde entrevistou a princesa para o programa *Panorama,* da BBC — descobriria, um subterfúgio seria a única forma de ludibriar um sistema real eternamente vigilante. Em novembro de 1995, para conduzir sua entrevista, Bashir infiltrou sua equipe de gravação da BBC no palácio de Kensington, em um domingo tranquilo.

No meu caso, Diana foi entrevistada através de um terceiro, um intermediário confiável, para que, se perguntassem à princesa: "Você conhece Andrew Morton?", ela pudesse responder com um sonoro "NÃO". Enviei inúmeras perguntas por escrito sobre todos os aspectos de sua vida, começando, naturalmente, por sua infância. Em troca, ela respondeu da melhor forma que pôde, usando um gravador um tanto ultrapassado na tranquilidade de sua sala de estar privada. Embora fosse um método imperfeito que não dava oportunidade alguma para esclarecer dúvidas imediatas, muito depressa surgiu um quadro de sua vida que divergia imensamente da imagem conhecida por todos. Por ser um escritor que passara boa parte da vida trabalhando no mundo da realeza, em que a evasão, a ambiguidade e os segredos são moeda corrente, inicialmente fiquei atônito com a honestidade de Diana e descrente da história surpreendente que ela revelava. Na primeira sessão de entrevistas, embora muitas perguntas tivessem sido preparadas com antecedência, após o gravador ser ligado, as palavras jorraram de sua boca, quase sem interrupções e pausas para respirar. Foi um grande desabafo.

Pela primeira vez em sua vida na realeza, ela se sentiu poderosa. Finalmente sua voz seria ouvida, a verdade seria contada. "Peça a Noah [o apelido que ela me deu] para se certificar de que a história seja revelada", ela dizia àqueles em quem confiava, decepcionada pelo fato de o processo de escrita e pesquisa de um livro não acontecer da noite para o dia. A escolha do apelido revelava algo sobre seu doce senso de humor. Ele surgiu quando fui descrito em um jornal americano como um no*table* a*uthor and* h*istorian*, ou seja, "eminente autor e historiador". Ela achou hilária aquela descrição pomposa e, desde então, sempre se referia a mim pela sigla Noah. Tornou-se uma brincadeira recorrente.

Em alguns aspectos, o alívio em descarregar seus segredos foi bastante semelhante ao de outros que emergiram de uma instituição que existe, quase por definição, por uma mistura de mito e magia. Ao longo dos anos, entrevistei inúmeros ex-empregados da família real que ficaram aliviados por finalmente poderem contar como a vida realmente é dentro do palácio de Buckingham. É uma espécie de confissão. "Eu estava no limite. Desesperada", afirmou Diana durante sua entrevista ao *Panorama*. "Acho que estava cansada de ser vista como uma 'doidinha', porque sou uma pessoa muito forte e sei que isso causa complicações no sistema em que vivo."

Para Diana, no entanto, o ato de falar sobre sua vida evocava muitas lembranças, algumas alegres, outras difíceis de colocar em palavras. Como uma rajada de vento que passa por um milharal, seu humor oscilava sem parar. Embora tratasse seu distúrbio alimentar, uma bulimia nervosa, e suas tentativas de suicídio pouco convincentes de maneira franca e até mesmo irônica, seus momentos de maior depressão coincidiam com as ocasiões em que falava sobre seus dias como membro da família real, "a época das trevas", como ela se referia a eles. De vez em quando, ela enfatizava seu profundo conceito de destino, uma crença de que nunca se tornaria rainha, assim como sua consciência de que fora escolhida para desempenhar um papel especial. Ela sabia, do fundo do coração, que seu destino era trilhar uma estrada em que sua verdadeira vocação precederia a monarquia. Em retrospecto, suas palavras eram impressionantemente intuitivas.

Algumas vezes, ela era divertida e alegre, sobretudo quando falava sobre a curta vida de solteira. Ela falou saudosamente sobre seu romance com o príncipe Charles, com tristeza sobre sua infância infeliz e com alguma emoção sobre o efeito que Camilla Parker Bowles tivera em sua vida. Na verdade, ela estava tão ansiosa para não ser vista como paranoica ou tola, como ouvira com tanta frequência de amigos de seu marido, que nos mostrou várias cartas e cartões postais da Sra. Parker Bowles para o príncipe Charles para comprovar que ela não estava fantasiando o relacionamento entre os dois. Essas cartas de amor, apaixonadas, afetuosas e cheias de anseios reprimidos, deixaram meu editor e a mim absolutamente convencidos de que as suspeitas de Diana estavam corretas. Não obstante, fomos informados por um advogado especializado em processos de difamação que, segundo a rigorosa legislação britânica, mesmo que você saiba que um fato é verdadeiro, isso não o autoriza a falar sobre ele. Para o aborrecimento de Diana e apesar das provas contundentes, nunca pude escrever que o príncipe Charles e Camilla Parker Bowles eram amantes. Em vez disso, tive de aludir a uma "amizade secreta" que fazia uma grande sombra ao casamento real.

As lacunas deixadas de forma inevitável naquela primeira narrativa dolorosamente honesta e quase ininterrupta da história da vida dela foram preenchidas em entrevistas posteriores. Demorou algumas semanas para sentir o poder imenso de seu desejo de desabafar, e, pensando bem, algumas de minhas perguntas foram tão obviamente incongruentes com a realidade de sua vida que foi inevitável que algumas de suas respostas fossem monossilábicas ou refletissem uma falta de compreensão do que eu queria dizer. Na verdade, muitos eventos aos quais me referi em perguntas posteriores, as quais a mídia considerara importantes, tiveram pouca relevância para a vida de Diana. Isso mostrou que a sequência de entrevistas foi muito mais um processo de tentativa e erro, vasculhando materiais existentes na esperança de encontrar um assunto que pudesse instigar uma resposta e gerar novos esclarecimentos.

O processo de compilação de informações manteve a casualidade das entrevistas. Fui frequentemente informado, com muito pouca antecedência, de que Diana tinha um determinado tempo disponível para responder a perguntas. Então, rapidamente elaborava uma série de questões relacionadas à vida dela, as passava adiante e torcia para dar certo. Se estivesse envolvida e interessada, e as perguntas fossem relevantes, suas respostas eram reveladoras e profundas. Ainda assim, era um processo exaustivo para ela; as sessões de gravação raramente duravam mais do que uma hora. Em seguida, o gravador era desligado, às vezes prematuramente, quando um dos empregados se aproximava, e a conversa continuava com apenas um bloco discretamente posicionado para anotar algum material relevante.

Uma vez que eu estava trabalhando através de um intermediário, tive que tentar compreender os humores dela e agir de acordo com eles. Como regra geral, ela se mostrava mais articulada e bem-disposta pela manhã, sobretudo se o príncipe Charles estivesse ausente. Aquelas sessões de entrevistas eram as mais produtivas; Diana chegava a ficar ofegante enquanto despejava sua história. Ela podia ser desconcertantemente alegre mesmo enquanto falava sobre os períodos mais íntimos e difíceis de sua vida. Quando falou pela primeira vez sobre suas tentativas de suicídio, naturalmente precisei saber detalhes sobre quando e onde elas ocorreram. Em seguida, enviei uma série de perguntas específicas sobre o tema. Quando elas lhe foram apresentadas, Diana as tratou como uma brincadeira. "É quase como se tivesse escrito meu obituário", disse ela ao seu interlocutor.

Por outro lado, se uma sessão fosse marcada para a parte da tarde, quando sua energia costumava ser menor, a conversa era menos produtiva. Isso acontecia principalmente se uma notícia negativa sobre ela tivesse sido publicada, ou se ela tivesse brigado com o marido. Então, era sempre sensato focar nas épocas felizes, nas memórias de seus dias de solteira ou nos dois filhos, William e Harry. Apesar de todos esses obstáculos, à medida que as semanas passavam, ficou claro que seu entusiasmo e envolvimento com o projeto aumentavam, sobretudo quando encontramos um título para o livro. Por exemplo, se ela soubesse que eu estava entrevistando um amigo confiável, passaria uma informação, uma piada ou correção em relação a perguntas que eu enviara anteriormente.

Embora estivesse desesperada, quase ao ponto de cometer imprudências, para ver suas palavras aparecerem diante de um público maior, essa disposição era amenizada pelo medo de que o palácio de Buckingham descobrisse sua identidade como a informante do meu livro. À medida que a data de publicação se aproximava, a tensão no palácio de Kensington se tornou palpável. Seu recém-contratado secretário, Patrick Jephson, descreveu a atmosfera como "observar uma poça grande de sangue lentamente se espalhar por baixo de uma porta trancada." Em janeiro de 1992, ela foi avisada de que o palácio de Buckingham sabia de sua cooperação com o livro, muito embora, naquela altura, eles desconhecessem o conteúdo. Não obstante, ela permaneceu decidida a colaborar com a aventura. A tensão não foi grande apenas da parte dela; eu mesmo fora alertado em duas ocasiões diferentes por colegas jornalistas de que o palácio de Buckingham tentava diligentemente descobrir quem era minha fonte. Logo após um desses avisos, meu escritório foi arrombado e meus arquivos revirados, mas nada importante foi levado, a não ser uma máquina fotográfica. Daí em diante, um telefone com misturador de frequências e os telefones públicos das redondezas foram as únicas maneiras seguras de falar com os confidentes dela sem a preocupação de que as conversas estivessem grampeadas.

Esse problema, no entanto, fora previsto há bastante tempo. Desde o início, houve necessidade de dar a Diana a capacidade de negar qualquer envolvimento, desenvolvendo vários enredos para que, quando fosse interrogada pelos guardas do palácio, pudesse categoricamente negar qualquer relação com o livro. A primeira linha de defesa eram seus amigos, que foram usados para disfarçar sua participação. Portanto, além das perguntas escritas para a princesa, enviei uma série de cartas suplicantes para seu círculo de amigos. Eles, por sua vez, contataram Diana para perguntar se deveriam ou não cooperar. Foi um processo inconsistente. Com alguns, ela foi encorajadora; com outros, ambivalente, dependendo de quão bem os conhecia e de seu grau de proximidade com o projeto. Muitos dos intimamente envolvidos acreditavam de verdade que a vida não podia ficar pior para Diana, afirmando que qualquer coisa era melhor do que sua situação atual. Inevitavelmente, havia um sentimento de que a barragem estava prestes a estourar a qualquer momento. Os amigos de Diana falaram com franqueza e honestidade, corajosamente conscientes de que suas ações atrairiam os holofotes da mídia. Como a própria princesa explicou durante uma entrevista: "Muitas pessoas viram o sofrimento em que minha vida se transformou e concluíram que ajudar daquela forma era uma maneira de me apoiar." Sua amiga e astróloga Debbie Frank confirmou esse estado de espírito quando falou sobre a vida de Diana nos meses anteriores à publicação do livro. "Houve momentos em que eu terminava um encontro com Diana sentindo que ela estava ansiosa e preocupada por eu saber que seu caminho estava bloqueado. Quando o livro de Andrew Morton foi publicado, fiquei aliviada, porque o mundo tomou consciência de seu segredo."

À medida que minhas entrevistas progrediam, seus amigos e conhecidos confirmaram que, por trás dos sorrisos públicos e da imagem glamourosa, estava uma jovem solitária e infeliz que enfrentava um casamento sem amor, era vista como uma intrusa pela rainha e pelo restante da família real e frequentemente entrava em atrito com os objetivos e projetos da monarquia. No entanto, um dos aspectos encorajadores da história foi como Diana lutava, nem sempre com sucesso, para ter vida própria; uma transformação de vítima em uma mulher no controle de seu destino. Esse foi um processo que a princesa levou até o fim.

Quando o projeto ganhou ímpeto, o teste decisivo foi a leitura do texto pela princesa. Ela o recebeu pouco a pouco em todas as oportunidades que tive. No fim da manhã de um sábado, por exemplo, dirigi-me à embaixada brasileira em Mayfair, onde a princesa almoçava com a mulher do embaixador, Lucia Flecha de Lima, para repassar o último lote. Tendo sido agraciado com a oportunidade de escrever a história da mulher mais amada do mundo, obviamente estava ansioso para saber se interpretara justa e corretamente seus sentimentos e palavras. Para meu grande alívio, ela leu e aprovou as próprias palavras, extraídas das entrevistas gravadas, as quais estavam livremente salpicadas pelo texto, tanto por citação direta quanto em terceira pessoa. Em certa ocasião, Diana ficou tão comovida pela própria história que confessou ter chorado de tristeza. Ela fez várias alterações, de fatos e de ênfase, mas apenas uma única de importância, uma mudança que demonstra seu sentimento de respeito pela rainha. Durante as entrevistas, ela dissera que, quando se atirou escada abaixo em Sandringham, grávida do príncipe William, a rainha foi quem primeiro chegou à cena. No manuscrito, Diana alterou o texto e inseriu o nome da rainha-mãe, aparentemente como uma mostra de deferência por Sua Majestade.

Muito embora vários amigos íntimos de Diana estivessem preparados para terem os nomes citados a fim de apoiarem a autenticidade do texto, a princesa reconheceu que o livro precisava de um elo direto com a própria família para conferir-lhe a necessária legitimidade. Como resultado, ela concordou em fornecer álbuns da família Spencer, contendo inúmeras fotografias encantadoras de Diana ao longo do tempo, muitas delas tiradas por seu falecido pai, o conde Spencer. Um dia, vários álbuns grandes, vermelhos e decorados com letras douradas chegaram aos escritórios do meu editor, Michael O'Mara, no sul de Londres. Várias fotografias foram selecionadas e copiadas, e os álbuns devolvidos. A própria princesa ajudou a identificar várias pessoas que apareceram nas fotografias com ela, algo que gostou muito de fazer uma vez que isso evocou lembranças felizes, sobretudo da adolescência.

Ela também achou importante o fato de que, para tornar o livro verdadeiramente especial, precisávamos de uma fotografia de capa que nunca tivesse sido publicada. Uma vez que sua participação em uma sessão de fotos estava fora de questão, ela própria escolheu e forneceu a cativante fotografia de capa, tirada por Patrick Demarchelier, a qual ela mantinha em seu escritório no palácio de Kensington. Essa imagem e as dela com os filhos, usadas no encarte do livro, eram as suas favoritas.

Quando o livro foi publicado, em 16 de julho de 1992, ela ficou aliviada por enfim divulgar seu relato, mas desesperadamente ansiosa para que suas declarações de que não tivera qualquer envolvimento fossem aceitas. Ela precisaria ser capaz de negar sua participação quando fosse colocada contra a parede pelo palácio. Esse foi um papel que ela desempenhou em grande estilo. O autor e estrela de televisão Clive James relembrou, carinhosamente, haver perguntado a Diana em um almoço se ela estava por trás do livro. Ele escreveu: "Ao menos uma vez, no entanto, ela mentiu para mim descaradamente. 'Não tive nada a ver com o livro de Andrew Morton', afirmou. 'Porém, após meus amigos falarem com ele, tive de apoiá-los.' Ela me olhou diretamente nos olhos enquanto dizia isso, então sei quão convincente conseguia ser enquanto dizia uma mentira deslavada."

> Diana enjoyed herself enormously not least because it brought her sister down a peg or two. Yet it never entered her head for a moment to think that Prince Charles was remotely interested in romance. Certainly she never considered herself a match for the actress Susan George, who was his escort that evening. In any case life was much too fun to think about steady boyfriends. She had returned from her ill starred excursion to a Swiss finishing school desperate to begin an independent life in London. Her parents were not as enthusiastic. Her father, unhappy that she had left West Heath before completing the extra year, was disappointed when she dropped out of her finishing school as well.
>
> Not me — did!
>
> She had no paper qualifications, no special skills and no burning ambitions bar a vague notion that she wanted to work with children. While Diana seemed destined for a life of unskilled, low paying jobs she was not that much out of the ordinary for girls of her class and background. Aristocratic families traditionally invest more thought and effort in educating boys than girls.

> As her father began his fight back to health, Diana's mother took a hand in guiding her career. She wrote to Miss Betty Vacani, the legendary dance teacher who has taught three generations of royal children, and asked if there was a vacancy for a student teacher. There was. Diana passed her interview and, in the spring term, began at the Vacani dance studio on the Brompton Road. It was not a particularly demanding job, basically playing Ring a Ring o' Roses with a group of two-year-olds, but it did combine her love of children with her enjoyment of dance. Again she only lasted three months. For once it wasn't her fault.
>
> — Ballet teacher course too.
>
> In March her friend Mary-Anne Stewart-Richardson invited her to join her family on their skiing holiday in the French Alps. She fell badly on the slopes, tearing all the tendons in her right ankle. For three months she was in and out of plaster as the tendons slowly heeled. It marked the end of her aspirations as a dance teacher.

> What made it worse was that Prince Charles seemed less concerned about her predicament than that of his friend Camilla Parker-Bowles. When he called Diana on the phone he often spoke in sympathetic tones about the rough time Camilla was enjoying because there were three or four press outside her then home of Bolehyde Manor in Wiltshire. Diana bit her lip and said nothing, never mentioning the virtual seige she was living under. She didn't think that it was her place to do so nor did she want to appear to be a burden to the man she ~~longed to marry~~. was in love with
>
> As the romance gathered momentum, Diana began to harbour doubts about her new friend Camilla Parker-Bowles. She seemed to know everything that she and Charles had discussed in their rare moments of privacy and was full of advice on how best to handle Prince Charles. It was all very strange. Even Diana, an absolute

Diana fez várias alterações a mão ao texto original.
No primeiro trecho, Diana desmente as afirmações de que seu pai teria ficado decepcionado por ela ter abandonado a escola e de que não tinha ambições.
No segundo trecho, Diana complementa uma informação a respeito de suas atividades na escola de dança de Beth Vacani. No terceiro trecho, ela substitui a afirmação de que "ansiava se casar" por "estava apaixonada", em relação ao príncipe Charles.

A distância necessária que ela colocou entre si e o livro significou que eu, seus amigos e outros estavam basicamente lutando por sua causa com as mãos atadas. Diante dos ataques que saudaram as três declarações centrais do livro — a saber, o distúrbio alimentar (bulimia nervosa), as tentativas de suicídio e o relacionamento do príncipe Charles com Camilla Parker Bowles — não se trata de um exagero dizer que teria sido de extrema utilidade se ela tivesse anunciado sua cooperação total. Na verdade, a hostilidade, o ceticismo e o puro sarcasmo com os quais o *establishment* e seus ajudantes nos meios de comunicação receberam a publicação de meu livro demonstraram vividamente as dificuldades de apresentar a verdade ao público britânico.

Nos meses que se seguiram àquele evento culminante, o livro não apenas alterou a forma como o público encarava a monarquia e forçou o príncipe e a princesa de Gales a, finalmente, abordar o fim de seu casamento, mas também trouxe algo com que Diana sonhara: esperança; a chance de satisfação, de liberdade e de um futuro em que, por fim, fosse libertada. Nos últimos cinco anos, e, sobretudo, nos últimos meses de sua vida, o mundo testemunhou o desabrochar da verdadeira natureza de Diana, as qualidades que teriam permanecido submersas se não tivesse tido a coragem e a determinação de contar ao público sobre a realidade de sua vida. Diana atingiu esse objetivo, e o julgamento do público pôde ser medido pela montanha de flores colocadas do lado de fora do palácio de Kensington e em outros lugares, assim como pela efusão de sofrimento que chocou não apenas seu próprio país, mas também o resto do mundo.

Embora a imagem pública de Diana estivesse passando por uma transformação impressionante quando sua história foi contada, não acho que ela, verdadeiramente, tenha pensado nas consequências de suas ações. Como disse na televisão ao ser perguntada sobre isso: "Não sei. Talvez as pessoas tenham um entendimento melhor, talvez haja muitas mulheres no mundo que sofram da mesma maneira, mas em ambientes diferentes, que são incapazes de se defender porque a autoestima está muito baixa."

Mais uma vez, seu instinto com relação à resposta foi certeiro, uma vez que milhares de mulheres, muitas dos Estados Unidos, expressaram como, através da leitura sobre a vida dela, haviam descoberto e explorado algo de sua própria vida. Sua motivação foi, acima de tudo, um pedido desesperado de ajuda — um apelo que sobrepujasse os controles do palácio que a confinava — para o povo que a amava. Ela queria revelar a esse povo sua *verdadeira* história para que eles próprios pudessem julgar seu valor.

Ela pode não estar mais fisicamente entre nós, mas suas palavras estarão conosco para sempre. Quando escrevi *Diana — Sua verdadeira história*, seu testemunho foi usado *sotto voce* por todo texto — em citações breves e diretas ou através de terceiros. Uma das tristezas de sua vida curta que ainda perduram foi que ela nunca, de fato, teve a oportunidade de "falar abertamente". Se tivesse desfrutado de uma vida plena, provavelmente teria escrito as próprias memórias em algum momento. Infelizmente, isso não é mais possível. O testemunho que se segue é sua história de vida como ela desejava que fosse contada. Hoje, suas palavras são tudo que temos dela, seu testamento, o mais próximo que jamais chegaremos de sua autobiografia. Ninguém pode lhe negar isso.

Diana, a princesa de Gales

Em suas próprias palavras

Nota do editor: os trechos a seguir foram selecionados entre as gravações que Diana fez em 1991-1992 para Andrew Morton para publicação em Diana — Sua verdadeira história. *Todas as declarações são de Diana, com exceção daquelas entre colchetes.*

Infância

[Minha primeira lembrança] real é o cheiro do interior de meu carrinho de bebê. Cheiros de plástico e do capuz. Lembranças vívidas. Nasci em casa e não em um hospital.

A maior ruptura foi quando mamãe decidiu ir embora. Essa é a lembrança mais vívida que tenho — de nós quatro. Cada um tem sua própria interpretação do que deveria ter acontecido e do que de fato aconteceu. As pessoas tomaram partido. Várias delas não falavam umas com as outras. Para meu irmão e eu, foi uma experiência de separação e de dor.

Charles [irmão] me disse um dia desses que ele não percebera o quanto o divórcio o afetara até se casar e começar a própria vida. Porém, minhas outras irmãs — elas cresceram longe de mim. Eu as via nas férias. Não lembram daquilo como um grande evento.

Eu idolatrava minha irmã mais velha e costumava lavar todas as suas roupas quando ela voltava da escola. Arrumava sua mala, aprontava seu banho, fazia a cama dela — o serviço completo. Fazia tudo aquilo e achava maravilhoso. Na verdade, sempre cuidei de meu irmão. Minhas irmãs eram muito independentes.

Tivemos muitas babás. Quando eu e meu irmão não gostávamos de uma, espetávamos alfinetes em sua cadeira e atirávamos suas roupas pela janela. Sempre as consideramos uma ameaça porque elas tentavam assumir a posição de mamãe. Todas eram bonitas e muito jovens. Eram escolhidas por papai. Era muito problemático voltar para casa no final do semestre e encontrar uma nova babá.

Sempre me senti muito diferente de todo mundo, muito isolada. Sabia que tomaria um rumo diferente, mas não fazia a menor ideia de qual seria. Quando tinha 13 anos, disse a meu pai: "Sei que vou me casar com alguém famoso." Pensando mais em ser a mulher de um embaixador, não o mais importante, mas algo nesse estilo. Foi uma infância muito infeliz. Nossos pais estavam ocupados resolvendo os próprios problemas. Víamos minha mãe chorar o tempo inteiro. Papai nunca conversou conosco sobre o assunto. Nunca fizemos perguntas. Um rodízio de babás, tudo muito instável. Em geral, infeliz e muito isolada de todo mundo.

Quando tinha 14 anos, lembro-me de achar que não era muito boa em nada, que era incompetente. Meu irmão sempre tirava boas notas na escola, e eu ficava trocando de escola para não repetir de ano. Não conseguia entender por que talvez eu fosse um estorvo, o que, anos mais tarde, percebi como sendo parte [de toda questão] do filho: a criança que morreu antes de mim era um menino, e ambos [os pais] desejavam ardentemente ter um filho e herdeiro, mas aí chegou uma terceira menina. Que chatice, teremos de começar tudo de novo. Reconheço isso agora. Tinha consciência disso e hoje reconheço e entendo o que aconteceu. Eu aceito.

Adoro animais, porquinhos-da-índia e tudo mais. Em minha cama, eu tinha vinte bichos de pelúcia e sobrava muito pouco espaço para mim, e eles tinham de estar na minha cama todas as noites. Eram minha família. Eu odiava a escuridão e tinha de manter uma luz acesa fora do quarto até os 10 anos. Costumava ouvir meu irmão chorar na cama, no quarto do outro lado da casa, chorando de saudade de mamãe e também de infelicidade, e meu pai, do outro lado da casa; tudo sempre foi muito difícil. Nunca consegui reunir coragem para levantar da cama. Lembro-me disso até hoje.

Lembro-me de mamãe chorando muito aos sábados, quando passávamos o fim de semana com ela. Todos os sábados à noite, o procedimento-padrão era ela chorar. Aos sábados, nós dois a víamos chorar. "Qual é o problema, mamãe?", perguntávamos. "Ah, não quero que vocês me deixem amanhã", respondia. O que, sabe, era devastador para uma criança de 9 anos. Lembro-me da decisão mais angustiante que precisei tomar. Eu era uma das damas de honra de minha prima e, para ir ao ensaio, precisava estar elegante e usar um vestido, e minha mãe me deu um vestido verde, e meu pai havia me dado um vestido branco, e ambos eram elegantes, mas não lembro até hoje qual deles vesti. Lembro-me de ficar muito traumatizada com isso porque mostraria favoritismo.

Lembro-me de haver uma grande discussão a respeito de um juiz que me procuraria em Riddlesworth [o colégio interno de ensino fundamental de Diana] para perguntar com quem eu gostaria de morar. O juiz nunca apareceu e, de repente, meu padrasto [Peter Shand Kydd] entrou em cena. Charles e eu, meu irmão e eu, fomos para Londres, e eu disse para mamãe: "Onde está ele? Onde está seu novo marido?" "Ele está na saída da estação." E lá estava um homem muito bonito, e desejávamos muito amá-lo e aceitá-lo, e ele foi muito bom para nós, nos mimou bastante. Foi muito bom ser mimada porque [meus] pais não se preocupavam com isso. Basicamente, ansiávamos pela independência, Charles e eu, para abrir nossas asas e fazer o que queríamos. Nós nos tornáramos muito visados na escola porque tínhamos pais divorciados e ninguém mais tinha na época, mas, quando terminamos os cinco anos de escola primária, todos tinham. Sempre fui diferente. Sempre tive essa sensação de que era diferente. Não sei por quê. Não conseguia sequer falar sobre isso, mas estava lá, dentro de mim.

O divórcio me ajudou a me relacionar com qualquer um que se sente angustiado com sua vida familiar, seja a síndrome do padrasto ou da madrasta, ou outra coisa, eu compreendo. Já passei por isso.

Sempre me dei muito bem com todo mundo. Fosse o jardineiro, ou o policial local, qualquer um, eu falava com todo mundo. Meu pai sempre dizia: "Trate todo mundo bem e nunca mostre presunção."

Meu pai costumava nos mandar sentar todos os Natais e aniversários, e nos forçava a escrever cartas de agradecimento em 24 horas. E hoje, se não ajo dessa forma, entro em pânico. Quando volto de um jantar ou de algum lugar que requer uma carta, à meia-noite lá estarei eu sentada, escrevendo-a, e não espero até a manhã seguinte para fazê-lo porque não conseguiria nem dormir. E William agora faz isso também. É ótimo. É muito bom quando as pessoas que recebem o agradecimento apreciam seu gesto.

Fomos todos levados para Sandringham [a residência da rainha em Norfolk] nas férias. Eu costumava ver o filme *O calhambeque mágico*. Odiávamos aquilo. Odiávamos tanto ir. Odiávamos ir para lá. O clima era sempre muito estranho quando íamos para lá, e eu acabava brigando com todos que tentavam nos fazer ir, e papai era quem mais insistia porque seria deselegante deixar de ir. Disse que não queria ver *O calhambeque mágico* pelo terceiro ano seguido. As férias sempre foram muito chatas porque duravam quatro semanas. Duas com mamãe e duas com papai e o trauma de ir de uma casa para outra e de cada um deles tentar compensar a ausência com coisas materiais em vez de contato físico genuíno, o qual desejávamos ardentemente, mas nenhum de nós obtinha. Quando digo nenhum de nós, minhas duas irmãs estavam distantes e ocupadas na escola preparatória, enquanto meu irmão e eu acabávamos ficando muito juntos.

Fase escolar

Adorei [a escola primária, Riddlesworth Hall]. Senti-me rejeitada, no entanto, porque estava muito ocupada cuidando de meu pai na maior parte do tempo e, de repente, percebi que ia ficar longe dele, então fazia ameaças do tipo, "se você me amar de verdade, não me deixará aqui", o que foi muito injusto com ele na época. Na verdade, eu adorava ir para a escola. Eu era desobediente, no sentido de que sempre desejava rir e brincar em vez de sentar e ficar olhando para as quatro paredes da sala de aula.

[Lembro-me das peças de teatro da escola] e a emoção de usar maquiagem. Era uma daquelas peças de Natal. Eu era um dos patetas que visitam o menino Jesus. Em outra, fui uma boneca holandesa. No entanto, nunca me ofereci para falar em uma peça. Nunca li as lições na escola. Ficava quieta. Quando me pediam para representar, eu só fazia isso com a condição de não ter qualquer fala.

[Minha primeira competição esportiva] foi o mergulho. Ganhei quatro anos seguidos, para dizer a verdade! Sempre ganhei todas as competições de natação e mergulho. Ganhei todo tipo de prêmio por manter o melhor porquinho-da-índia. Mas no departamento acadêmico, é melhor esquecermos o assunto! [Risos.]

Na escola, éramos autorizados a ter somente um bichinho de pelúcia na cama. Eu tinha um hipopótamo verde e pintei os olhos dele com uma cor brilhosa para que, à noite — eu odiava o escuro —, parecesse que ele estava olhando para mim!

Quase fui expulsa porque, uma noite, alguém me perguntou: "Você gostaria de fazer um desafio?" Pensei: "Por que não? A vida anda muito chata." Então, elas me enviaram às 21h até o fim da estrada de acesso à escola, a quase um quilômetro de distância, na escuridão. Eu tinha de ir e pegar alguns doces no portão de alguém chamada Polly Phillimore. Cheguei lá e não havia ninguém.

Me escondi atrás do portão quando chegaram uns carros de polícia. Nem dei importância àquilo. Vi todas as luzes se acenderem na escola. Nem dei bola. Voltei lentamente, apavorada, e descobri que alguma pateta em meu quarto alegara ter uma crise de apendicite. Então, perguntaram: "Onde está Diana?" "Não sabemos."

Meus pais, na época já divorciados, foram chamados. Papai vibrou, e minha mãe disse: "Não sabia que você era capaz de fazer uma coisa dessas." Ninguém me repreendeu.

Eu comia, comia e comia. Era sempre uma grande brincadeira — vamos desafiar Diana a comer três sardinhas defumadas e seis pedaços de pão no café da manhã, e eu comia tudo.

Minha irmã [Jane] era monitora na West Heath School, e fui bastante desagradável no primeiro ano. Eu me metia com todo mundo porque achava que era maravilhoso ter uma irmã monitora. Sentia-me muito importante, mas no segundo ano todas se vingaram de mim, todos aqueles que maltratei e, no terceiro ano, eu estava completamente calma e bem-comportada.

Havia um corredor imenso lá, cuja construção fora recentemente concluída. Eu costumava ir clandestinamente para lá, à noite, quando ficava bem escuro, e tocar minha música e praticar balé naquele corredor imenso, por horas a fio, e ninguém nunca me encontrou. Todas as minhas amigas sabiam onde eu estava quando saía e isso sempre aliviava a tremenda tensão que eu sentia. Hoje reconheço isso, mas, na época, parecia apenas uma boa ideia.

Eu gostava de todas as matérias. Tocava piano. Adorava piano. Fiz sapateado, que simplesmente adoro, tênis, fui capitã do time de netball, hóquei, tudo, por causa de meu peso. Era uma das mais altas da escola. Adorava estar ao ar livre novamente, visitava idosos uma vez por semana, ia ao sanatório local uma vez por semana. Adorava aquilo. Era um tipo de apresentação às grandes questões da vida. Então, quando cheguei ao último ano, todas as minhas amigas tinham namorados, mas eu não, porque eu sabia que, de alguma maneira, precisava estar pronta para o que aconteceria em minha vida.

Eu não era uma criança boazinha, era uma diabinha. Estava sempre procurando confusão. Sim, eu era popular. Não gritava as respostas na sala de aula porque achava que não as sabia. Mas sempre soube me comportar. Havia uma hora para ficar quieta e outra para fazer barulho. Sempre soube distinguir qual era a hora certa.

Tive paixonites, paixões intensas por todo tipo de pessoa, sobretudo pelos namorados de minhas irmãs. Se eles eram dispensados por elas, eu tentava a sorte. Sentia tanta pena deles por serem tão simpáticos. É só isso. De todo modo, nunca funcionou.

Mudança para Althorp

Quando tinha 13 anos, mudamos para Althorp, em Northampton, e foi terrível deixar Norfolk, porque era lá que todos com quem eu crescera moravam. Tivemos que mudar porque meu avô morreu e a vida virou de cabeça para baixo quando minha madrasta, Raine, entrou em cena, supostamente incógnita. Ela costumava se juntar a nós, nos encontrava por acaso nos lugares e nos enchia de presentes, e todos a odiávamos tanto porque achávamos que ela ia tirar papai de nós, mas, na verdade, ela estava sofrendo com a mesma suposição.

Ela queria se casar com papai, esse era o objetivo dela e ponto final. Por anos a fio, fervi de raiva e, dois anos atrás [em setembro de 1989], meu irmão se casou e eu disse a ela o que pensava. Nunca tive ideia do rancor que havia dentro de mim. Eu me incumbi de amenizar o sofrimento de minha família. Defendi mamãe, e ela disse que foi a primeira vez, em 22 anos, que alguém a defendera. Disse tudo que poderia. Lembro-me inclusive de ter partido para cima dela — eu estava muito zangada. Disse:

— Odeio tanto você, se ao menos você soubesse o quanto todos nós a odiamos por tudo o que fez, você estragou esta casa, gastou o dinheiro de papai e para quê?

A doença do pai de Diana

E ele teve uma hemorragia craniana. Sofria de dores de cabeça, tomava analgésicos, não contou a ninguém. Tive uma premonição de que ele ia ficar doente enquanto estava hospedada com alguns amigos em Norfolk, e eles disseram: "Como está seu pai?" E respondi: "Estou com esse sentimento estranho de que ele vai desmaiar e, se morrer, morrerá imediatamente, ou sobreviverá." Ouvi-me dizer isso e não pensei mais sobre o assunto. No dia seguinte, o telefone tocou e disse à senhora que ligou que a ligação tinha a ver com papai. E assim foi. Ele desmaiara. Eu fiquei muito calma, voltei para Londres, fui ao hospital, vi que papai estava muito mal. Eles disseram: "Ele vai morrer." Algo no cérebro dele rompera, e conhecemos outro lado de Raine que não esperávamos; ela basicamente nos impediu de entrar no hospital, nos impediu de ver papai. Minha irmã mais velha encarregou-se de tudo e foi vê-lo algumas vezes. Entretanto, ele não conseguia falar porque fizera uma traqueostomia; então ele não conseguia perguntar onde estavam os outros filhos. Só a Providência Divina sabe o que ele estava pensando, porque ninguém contava nada para ele. De todo modo, ele melhorou e basicamente mudou de personalidade. Era uma pessoa antes e, certamente, foi uma diferente depois. Ele se mantém afastado, mas amável desde então.

Sobre o irmão

Sempre o considerei o cérebro da família. Ainda o vejo assim. Ele tirava notas excelentes na escola. Acho que meu irmão, por ser o mais jovem e o único menino, era muito valioso porque Althorp é um lugar grande. Lembrando que eu era a menina que deveria ter sido um menino. Ser a terceira na linha de sucessão era uma posição muito boa de ocupar — fiz muitas travessuras. Era a favorita de meu pai, não havia dúvida.

Ansiava por ser tão boa quanto Charles na sala de aula. Nunca tive inveja dele. Entendo-o perfeitamente. Ele é muito parecido comigo e o oposto de minhas duas irmãs. Como eu, ele sempre sofrerá. Há algo em nós que atrai esse tipo de coisa. Enquanto minhas duas irmãs são intensamente felizes distantes de determinadas situações.

Sei que, quando fui para a escola de etiqueta Institut Alpin Videmanette, na Suíça, escrevi algo em torno de 120 cartas no primeiro mês. Sentia-me muito infeliz lá — eu simplesmente escrevia, escrevia e escrevia. Sentia-me deslocada. Aprendi a esquiar, mas não era tão boa quanto as outras. Era claustrofóbico demais para mim, embora estivesse nas montanhas. Cursei um semestre. Quando descobri quanto custava para me mandarem para lá, disse-lhes que era um desperdício de dinheiro. Eles logo me trouxeram de volta.

Meus pais disseram: "Você não pode vir para Londres até completar 18 anos, você não pode ter um apartamento até ter 18 anos." Então fui trabalhar com uma família em Headley Borden, em Hampshire, Philippa e Jeremy Whitaker; eu tomava conta da filha deles, Alexandra, e vivia como parte da equipe de empregados. Foi bom. Eu estava ansiosa para ir para Londres porque achava que "a grama do vizinho era mais verde".

Solteira em Londres

Foi bom estar em um apartamento com as garotas. Adorei tudo aquilo — foi ótimo. Eu ria muito lá. Mantinha uma certa reserva. Não estava interessada em estar sempre ocupada com eventos sociais. Adorava ficar sozinha, como agora também. Uma verdadeira delícia.

[Sobre os empregos como babá] Os empregadores eram, frequentemente, bastante austeros e formais. Eu era enviada para todo tipo de pessoa por minhas irmãs — as amigas delas estavam tendo um filho após o outro. Elas encontravam um trabalho atrás do outro para mim — que alegria. Solve Your Problems [uma agência de empregos] me mandou fazer trabalhos de limpeza dos quais gostava, mas ninguém nunca me agradeceu por isso.

Fiz um curso de culinária em Wimbledon. Gostei muito, porém, tudo muito formal novamente. Engordei muito. Adorava molhos, enfiava meus dedos na panela o tempo todo, pelo que fui multada. Não era minha ideia de diversão, mas meus pais insistiram que eu fizesse aquilo. Na época, parecia uma alternativa melhor do que ficar atrás de uma máquina de escrever — e recebi um diploma!

O encontro com o príncipe de Gales

Eu a conhecia [a rainha] desde que era muito pequena, portanto, não foi nada anormal. Não me interessei por Andrew ou Edward — nunca pensei em Andrew. Ficava pensando, "Olha a vida que eles levam, que horror", então me lembrei da passagem dele por Althorp, meu marido, e o primeiro impacto foi, "Meu Deus, que homem triste". Ele trouxe o labrador. Minha irmã se atirou para cima dele sem qualquer vergonha, e eu pensava: "Céus! Ele deve estar detestando tudo isso." Não me intrometi. Lembro-me de ser gorda e atarracada, de não usar maquiagem, era uma moça deselegante, mas era bastante agitada, e ele gostou disso e se aproximou de mim, após o jantar, e dançamos muito. E então ele disse: "Você me mostra a galeria?" E eu estava prestes a apresentar a galeria quando minha irmã Sarah chegou e me mandou cair fora. Então respondi: "Pelo menos me deixa mostrar onde ficam os interruptores da galeria, uma vez que você não tem a mínima ideia de onde estão." E desapareci. Ele foi muito charmoso quando fiquei perto dele no dia seguinte. E, com 16 anos, ter alguém assim dedicando atenção a você — eu fiquei totalmente espantada. "Por que alguém como ele se interessaria por mim?", e *havia* interesse. Foi assim por dois anos. Eu o via de vez em quando com Sarah, e Sarah ficava toda animada com aquilo tudo. Até ela ver algo diferente acontecendo, algo que não eu tinha percebido, ou seja, quando ele celebrou os 30 anos com um baile, eu também fui convidada.

"Por que Diana também vem?" [minha] irmã perguntou. Respondi: "Bem, não sei. Mas gostaria de ir." "Ah, então está bem", ela replicou. Me diverti muito na festa, foi fascinante. Não fiquei intimidada de forma alguma pelo ambiente [palácio de Buckingham]. Pensei, "que lugar incrível".

Então, em julho de 1980, fui convidada por Philip de Pass, o filho, para passar um tempo com a família dele. "Você gostaria de passar alguns dias em Petworth? Porque o príncipe de Gales também estará aqui. Você é jovem, pode entretê-lo." Então, respondi: "Está bem." Depois me sentei ao lado dele, e Charles entrou. Ele me deu muita atenção novamente, e isso foi muito estranho. Pensei: "Bem, isso não é muito legal." Achava que os homens não deveriam ser tão óbvios, que aquilo tudo era muito bizarro. Na primeira noite, sentamos em um fardo de feno em um churrasco nessa casa, e ele acabara de romper com Anna Wallace. Eu disse: "Você parecia muito triste ao caminhar pelo corredor da igreja no funeral de lorde Mountbatten. Foi a coisa mais trágica que já vi. Senti muita pena de você quando o vi e pensei: 'Não está certo, você está solitário. Devia ter alguém para tomar conta de você.'"

No instante seguinte, ele praticamente se atirou em cima de mim, e pensei que aquilo também era muito bizarro, e eu não sabia muito bem como lidar com tudo. De todo modo, falamos sobre muitos assuntos, e foi só isso. Frio não era a palavra. Frio com "F" maiúsculo seria melhor. Ele disse: "Você precisa vir para Londres comigo amanhã. Tenho de trabalhar no palácio de Buckingham, você precisa ir para o trabalho comigo." Pensei que aquilo era um pouco demais e respondi: "Não, não posso." Eu pensei: "Como poderia explicar minha presença no palácio de Buckingham quando era esperado que eu me hospedasse com Philip?" Então, ele me convidou para Cowes, no iate real *Britannia*, e havia muitos amigos mais velhos dele lá, e eu fiquei um pouco intimidada, pois eles me rondavam como um bando de lobos famintos. Achei tudo aquilo muito estranho, obviamente alguém andava fazendo fofoca.

Houve várias idas e vindas. Fui passar um tempo com minha irmã Jane em Balmoral, onde Robert [Fellowes, o marido de Jane] era secretário particular [da rainha]. Eu estava aterrorizada — me borrando de medo. Estava com medo porque nunca me hospedara em Balmoral e queria fazer tudo da maneira certa. A expectativa de ir foi pior do que a experiência de estar lá. Me senti melhor após passar pela porta da frente. Eu tinha uma cama de solteiro normal! Sempre fiz e desfiz minhas malas — sempre fiquei chocada com as 22 malas de bagagem de mão que o príncipe Charles leva com ele. Isso e mais todo o resto. Tenho quatro ou cinco. Senti-me bastante constrangida.

Fiquei reclusa no castelo por causa do assédio da imprensa. Acharam que essa era uma boa ideia. O Sr. e a Sra. Parker Bowles estiveram presentes em todas as minhas visitas. De longe, eu era a mais jovem lá. Charles me ligava e dizia: "Você gostaria de dar uma caminhada, ir a um churrasco?" E eu respondia: "Sim, claro." Achava tudo aquilo maravilhoso.

Namoro

Tudo foi evoluindo a partir daí; então, a imprensa começou a se intrometer. Aí, tudo ficou simplesmente insuportável em nosso apartamento, mas minhas três amigas foram maravilhosas, tiveram um desempenho espetacular; uma lealdade inacreditável. O sentimento geral era de que o príncipe Charles deveria acelerar o passo e chegar a uma definição. A rainha estava cheia de tudo aquilo. Então, Charles me telefonou de Klosters e disse: "Gostaria de lhe perguntar uma coisa." Meu instinto feminino sabia o que era. De qualquer forma, virei a noite junto com minhas amigas, perguntando a elas: "O que eu digo? O que eu faço?" Levando em conta que havia mais alguém.

Naquela época eu já havia percebido que havia alguém mais. Já tinha me hospedado em Bolehyde com os Parker Bowles várias vezes e não entendia por que ela [Camilla] ficava falando o tempo inteiro para mim, "Não o pressione a fazer isso, não faça isso". Ela sabia tudo o que acontecia na vida particular dele e tudo o que acontecia na nossa vida particular... se íamos continuar morando em Broadlands, eu não conseguia entender. Mais tarde, entendi tudo, descobri provas e algumas pessoas se mostraram dispostas a me contar.

No dia seguinte, fui a Windsor e cheguei por volta das cinco da tarde, sentei e ele me disse: "Senti muito a sua falta." Mas ele nunca me tocava. Era surpreendente, mas não sabia como me comportar porque nunca tivera um namorado. Sempre os afastei, pensava que me trariam problemas — e não conseguia lidar emocionalmente com aquilo, eu me achava muito problemática. De todo modo, ele perguntou: "Casa comigo?" E eu ri. Lembro-me de pensar, "Isso é uma piada", e respondi: "Sim, está bem." E ri. Ele estava muito sério e continuou: "Você entende que algum dia será rainha?" E uma voz dentro de mim disse: "Você não será rainha, mas terá um papel difícil." Então pensei: "Tudo bem." E disse: "Sim. Eu te amo muito, te amo muito." E ele disse: "Seja lá o que amor signifique." Ele disse aquilo. Então achei que tudo estava ótimo! Achei que ele realmente sentia o mesmo! E, em seguida, ele subiu as escadas correndo e ligou para a mãe.

Em minha imaturidade, que era imensa, achava que ele estava perdidamente apaixonado por mim, e estava mesmo, mas sempre exibia um olhar de encanto que, sabendo o que sei hoje, não era genuíno. "Quem era aquela moça tão diferente?", mas ele não conseguia entender isso porque sua imaturidade nesse departamento também era grande. Para mim, na verdade, foi como um chamado ao dever — ir trabalhar com o povo.

Voltei para o apartamento e sentei na cama. "Adivinhem!" Elas falaram: "Ele pediu você em casamento. O que você respondeu?" E eu disse: "Sim, claro." Todas gritaram e berraram, e fomos dar uma volta de carro por Londres levando o nosso segredo. Liguei para meus pais na manhã seguinte. Papai vibrou e disse: "Que maravilha." Mamãe ficou empolgada. Contei a meu irmão, e ele perguntou: "Com quem?"

Em seguida, dois dias mais tarde fui para a Austrália e passei três semanas para me acalmar e organizar listas e tudo mais com a minha mãe. Foi um desastre completo porque eu sentia falta dele e ele nunca me ligava. Achei tudo muito estranho e sempre que eu ligava ele não estava e nunca telefonava de volta. Pensei: "Tudo bem." Eu estava tentando ser gentil. "Ele está muito ocupado com isso, aquilo e aquilo outro." Voltei da Austrália, alguém bateu em minha porta — alguém do escritório com um buquê de flores, e eu sabia que elas não vinham de Charles porque não havia um cartão. Eram de alguém do escritório que estava sendo educado.

Assédio da imprensa

Em seguida, tudo começou a aumentar de proporção, no sentido de que a imprensa tornava tudo insuportável ao seguir cada um dos meus movimentos. Eu entendia que aquele era o trabalho deles, mas as pessoas não se davam conta de que eles usavam binóculos para me espionar o tempo todo. Eles alugaram um apartamento do outro lado da Old Brompton Road que tinha uma biblioteca com vista para meu quarto, e isso não era justo com as meninas. Eu não podia deixar o telefone fora do gancho porque algum membro da família delas podia adoecer durante a noite. Os jornais costumavam me telefonar às duas da manhã — estavam apenas publicando mais uma história. "Você pode confirmar ou negar?"

Fui reprovada uma vez [no teste de direção], mas passei na segunda tentativa. Com a imprensa, sempre me certifiquei de passar pelos sinais justo quando estavam para fechar para eles ficarem para trás. Quando entrava em meu carro, eles me perseguiam para todos os lugares. Eram uns trinta — não um ou dois.

Tive de sair de Coleherne Court uma vez para me hospedar com ele [príncipe Charles] em Broadlands. Então, tiramos os lençóis da minha cama e saí pela janela da cozinha, que ficava no lado da rua, com uma mala. Fiz tudo isso.

Sempre fui educada, constantemente cortês. Nunca fui grosseira. Nunca gritei. Chorava como um bebê entre quatro paredes. Simplesmente não conseguia lidar com aquilo. Chorava porque não tinha qualquer apoio de Charles e da assessoria de imprensa do palácio. Eles simplesmente disseram: "Se vira." Então pensei: "Tudo bem."

[O príncipe Charles] não foi nada solidário. Sempre que ele me telefonava, dizia: "Pobre Camilla Parker Bowles. Falei com ela ontem ao telefone, e ela diz que há uma porção de jornalistas em volta de Bolehyde. Ela está passando por uma fase muito ruim." Nunca reclamei da imprensa para ele porque achava que não devia fazê-lo. Perguntei a ele: "Quantos jornalistas estão lá?" E ele respondeu: "Pelo menos uns quatro." Pensei: "Meu Deus, há 34 deles aqui!" e nunca disse nada a ele.

Conseguia reconhecer um forte instinto de sobrevivência em mim. De todo modo, graças a Deus, [o noivado] foi anunciado, e antes que eu me desse conta do que acontecia, estava em Clarence House [a residência da rainha-mãe em Londres]. Não tinha ninguém lá para me receber. Foi como chegar a um hotel. Então, todos perguntaram por que eu estava morando em Clarence House. E respondi que me disseram para eu me hospedar lá. Eu saíra de meu apartamento pela última vez e, de repente, tinha um guarda-costas. E meu guarda-costas, na noite anterior ao noivado, me disse: "Só quero que você saiba que esta é a última noite de liberdade do resto de sua vida; portanto, aproveite." Foi como se alguém tivesse enfiado um punhal em meu peito. Pensei: "Meu Deus", depois dei umas risadinhas, como uma garotinha imatura.

Foi cerca de três dias antes de irmos para o palácio [saindo de Clarence House]. Em Clarence House, lembro-me de ser acordada de manhã por uma senhora idosa muito doce que trouxe tudo a respeito do noivado e colocou sobre a minha cama.

Casando com a família real

Minha avó [Ruth, Lady Fermoy] sempre me disse: "Querida, você precisa entender que o senso de humor e o estilo de vida deles são diferentes, e não acho que eles combinem com você."

Os encantos de ser uma princesa

Veja bem, eu já tinha um padrão de vida muito elevado. Tinha meu próprio dinheiro e vivia em uma casa grande. Então, não era como se eu estivesse entrando em algo diferente.

Escolhendo o anel de noivado

Uma maleta chega com o pretexto de que Andrew estava comprando um anel de sinete para seu aniversário de 21 anos e juntamente chegam safiras. Quer dizer, eram *pepitas*! Acho que eu escolhi, todos deram palpites, na verdade. A rainha pagou pelo anel.

Aquele vestido preto

Lembro-me muito bem de meu primeiro compromisso público [real]. Eu estava *muito* empolgada. Usei um vestido preto dos Emanuel e achei que seria apropriado porque as moças da minha idade usavam preto. Não avaliara que agora era vista como uma dama da família real, embora só tivesse um anel em meu dedo, em vez de dois.

Para mim, preto era a cor mais elegante que alguém poderia usar aos 19 anos. Era um vestido bem adulto. Eu tinha bastante busto na época e todos ficaram muito empolgados. Lembro-me de ser apresentada à princesa Grace e como ela era maravilhosa e serena, mas enfrentava problemas, eu senti isso.

Foi uma ocasião horrorosa. Não sabia se deveria sair pela porta primeiro. Não sabia se deveria carregar a bolsa na mão esquerda ou direita. Estava totalmente apavorada — na época tudo estava uma bagunça.

O noivado

Sentia tanta falta das meninas que queria voltar para lá, sentar, rir como costumávamos fazer, emprestar roupas umas para as outras e conversar sobre bobagens, simplesmente voltar ao meu porto seguro. Um dia, você recebe a visita do rei e da rainha da Suécia para entregar o presente de casamento deles, quatro castiçais de latão; no minuto seguinte, você recebe o presidente de Algum Lugar. Fui simplesmente atirada na fogueira, mas preciso reconhecer que minha criação me capacitou para lidar com aquilo. Não era como se eu tivesse sido escolhida, como em *Minha bela dama*, e instruída a lidar com a situação. Eu sabia como agir.

[Com relação às impressões sobre o palácio de Buckingham], não podia acreditar como todos eram tão frios. Diziam-me uma coisa, mas havia outra acontecendo. Mentiras e falsidades. Por exemplo, meu marido mandando flores para Camilla Parker Bowles quando ela teve meningite. "Para Gladys, de Fred."

O encontro com Camilla

[Conheci-a] muito cedo. Fui apresentada ao círculo, mas obviamente eu representava uma ameaça. Era muito jovem, mas era uma ameaça.

Sempre discutimos por causa de Camilla, no entanto. Certa vez, ouvi-o, ao telefone, em seu banheiro, dizer: "Não importa o que aconteça, sempre amarei você." Depois, contei a ele que ouvira atrás da porta, e tivemos uma discussão terrível.

Quando cheguei a Clarence House, havia, sobre minha cama, uma carta enviada por Camilla que estava datada de dois dias antes e dizia:

"Que notícia maravilhosa o noivado. Vamos almoçar juntas em breve, quando o príncipe de Gales viajar para a Austrália e Nova Zelândia. Ele ficará fora por três semanas. Adoraria ver o anel. Com muito amor, Camilla", e pensei, "Uau!". Então, organizei o almoço. Almoçamos e, lembrando que eu era muito imatura, não sabia sobre ciúmes ou depressão ou algo semelhante. Tinha uma vida maravilhosa como professora de jardim de infância — não sofria com nada daquilo; ficava cansada, mas era só. Não havia ninguém por perto para me fazer sofrer. Então, almoçamos. Foi realmente muito complicado. Ela disse: "Você não vai caçar, vai?" "Como?" E ela respondeu: "A cavalo. Você não vai caçar quando estiver vivendo em Highgrove, vai?" "Não." Ela continuou. "Só queria saber." E pensei que essa deveria ser sua maneira de se comunicar. Ainda era imatura demais para entender todas as mensagens que recebia.

De qualquer forma, alguém no escritório dele me contou que meu marido comprara uma pulseira para ela, a qual usa até hoje. Era uma pulseira de ouro com um disco de esmalte azul. Tem um "G" e um "F" entrelaçados, "Gladys" e "Fred" — eram seus apelidos. Entrei no escritório de um homem um dia e perguntei: "Ei, o que há naquele pacote?" Ele respondeu: "Ah, você não deveria ver o que está dentro." "Mas eu vou." "Abri o pacote, e lá estava a pulseira." "Sei para quem é." "Fiquei arrasada. Faltavam duas semanas para o nosso casamento." Ele me informou: "Bem, ele vai entregar para ela esta noite." Ódio, ódio e ódio! Por que ele não consegue ser honesto comigo? Mas não, ele [o príncipe Charles] não me deu a mínima bola. Era como se tivesse tomado uma decisão, e se não funcionasse, paciência. Ele encontrara a virgem, o cordeiro para o sacrifício e, de alguma forma, estava obcecado por mim. Mas era quente e frio, quente e frio. Nunca era possível saber que humor encontraria, bom ou mau, bom ou mau.

Ele entregou a pulseira em uma segunda-feira, na hora do almoço. Na quarta-feira, nos casamos. Dirigi-me ao guarda dele que estava de volta ao escritório e perguntei: "John, onde está o príncipe Charles?" "Ah, ele saiu para almoçar." Então, perguntei: "Por que você está aqui? Não devia estar com ele?" "Ah, vou pegá-lo mais tarde."

Então subi, almocei com minhas irmãs que estavam lá e desabafei: "Não posso me casar com ele, não posso fazer isso, é totalmente inacreditável." Elas foram maravilhosas e disseram: "Bem, azar o seu, Duch, seu rosto está estampado em panos de pratos; então, é tarde demais para desistir." Assim, tratamos aquilo como uma brincadeira.

Nunca lidei com esse lado das coisas. Simplesmente disse a ele: "Você deve sempre ser honesto comigo." Durante nossa lua de mel, por exemplo, abrimos nossas agendas para discutir vários assuntos. Duas fotografias de Camilla caíram. Em nossa lua de mel, tivemos um jantar formal com o presidente Sadat [do Egito]. Havia abotoaduras em seus punhos — dois Cs entrelaçados, como os da Chanel. Entendi imediatamente; soube exatamente do que se tratava. "Camilla deu isso a você, não foi?" "Sim, qual é o problema? São presentes de uma amiga." E, minha nossa, tivemos uma grande briga. Ciúme, muito ciúme — e a ideia dos dois Cs era muito boa, mas não era tão inteligente em alguns sentidos.

Eu fui a única a ficar aqui [durante o planejamento do casamento] porque ele tinha ido passear na Austrália e na Nova Zelândia, e você deve se lembrar, claro, da minha fotografia chorando em um casaco vermelho quando o avião decolou. Não tinha nada a ver com sua partida. Uma coisa horrível aconteceu antes de ele viajar. Eu estava no escritório dele quando o telefone tocou. Era Camilla, logo antes de ele ficar fora por cinco semanas. Pensei: "Devo ser simpática ou simplesmente ficar sentada aqui?" Então, decidi ser simpática e deixá-los em paz. Aquilo partiu meu coração.

Highgrove House

Ele disse que queria morar nas proximidades do Ducado [da Cornuália], mas ficava a apenas 18 quilômetros da casa dela. Ele escolheu a casa, e eu cheguei depois. Fui lá pela primeira vez após a compra ter sido fechada. Ele mandou pintar todas as paredes de branco. Ele queria que eu cuidasse da decoração, muito embora nem estivéssemos noivos. Achei muito inapropriado, mas ele apreciava meu gosto.

A turma de Highgrove

Comecei a pensar, "Nossa, eles falam de uma forma muito estranha para mim". Eu era muito normal, falava o que pensava, porque ninguém jamais me mandou calar a boca. Ficavam todos bajulando ele; basicamente lambendo as botas dele, e achei muito ruim que um indivíduo recebesse toda aquela atenção.

Decorando duas casas novas

[Dudley Poplak] havia decorado a casa de minha mãe dez anos antes e continuou sendo amigo dela, então eu perguntei a ela: "O que você acha?" "Bem, use-o. Ele tem sido maravilhoso, muito leal."

Escolhi a decoração e tive carta branca para fazer tudo.

Escolhendo entre a catedral de St. Paul e a abadia de Westminster

O príncipe Charles disse que as pessoas poderiam ver mais e a acústica era melhor [em St. Paul]. Houve um grande debate na família sobre isso, o que nunca acontecera antes. "Quero fazer assim", insistiu Charles. Foi uma grande confusão.

Presentes de casamento

Charles e eu fomos até a General Trading Company [uma loja de presentes da moda frequentada pelos ricos e famosos]. Pensando bem, foi engraçado fazer isso — tão na moda!

O casamento

Estava muito ansiosa. Me senti feliz, porque a multidão faz você se sentir animada — mas acho que não estava feliz. Nos casamos na quarta-feira e, na segunda-feira, fomos para a catedral para o último ensaio. As luzes das filmadoras estavam todas acesas, e pude ter uma ideia de como seria no dia. Chorei muito. Desabei e desabei por vários motivos. A história com Camilla acontecendo durante todo o noivado, e eu desesperadamente tentando agir de forma madura naquela situação, mas não tinha estrutura para fazê-lo e não podia falar com ninguém sobre aquilo.

Lembro-me de meu marido estar muito cansado — nós dois estávamos bastante cansados. Grande dia. Na noite anterior, ele me mandou um anel de sinete muito bonito, para Clarence House, com o brasão com as penas do príncipe de Gales nele e um cartão lindo que dizia: "Estou muito orgulhoso de você, e quando vier, estarei lá no altar esperando. Simplesmente olhe nos olhos deles e eles ficarão deslumbrados."

Tive uma crise muito séria de bulimia na noite anterior. Comi tudo que consegui encontrar, o que divertiu minha irmã [Jane], porque ela estava hospedada comigo em Clarence House, e ninguém entendia o que estava acontecendo por lá. Era tudo muito sigiloso. Fiquei muito enjoada naquela noite. Era um claro sinal do que estava acontecendo.

Eu estava muito calma na manhã seguinte quando nos levantamos em Clarence House. Devo ter sido acordada por volta das cinco da manhã. É interessante — eles me colocaram em um quarto com vista para a Mall Road, o que significou que não consegui dormir nada. Eu estava muito, muito calma, extremamente calma. Sentia-me como um carneiro sendo levado para o sacrifício. Sabia disso e não podia fazer nada a respeito. Minha última noite de liberdade com Jane em Clarence House.

Papai estava tão animado que ficou com o braço dolorido de tanto acenar. Passamos pela igreja de St. Martin-in-the-Fields, e ele achou que chegáramos à catedral. Ele estava pronto para saltar. Foi maravilhoso.

Enquanto andava em direção ao altar, procurava por [Camilla]. Sabia que ela estava lá, claro. Procurei por ela. Bem, cheguei lá em cima. Achei aquilo tudo hilário, casar, no sentido de que era algo tão adulto e ali estava Diana — uma professora de jardim de infância. Era tudo tão absurdo!

Chorei muito na segunda-feira após o ensaio porque a tensão, de repente, me assolou. Mas, quando chegou a quarta-feira, eu estava bem, e tive de, basicamente, carregar meu pai até o altar, e foi nisso que me concentrei, e me lembro de ficar terrivelmente preocupada em fazer reverência à rainha. Lembro-me de estar tão apaixonada por meu marido que não conseguia tirar os olhos dele. Simplesmente pensava que era a moça mais sortuda do mundo. Ele tomaria conta de mim. Bem, não podia estar mais errada nesse aspecto.

Então, enquanto andava até o altar, vi Camilla, vestida de cinza claro, chapéu sem aba com véu, vi tudo, o filho Tom em pé sobre uma cadeira. Até hoje, sabe — tenho memórias vívidas. Bem, pois é, é isso, esperemos que tudo tenha terminado. Saí [da catedral de St. Paul], o sentimento era maravilhoso, todos aclamando, todos felizes porque pensavam que estávamos felizes e havia um grande ponto de interrogação em minha mente. Entendi que assumira um papel importantíssimo, mas não fazia a menor ideia em que estava me metendo — *nenhuma* ideia mesmo.

De volta ao palácio de Buckingham, tiramos todas as fotografias, nada de toques, nada. Basicamente, eu vagava de um lado para o outro, tentando encontrar o lugar onde deveria estar, segurando minha longa cauda com minhas damas de honra e meus pajens. Fomos para a sacada, fiquei impressionada com o que vi, aquilo me fez sentir humilde, todas aquelas milhares e milhares de pessoas felizes. Foi simplesmente maravilhoso. Sentei perto dele para o café da manhã, que foi um almoço. Nenhum de nós falou com o outro — estávamos tão cansados. Eu estava exausta por causa de tudo aquilo.

A lua de mel

Nunca tomei qualquer medida efetiva para cancelá-la, mas o pior momento foi quando chegamos a Broadlands. Achei, sabe, que era simplesmente lúgubre. Tinha apenas uma tremenda esperança em mim, que foi destruída no segundo dia. Fomos para Broadlands. Na segunda noite, aparecem os romances de Van der Post que ele não lera [Laurens van der Post, o filósofo e aventureiro sul-africano, era muito admirado pelo príncipe Charles]. Sete deles — eles nos acompanharam em nossa lua de mel. Ele os lia e insistia em analisá-los durante o almoço todos os dias. Tivemos de receber todos a bordo do *Britannia*, eram sempre pessoas importantes todas as noites, portanto nunca havia tempo para nós dois ficarmos a sós. Achei aquilo muito difícil de aceitar. Naquela altura, a bulimia era espantosa, absolutamente espantosa. Era toda hora, quatro vezes por dia no iate. Tudo que encontrava eu engolia rapidamente e vomitava dois minutos depois — estava muito cansada. Então, claro, isso afetou um pouco meu humor, no sentido de que em um minuto eu estava feliz e no seguinte chorava incontrolavelmente.

Lembro-me de chorar muito em nossa lua de mel. Eu estava muito cansada, por todas as razões erradas.

Partimos para Balmoral diretamente do iate, todos estavam lá para nos receber e, então, percebi tudo. Meus sonhos eram apavorantes. À noite, sonhava com Camilla o tempo todo. Charles chamou Laurens van der Post para me ajudar. Laurens não me entendia. Todos viram que eu estava cada vez mais magra e mais doente. Basicamente eles achavam que eu conseguiria me adaptar ao lugar de princesa de Gales da noite para o dia. Pois bem, uma dádiva dos céus, William foi concebido em outubro. Foi uma notícia maravilhosa, e ocupou minha mente.

Estava totalmente obcecada por Camilla. Não confiava nele, a cada cinco minutos pensava que ele estava telefonando para ela para perguntar como deveria lidar com o casamento. Todos os convidados que vieram a Balmoral para se hospedar simplesmente olhavam para mim o tempo todo, me tratavam como se eu fosse de vidro. Até onde sei, sou Diana, a única diferença era as pessoas me chamando de "Senhora" agora, "Sua Alteza Real" e fazendo reverência. Essa era a única diferença, mas eu tratava todos exatamente da mesma forma que antes.

Charles costumava querer dar longas caminhadas por Balmoral o tempo todo quando estávamos em lua de mel. Sua ideia de diversão era sentar no topo da colina mais alta de Balmoral. É lindo lá em cima. Entendo perfeitamente; ele lia Laurens van der Post ou Jung para mim, e não se esqueça de que eu não sabia nada sobre poderes psíquicos ou assuntos afins, mas sabia que havia algo em mim que não despertara ainda e não achava que aquilo me ajudaria! Então, mesmo assim, lemos aqueles livros; eu fazia tapeçaria; ele estava muito feliz; e para ele tudo estava bem.

Ele tinha um temor respeitoso por sua mãe, era intimidado pelo pai, e eu era sempre a terceira pessoa na sala. Nunca era, "Querida, você deseja beber algo?", era sempre, "Mamãe, você deseja beber algo?", "Vovó, você deseja beber algo?", "Diana, você deseja beber algo?". Tudo bem, sem problemas. Mas eu precisava ouvir que aquilo era normal porque sempre achei que a mulher vinha em primeiro lugar — tolice minha!

Eu estava muito, muito magra. As pessoas começaram a comentar, "Seus ossos estão aparentes". Então, permanecemos lá [em Balmoral], de agosto a outubro. Em outubro, eu estava quase cortando os pulsos. Estava muito mal. Chovia muito, e voltei antes do previsto para procurar tratamento, não porque odiasse Balmoral, mas porque eu estava muito mal. Pois bem, vim para cá [Londres]. Todos os analistas e psiquiatras que você podia sonhar em encontrar foram convocados para tentar me curar. Deram-me doses altas de calmante e tudo mais. No entanto, a Diana que ainda estava muito presente decidira que era uma questão de tempo; paciência e adaptação, isso era tudo de que eu precisava. Era eu dizendo a eles o que eu precisava. Eles me diziam, "calmantes"! Isso os deixaria satisfeitos — poderiam dormir à noite sabendo que a princesa de Gales não esfaquearia ninguém.

Gravidez

Em seguida, soube que estava grávida. Foi ótimo, muito emocionante, então fomos para Gales por três dias para fazer nossa visita como princesa e príncipe de Gales. Minha nossa, foi um choque cultural em todos os sentidos. Roupas erradas, tudo errado, hora errada, estava muito enjoada, grávida, não contara ao mundo que estava grávida, mas parecia cinzenta, abatida e ainda por cima enjoada. Desesperadamente tentando fazê-lo sentir orgulho de mim. Fiz um discurso em galês. Ele estava mais nervoso do que eu. Nunca recebi um elogio por isso. Comecei a entender que isso era absolutamente normal. Estava enjoada como nunca, choveu o tempo inteiro em Gales. Não foi fácil, chorei muito no carro, dizendo que não conseguia sair, não conseguia lidar com as multidões. "Por que eles vieram nos ver? Alguém me ajude." Ele dizia: "Você precisa seguir em frente e dar conta disso." Eu simplesmente segui em frente. Ele fez o que pôde e realmente fez bem nesse departamento; ele me tirou e, uma vez fora do carro, consegui fazer a minha parte. Mas aquilo me custou muito, porque estava sem energia por estar enjoada com a bulimia — muito; sem falar na falta de apoio dele.

Não conseguia dormir, não comia, o mundo inteiro desabava ao meu redor. Foi uma gravidez muito, muito complicada mesmo. Me sentia enjoada o tempo todo, bulimia *e* enjoo matinal. Tentaram me dar calmantes para me fazer parar de sentir enjoo. Recusei. Muito enjoada, enjoada, enjoada, enjoada, enjoada. E essa família nunca tivera alguém que sentiu enjoo matinal antes, então, todas as vezes em Balmoral, Sandringham ou Windsor, em meu vestido de noite, eu tinha de sair, ou desmaiava ou vomitava. Era tão constrangedor porque não sabia nada, não lera livro algum sobre o tema, mas sabia que era enjoo matinal porque você simplesmente sabe quando é. Então, eu era "um problema", e eles registraram Diana como "um problema". "Ela é diferente, ela está fazendo tudo que nunca fizemos. Por quê? Pobre Charles, está passando por uma fase muito difícil." Entretanto, ele decidiu que não deveria fazer muitas sugestões. Não era seu papel aconselhar.

Suponho que sim [a preocupação com William], com Harry não foi tão ruim [os enjoos matinais]. Com William, foi apavorante, quase todas as vezes que me levantava de manhã, ficava enjoada. Mas isso era uma combinação, não conseguia definir qual era qual, ou o que acionava aquilo, mas obviamente sentia que eu era um incômodo para o sistema, e foi deixado claro que eu era um incômodo para o sistema. De repente, no meio de uma festa *black tie*, eu saía para vomitar e voltava, e eles diziam: "Por que ela não vai para a cama?" Eu achava que era meu dever sentar à mesa, eram deveres para todos os lados. Não sabia para onde me virar.

Atirei-me escada abaixo [em Sandringham]. Charles disse que foi uma encenação, e eu disse que me sentia muito desesperada e chorava muito, e ele disse: "Não vou dar ouvidos a você. Você está sempre fazendo isso comigo. Vou andar a cavalo agora." Então, atirei-me escada abaixo. A rainha apareceu, absolutamente horrorizada, tremendo — ela estava muito apavorada. Eu sabia que não ia perder o bebê; fiquei bastante machucada ao redor da barriga. Charles saiu para andar a cavalo e quando voltou, sabe, foi apenas rejeição, rejeição total. Ele simplesmente saiu pela porta.

O nascimento de William

Quando William nasceu, tivemos que encontrar uma data na agenda que fosse conveniente para ele e para seu polo. O parto de William precisou ser induzido porque eu não conseguia mais lidar com a pressão da imprensa, estava ficando insuportável. Era como se todos estivessem me monitorando todos os dias. Pois bem, fomos para o hospital bem cedo. Eu me senti muito enjoada o tempo todo durante o trabalho de parto, foi um trabalho de parto muito ruim. Eles queriam fazer uma cesariana, ninguém me disse isso até depois do parto. De todo modo, o menino nasceu e foi uma grande emoção. Todos vibrando, loucos de alegria — encontráramos uma data em que Charles poderia descer de seu cavalo de polo para que eu desse à luz. Isso foi muito simpático, ele ficou tão feliz com tudo aquilo! Cheguei em casa, e aí a depressão pós-parto me assolou, e não foi o bebê o responsável, foi o bebê que acionara tudo o que estava acontecendo em minha mente. Nossa, eu estava perturbada.

Se ele não voltasse para casa quando disse que voltaria eu pensava que algo horrível acontecera. Lágrimas, pânico, todo o resto. Ele não via o pânico porque eu ficava sentada, quieta.

[No batizado de William], fui tratada como dispensável em 4 de agosto [de 1982]. Ninguém me perguntou quando seria adequado para William — às onze da manhã não poderia ter sido pior. Inúmeras fotografias da rainha, da rainha-mãe, Charles e William. Fui totalmente excluída naquele dia. Não me sentia muito bem e chorei muito. William começou a chorar também. Bem, ele sentiu que eu não estava exatamente em um dos meus melhores dias.

Vida na realeza

Quando entrei pela primeira vez em cena, sempre abaixava a cabeça. Agora entendo que posso ter dado a impressão de estar aborrecida. Nunca fui rabugenta. Estava apavorada. Nunca fiquei de cara feia quando criança, essa não sou eu. Eu estava apenas completamente apavorada com a atenção que recebia, levei seis anos para me sentir confortável na minha pele e agora estou pronta para ir em frente.

Num instante, eu não existia; no seguinte, era a princesa de Gales, mãe, brinquedo da mídia, membro dessa família e muito mais, e era demais para uma pessoa naquela época.

Basicamente o escritório de meu marido virou de cabeça para baixo, porque em um minuto havia um e, no seguinte, dois, e os presentes de casamento que chegaram eram muito fenomenais — desde uma piscina a um porta-canetas; de um porta-retratos a seis cadeiras de jantar. Caos! Acabei escrevendo minhas próprias cartas de agradecimento.

Edward Adeane [o secretário particular do príncipe Charles de 1979 a 1985] foi maravilhoso — nos dávamos muito bem. Um solteirão convicto, e eu sempre tentando encontrar a mulher ideal para ele, mas não fui bem-sucedida. Ele dizia: "Conheço algumas moças ótimas que podiam ser damas de companhia. Você viria para conhecê-las?" Eu aprovei todas elas, muito embora não as conhecesse bem, e uma ou duas tenham se perdido por aí, mas as outras continuaram me dando muito apoio e acrescentei algumas ao longo do caminho também.

O que consigo lembrar é que não queria fazer nada sozinha. Estava apavorada demais. O pensamento de fazer algo sozinha me dava tremores, então fazia qualquer coisa que Charles estivesse fazendo. Se o evento incluísse uma mulher, eu ia com ele o tempo todo — a qualquer lugar. Mas o ritmo era muito intenso. Eu sabia que não conseguiria cumprir todos os compromissos e também casar, e arrumar duas casas.

Montando o guarda-roupa

No dia em que ficamos noivos, eu tinha, literalmente, um vestido longo, uma camisa de seda, um par de sapatos elegantes, e isso era tudo. De repente, minha mãe e eu tínhamos de sair e comprar seis de tudo. Compramos tudo que pensamos que seria necessário, mas ainda não foi suficiente. Lembre-se de que é preciso trocar de roupa quatro vezes por dia e, de repente, seu guarda-roupa se amplia de forma inacreditável. Daí, provavelmente, a razão de ter sido criticada, quando entrei pela primeira vez em cena, por ter roupas novas o tempo todo. Três estações, e eu tinha de me vestir de janeiro a dezembro da noite para o dia com chapéus, luvas e tudo mais. Depois, pedi a Anna Harvey, da *Vogue*, onde minhas duas irmãs tinham trabalhado, para me ajudar com itens básicos, como dois disso, três daquilo, um daquilo outro. Porém, depois disso, fiquei por minha conta. Após conhecer nomes já estabelecidos, como Victor Eldestein e Catherine Walker, consegui fazer tudo sozinha, telefonava para eles. Mas, antes disso, Anna me ajudou muito no primeiro ano. Tive de encontrar um nicho em que ficasse satisfeita com o costureiro que atendesse minhas necessidades. Não podia ter roupas da moda porque não teriam sido práticas para o trabalho, mas precisava ter roupas que durassem, cores razoáveis, decotes sensatos e comprimentos de saia sensatos. Não sabia sobre colocar pesos nas bainhas das roupas [para evitar que as saias levantem com o vento]. Descobri tudo isso sozinha com o tempo. Ninguém me ajudou nesse aspecto.

Primeiros compromissos reais

[Um dos] primeiros compromissos reais foi com Liz Taylor, chamado *The Little Foxes*. Era uma peça de teatro. Lembro que usei um casaco de pele falsa branco, e todos os ativistas ficaram contra mim para sempre. Então, ele voltou para o armário, nunca mais foi visto. Eu estava grávida de William, e foi um terror porque conversar com Elizabeth Taylor não foi nada fácil.

[Quando ligamos as luzes de Natal da Regent Street], lembro-me de vestir saia-calça azul escura com uma camisa rosa e de me sentir enjoada. Não conseguia abotoá-la por causa da barriga, mas não tinha nada mais para vestir. E eu estava muito nervosa. Tive de fazer um discurso na frente de todos na Regent Street. Estava morrendo de medo.

Não ficou mais fácil — simplesmente me acostumei com o que o povo esperava da princesa de Gales. O que Diana pensava daquilo não importava — ainda. Não tinha tido muitas informações sobre o que se esperava que a princesa de Gales fizesse. Consegui me adaptar, mas demorou.

Fui para Hereford [sede do SAS] e fiz aulas de direção. Bombas eram jogadas em mim. Foi apavorante. Graham Smith foi meu primeiro guarda-costas e já havia trabalhado com a princesa Anne. Ele esteve com ela por alguns anos. Era doce, mas levou algum tempo para que eu me acostumasse a ter um guarda-costas — Deus, de repente, ter aquele homem no carro, o volume da música precisava ser abaixado, tinha de me certificar de que ele se alimentava, todas aquelas coisas que você não precisa fazer, mas fui criada para cuidar dos outros.

A primeira viagem ao exterior

Então, chegou a hora do tudo ou nada para mim. Fomos para a [Austrália e] Nova Zelândia, Alice Springs. Essa foi a primeira tarefa difícil, o lado ruim de ser a princesa de Gales. Havia milhares de jornalistas nos acompanhando. Ficamos fora por seis semanas e, no primeiro dia, fomos a uma escola em Alice Springs. Estava quente, eu estava cansada por causa do fuso horário, enjoada. Magra demais. O mundo todo focava em mim todos os dias. Estava na primeira página dos jornais. Achei aquilo tudo muito estarrecedor. Não realizara um grande feito, como escalar o Everest ou algo maravilhoso assim. No entanto, voltei daquele compromisso, procurei minha dama de companhia e, chorando muito, disse: "Anne, preciso ir para casa, não consigo mais lidar com tudo isso." Ela ficou arrasada também, porque era seu primeiro emprego. Então, aquela primeira semana foi uma semana traumática para mim; aprendi a ser real, entre aspas, em uma semana. Fui atirada na parte funda da piscina e tive que sair nadando. Agora, prefiro dessa forma. Ninguém jamais me ajudou *de forma alguma*. Todos estavam lá para me criticar, mas nunca para me dizer "Muito bem!".

Quando voltamos de nossa viagem de seis semanas, eu era uma pessoa diferente. Mais adulta, mais madura, mas nada comparado com o processo pelo qual passaria nos quatro ou cinco anos seguintes. Basicamente, nossa viagem foi um grande sucesso. Todos sempre diziam quando estávamos no carro "Ah, estamos do lado errado, queremos vê-la, não queremos vê-lo", e foi tudo que conseguimos ouvir quando passamos por aquelas multidões e, obviamente, ele não estava acostumado àquilo, e nem eu. Ele descontou em mim. Ele estava com inveja; entendi a inveja, mas não conseguia fazer com que ele entendesse que eu não procurara aquilo. Falei várias vezes que ele se casara com alguém, e não importava quem, essa pessoa teria despertado interesse por causa das roupas, da forma como ela lidava com isso, com aquilo e com aquilo outro, e que você constrói uma base para sua mulher para ela depois fazer a própria base. Ele não entendeu nada daquilo.

A primeira viagem ao exterior em que levamos William foi à Austrália e à Nova Zelândia. Durou seis semanas. Foi excelente — éramos uma família. Foi muito complicado, do ponto de vista mental, para mim, porque as multidões eram inacreditáveis. Meu marido nunca vira multidões iguais àquela, e eu, certamente, também não, e todos continuavam dizendo que tudo se acalmaria após eu ter o primeiro filho, mas nunca acalmou, nunca.

Nunca brigamos [por levar o príncipe William na viagem]. A pessoa que nunca teve o devido reconhecimento foi Malcolm Fraser, que era o primeiro-ministro [mas já não era mais na época da viagem]. Ele nos escreveu do nada. Tudo pronto para deixar William para trás. Aceitei aquilo como parte do dever, embora não fosse fácil. Ele me escreveu e disse: "Parece-me que, sendo uma família tão jovem, vocês talvez desejassem trazer o menino também?" e Charles perguntou: "O que você acha?" "Ah, seria simplesmente maravilhoso." "Então, podemos passar seis semanas em vez de quatro e cobrir a Nova Zelândia também, assim seria perfeito."

Eu acrescentei: "Maravilha." Sempre foi dito que tive uma discussão com a rainha. Nem sequer perguntamos a ela, simplesmente tomamos a decisão. Foi muito bom. Não tivemos muito tempo para ficar com ele [William], mas, pelo menos, estávamos sob o mesmo céu, por assim dizer. Isso foi um grande consolo para mim porque todos queriam saber como ele estava se desenvolvendo.

Outras viagens ao exterior

Com o presidente e a Sra. Göncz da Hungria, a empatia foi imediata. Saí do avião e ficamos de mãos dadas. Foi extraordinário, parecia tão normal fazer aquilo. Foi manchete em todos os jornais britânicos. Lembro de pensar: "O que há de tão estranho nisso?" Daí em diante, tudo ficou muito intenso com o público. Mudanças repentinas que eu não conseguia entender. Não tinha ninguém com quem conversar sobre aquilo tudo. Simplesmente pensei que estava amadurecendo. Atribui à experiência.

Achei maravilhoso, muito especial [um encontro com o papa João Paulo II]. Fiquei muito impressionada. Estava muito constrangida pelo cerimonial, sentamos lá com aquele homem que usava uma vestimenta branca. Era muito estranho. Disse algo para ele. Juntei coragem e disse: "Como estão seus ferimentos?" Ele fora baleado recentemente. Ele pensou que eu estava falando de meu útero!* Então, ele achou que eu estava grávida! Assim, depois desse mal-entendido, passei a falar muito pouco.

---

* As palavras *wound* (ferimento) e *womb* (útero) soam parecidas na língua inglesa. [*N. da T.*]

Na Espanha, não me senti nada bem; cansaço, exaustão, esgotamento total. Disse a todo mundo que estava cansada, mas era a bulimia tomando conta. Portugal foi a última vez em que estivemos juntos como marido e mulher. Já se passaram seis ou sete anos. Depois, Maiorca [de férias com o rei e a rainha da Espanha], a primeira viagem que passei o tempo todo com minha cabeça enfiada no vaso sanitário. Eu odiava tanto aquilo. Por estarem todos muito ocupados considerando Charles a criatura mais maravilhosa que já existira. E quem era essa moça que repentinamente aparecera? E eu sabia que havia algo dentro de mim que não estava se manifestando e não sabia como usar isso, como deixá-los ver aquilo. Não me sentia nada confortável naquela situação.

Natal em Sandringham

Foi muito pesado. Não é horrível? Não lembro o que me deram de presente. Comprei todos os presentes, e o príncipe Charles assinou os cartões. [Foi] apavorante e muito decepcionante. Nenhuma brincadeira espirituosa, muita tensão, comportamentos tolos, piadas bobas que pessoas de fora achariam estranhas, mas os de dentro compreenderam. Eu era certamente uma [pessoa de fora].

O desfile comemorativo do aniversário da rainha

Todos circulam. Aqueles que querem falar uns com os outros falam, os que não querem, não falam. Somos muitos.

O nascimento de Harry

Então, entre William e o nascimento de Harry há um breu. Não me lembro de muita coisa, bloqueei tudo, foi muito doloroso. No entanto, Harry apareceu por milagre. Estávamos muito próximos um do outro nas seis semanas antes de Harry nascer, o mais próximo que jamais estivéramos e estaremos. Então, de repente, quando Harry nasceu, tudo explodiu, nosso casamento, a coisa toda foi pelo ralo. Eu sabia que Harry era um menino porque vi na ultrassonografia. Charles sempre quis ter uma filha. Ele queria dois filhos e que um deles fosse uma menina. Eu sabia que Harry seria menino e não contei a ele. Harry nasceu, Harry tinha cabelo ruivo, Harry era um menino. O primeiro comentário foi: "Meu Deus, é um menino"; e o segundo: "e ainda por cima tem cabelos vermelhos". Algo dentro de mim se fechou. Na época, sabia que ele voltara para sua amante, mas, de alguma forma, conseguimos ter Harry. Harry era uma alegria enorme e talvez esteja mais próximo do pai do que William no momento.

O príncipe Charles foi falar com minha mãe no batizado de Harry e disse: "Estou muito decepcionado, pensei que seria uma menina." Mamãe deu uma bronca nele e disse: "Você deveria estar grato por ter um filho saudável." Desde esse dia, ele se fechou, porque é isso o que ele faz quando alguém o contraria.

Relações com a família real:

A rainha

Certamente, o relacionamento mudou quando ficamos noivos porque eu era uma ameaça, certo? Eu a admiro. Quero entendê-la melhor e falar com ela, e farei isso. Sempre disse para ela: "Nunca a decepcionarei, mas não posso dizer o mesmo com relação a seu filho."

Ela recebeu bem minhas palavras. Ela consegue ficar à vontade comigo. Disse-me que a razão por que nosso casamento não deu certo foi porque o príncipe Charles estava com dificuldades para aceitar minha bulimia. Ela via aquilo como a *causa* dos problemas matrimoniais e não como um sintoma. Fiquei calada. Não pedi conselhos a ela. Agora posso tomar conta de mim mesma.

Me dou muito bem com eles [seus sogros], mas não faço nenhum esforço maior para tomar chá com eles.

Príncipe Charles

[Fui] acusada, muito cedo, de obrigá-lo a parar de atirar e caçar — isso é uma mentira deslavada. De repente, ele virou vegetariano e parou de matar animais. A família achou que ele enlouquecera, e ele ficou isolado na família. Eles não conseguiam entender aquilo e tinham medo do futuro — todas as propriedades tinham bichos que precisavam ser caçados. Então, se o herdeiro não estivesse interessado, o pânico se instalava. Foi uma influência anterior à minha chegada, mas tudo voltou, mais tarde, no tempo dele. Ele faz esse tipo de coisa — ele tem seus fanatismos e depois larga para lá.

[As roupas de Charles] Ele tinha muitas roupas, mas ao mesmo tempo poucas. Por exemplo, ele tinha pijamas Aertex horríveis que eram, sinceramente, simplesmente horrorosos. Então, comprei uns de seda, esse tipo de coisa — e sapatos. Sim, eles foram bem-recebidos. Ele ficou totalmente encantado.

[Charles como pai] Ele adorava a vida no quarto de brincar e mal podia esperar para voltar e fazer mamadeiras e tudo o mais. Ele era muito carinhoso, sempre voltava e dava de mamar ao bebê. Eu amamentei William por três semanas, e Harry por onze semanas.

A rainha-mãe

[O aniversário de 90 anos da rainha-mãe] foi lúgubre e afetado. Eles estavam todos contra mim. Minha avó [Ruth, Lady Fermoy] fez ataques sérios à minha pessoa.

Príncipe Philip e príncipe Charles

Muito complicado, muito complicado. O príncipe Charles gostaria de ser elogiado pelo pai, enquanto o pai gostaria de ser consultado em vez de receber conselhos do príncipe Charles.

Príncipe Andrew

Andrew era muito, muito espalhafatoso e escandaloso. Pensei que havia algo errado com ele. Ele não era meu tipo. Andrew fica muito contente por sentar na frente da televisão o dia inteiro assistindo a desenhos animados e vídeos porque ele não tem iniciativa. Ele não gosta de fazer exercícios — adora jogar golfe, e isso é até comovente. No entanto, ele é sufocado pela família o tempo todo. É desprezado como um idiota, mas há muito mais dentro dele que ainda não foi despertado. Ele é muito perspicaz e astuto.

A doce Koo o adorava. Ela era uma pessoa muito boa para se ter por perto. Era muito gentil e tomava conta dele. Muito tranquila, dedicava toda a sua energia a ele. Nasceram um para o outro. Encontrei-a diversas vezes.

Princesa Anne

Dizem que sempre tivemos uma relação complicada. Admiro-a muito. Fico fora do caminho dela, mas não crio confusão quando ela está presente, e ela nunca cria confusão comigo, e a confusão com relação a ela ser a madrinha de Harry, essa hipótese nunca foi sequer considerada. Eu pensei: "Não há razão para ter alguém na família como padrinho uma vez que já são tios ou tias." Eu disse: "A imprensa falará sobre isso." E Charles respondeu: "E daí?" Havia essa coisa com relação a ela e eu não nos darmos bem. Damo-nos muito bem, mas de nossa maneira. Eu não ligaria para ela se tivesse um problema, nem a chamaria para almoçar, mas quando a vejo é sempre bom. Sua mente me estimula, ela me fascina, ela é muito independente e fez o que queria.

Outros membros da família real

Sempre adorei Margo [a princesa Margaret], como a chamo. Gosto muito dela, e ela tem sido maravilhosa comigo desde o primeiro dia. Todos se isolam. O casal Gloucester — eles são muito tímidos, de todo modo. Sinto pena por ela [a duquesa de Kent]. Tomaria conta dela se fosse preciso.

A mãe de Diana e a família real

Sempre que menciono o nome de minha mãe para alguém da família real, o que raramente faço, eles vêm para cima de mim com paus e pedras. Então, nunca falo sobre ela. Eles têm certeza de que ela é a vilã e de que o pobre Johnnie [o pai dela] teve uma vida muito difícil.

Anos de sofrimento

Acho que muitas pessoas tentaram me ajudar porque viram que algo estava errado, mas nunca me apoiei em ninguém. Ninguém de minha família sabia de nada. Jane, minha irmã, após cinco anos de casamento, veio ver como eu estava.

Eu vestia uma blusa com decote em "V" e short. Ela disse: "Duch [apelido de infância de Diana], que marca é essa no peito?" "Ah, não é nada", respondi. Ela insistiu: "O que é isso?" É que, na noite anterior, eu quis falar com Charles sobre algo. Ele não quis me ouvir e disse que eu estava encenando. Então, peguei o canivete dele sobre a escrivaninha e fiz uns cortes grandes em meu peito e nas minhas coxas também. Saiu muito sangue, mas ele não mostrou reação alguma.

[Sobre outras tentativas de suicídio] Eu corria com uma faça de cortar limão, uma com serra. Eu estava muito desesperada. Sabia o que estava errado comigo, mas ninguém ao meu redor me entendia. Eu precisava descansar, precisava que alguém tomasse conta de mim dentro de minha casa e que pessoas entendessem o tormento por que eu passava e a angústia que eu sentia. Foi um pedido desesperado de socorro. Não sou mimada — simplesmente precisava de tempo para me adaptar à minha nova posição.

Não sei o que meu marido disse a ela [a rainha]. Definitivamente, ele lhe contou sobre a bulimia, e ela contou a todos que essa era a razão por que nosso casamento dera errado, por causa do distúrbio alimentar de Diana, e deve ter sido muito difícil para Charles.

Foi na Expo [no Canadá] que desmaiei. Lembro-me de que nunca tinha desmaiado na vida. Andamos por quatro horas seguidas, não tínhamos comido nada e, possivelmente, eu não comera nos dias anteriores. Quando digo isso, me refiro a comida que tenha ficado dentro de meu corpo. Lembro-me de andar e me sentir realmente horrível. Não ousei contar a ninguém que me sentia mal porque achei que eles pensariam que eu estava exagerando. Coloquei o braço no ombro de meu marido e disse: "Querido, acho que estou prestes a desaparecer." E tombei ao seu lado. Em seguida, David Roycroft e Anne Beckwith-Smith [assessores da família real], que estavam conosco naquele momento, me levaram para um quarto. Meu marido me deu uma bronca. Ele perguntou se eu não podia ter desmaiado rapidamente em algum outro lugar, atrás de uma porta. Foi tudo extremamente constrangedor. Minha defesa foi que eu não sabia nada sobre desmaiar. Todos ficaram consternados. Desmaiei na seção norte-americana. Enquanto Anne e David me levavam, Charles continuou visitando a exposição. Ele me largou sozinha. Voltei para o hotel em Vancouver e chorei muito. Basicamente, eu estava exausta, cansada demais e sem forças porque não tinha comida alguma dentro de mim. Todos diziam: "Ela não pode sair esta noite, ela precisa dormir um pouco." Ao que Charles respondia: "Ela precisa sair à noite, caso contrário ficará a sensação de que existe algum drama terrível acontecendo e vão pensar que há algo realmente errado com ela. No fundo, eu sabia que havia algo de errado comigo, mas era imatura demais para verbalizar. Um médico veio me examinar. Contei a ele que estava enjoada. Ele não sabia o que dizer, porque não sabia como lidar com essa questão. Ele apenas me deu um comprimido e me calou.

Foi muito estranho, sentia-me tremendamente infeliz. Sabia que a bulimia começara na semana em que eu ficara noiva. Meu marido colocou a mão em minha cintura e disse: "Ah, um pouquinho de gordura aqui, não é?" E isso acionou algo em mim. E a história com Camilla... Eu estava desesperada, desesperada.

Lembro-me da primeira vez que me forcei a vomitar. Estava tão animada porque achava que isso aliviaria a tensão. Na primeira vez em que fui medida para o vestido de noiva, eu tinha 72cm de cintura. No dia em que me casei, tinha 60cm. Definhara entre fevereiro e julho. Definhara.

Do lado de fora, as pessoas diziam que eu fazia da vida do meu marido um inferno, que eu agia como uma criança mimada, mas eu sabia que só precisava descansar, e precisava de paciência e tempo para me adaptar a todos os papéis que foram exigidos de mim da noite para o dia. Na época, havia muita inveja porque todos os dias eu aparecia na primeira página dos jornais. Eu lia dois jornais, embora esperassem que eu lesse todos eles. Eu ficava chateada com as críticas porque tentava a todo custo mostrar a eles que cumpriria com meu dever, mas obviamente isso não foi bem-comunicado. Fiz algumas tentativas de cortar os pulsos, jogar coisas pela janela, quebrar vidros. Atirei-me das escadas quando estava grávida de quatro meses de William, tentando chamar a atenção de meu marido, para fazê-lo me ouvir.

Mas ele simplesmente disse: "Você está fingindo."

Dei um susto em todos. Não conseguia dormir, simplesmente não conseguia dormir. Passei três noites sem dormir um minuto. Não tinha combustível para me deixar adormecer. Pensei que minha bulimia era segredo, mas várias pessoas na casa perceberam o que estava acontecendo, embora ninguém tenha mencionado o fato. Todos achavam muito divertido eu comer tanto e nunca engordar.

Eu sempre consegui digerir o café da manhã. Não sei o que era. Não conseguia evitar vomitar os suplementos vitamínicos. Simplesmente obtive ajuda de algum lugar — não sei de onde veio. Eu nadava todos os dias, nunca saía à noite, dormia direito. Levantava muito cedo de manhã, sozinha, para ficar sozinha e, à noite, deitava cedo, então não era como se eu estivesse sendo masoquista com meu sistema, mas não para o meu nível de energia. Sempre tive muita energia — sempre tive.

A situação perdurou. Há apenas um ano e meio, de repente, despertei e percebi que estava decaindo rapidamente. Chorava toda hora, o que agradava as pessoas de certa forma, porque quando você chora nesse sistema, é um sinal de que você é fraca e "Bem, podemos lidar com isso". Mas quando você se levanta novamente, perguntas do tipo "Que diabo está acontecendo?" voltam a surgir.

O lado público era muito diferente do privado. O público queria uma princesa de conto de fadas que os tocasse e transformasse tudo em ouro, e todas as suas preocupações desapareceriam. Não tinham ideia de que a pessoa estava se crucificando por dentro, porque ela não se achava suficientemente merecedora. "Por que eu, por que toda essa publicidade?" Meu marido começou a ficar com ciúme e muito ansioso na época, também. Dentro do sistema, eu era tratada de forma muito diferente, como se fosse esquisita, e eu me sentia esquisita. Então, achava que não era suficientemente merecedora. Mas agora acho que é bom ser a esquisita, graças a Deus, graças a Deus, graças a Deus!

Tinha tantos sonhos quando jovem, e esperava por isso e aquilo e aquilo outro, que meu marido tomasse conta de mim. Ele seria uma figura paterna e me apoiaria, encorajaria, diria: "Muito bem", ou "Não, você pode melhorar", mas não tive nada disso. Não conseguia acreditar naquilo, não tive nada disso, aconteceu justamente o contrário.

Ele [o príncipe Charles] me ignora em todos os lugares. Ignorada em todos os lugares, e assim fui por muito tempo, mas se as pessoas escolhem ver isso só agora, elas estão um pouco atrasadas. Ele simplesmente me exclui.

[O pior dia de minha vida] foi quando percebi que Charles voltara para Camilla.

[Sobre seus sentimentos de isolamento] Definitivamente, a separação dos amigos. Eu ficava constrangida demais para convidá-los para almoçar. Não conseguia lidar com aquilo. Eu ficava me desculpando o tempo todo.

Fergie

Conheci Fergie quando Charles estava se aproximando de mim, e ela ficava aparecendo o tempo todo por alguma razão e parecia saber tudo sobre a vida da realeza, coisas desse tipo. Ela encorajou o relacionamento. Não sei, de repente, ela simplesmente apareceu e sentou na primeira fila de nosso casamento — e tudo mais. Ela foi almoçar no palácio de Buckingham e não parecia intimidada com tudo aquilo.

Não sabia muito bem como interpretar aquilo. De repente, todos disseram: "Ah, ela não é maravilhosa e desinibida? Graças a Deus, ela é mais divertida do que Diana." Então, Diana estava ouvindo e lendo cada linha. Senti-me terrivelmente insegura. Achei que eu talvez devesse ser como Fergie, e meu marido disse: "Eu queria que você fosse como Fergie, sempre alegre. Por que você está sempre infeliz? Por que você não pode ser como a vovó? Por que você não pode ser como a vovó?" Estou muito feliz por não ser a vovó agora. Cometi muitos erros tentando ser como Fergie. Fui a um show de música pop, da turnê Spider, de David Bowie, com David Waterhouse e David Linley. Este ficou do meu lado direito, e David Waterhouse do esquerdo. Fui de calça de couro, o que achei a coisa certa a fazer, esquecendo que eu era a futura rainha, e futuras rainhas não vestem couro daquela maneira em público. Então, pensei que aquilo foi bem "na moda". Fiquei muito satisfeita por agir como as pessoas da minha idade. Bati palmas. Naquele mesmo verão, em Ascot, enfiei um guarda-chuva nas costas de alguém. Em meu mapa astral, Penny Thornton sempre disse para mim: "Você pagará por tudo que fizer neste verão." Paguei, definitivamente. E aprendi muito. Fiquei com uma inveja imensa dela, e ela ficou com uma inveja imensa de mim. Ela ficava dizendo para mim: "Você não deve se preocupar, Duch, tudo vai dar certo, deixa que faço isso, deixa que eu faço aquilo."

Não conseguia entender aquilo, ela realmente estava gostando de estar onde estava, enquanto eu lutava para sobreviver. Não conseguia entender como ela podia achar aquilo tão fácil. Achei que ela seria como eu, abaixaria a cabeça e seria tímida. Mas não, ela era um tipo totalmente diferente e bajulava todo mundo na família, e o fazia muito bem. Ela me fazia parecer uma negação.

E lá na Escócia, ela costumava fazer tudo que eu nunca fiz. Então, eu pensava: "Isso não pode durar, a energia dessa criatura é inacreditável." Entretanto, todos olhavam para mim e diziam: "Que pena que Diana ficou tão introvertida e quieta, ela estava tão ocupada tentando resolver seus problemas", e depois esse holocausto ocorreu. Eu sabia que, algum dia, ela se viraria e diria: "Duch, como foi que você conseguiu sobreviver todos esses anos?" Há dois anos ela me pergunta isso. Nunca explico. Simplesmente digo que apenas aconteceu.

A guinada [em Klosters, Suíça, em 1988]

Fomos esquiar. Peguei uma gripe, fiquei de cama por dois dias. No terceiro, de cama também. Fergie voltou de tarde, às 14h30. Ela estava grávida de Beatrice na ocasião, estava com quatro para cinco meses. Caiu de cabeça para baixo em uma vala e voltou trêmula, pálida e exausta. Coloquei-a na cama, e nós duas ficamos no chalé e ouvimos um helicóptero decolar. Disse a ela: "Houve uma avalanche." E ela respondeu: "Aconteceu alguma coisa séria."

Ouvimos Philip Mackie [assessor da realeza] entrar no chalé. Ele não sabia que as jovens estavam no andar de cima. Ouvimos ele dizer: "Houve um acidente." Então, gritei lá do andar de cima: "Philip, o que está acontecendo?" "Ah, nada, nada, vamos contar a vocês daqui a pouco." "Conta agora", pedi. Ele respondeu: "Houve um acidente e um integrante do grupo está morto." Então, sentamos lá, simplesmente sentamos no topo das escadas, Fergie e eu, e não sabíamos quem era.

Meia hora depois, soubemos que fora um homem e 45 minutos depois, Charles telefonou para Fergie para dizer que não fora ele, fora Hugh [o major Hugh Lindsay, um ex-cavalariço da rainha]. Isso realmente me virou do avesso. Então, todos começaram a tremer. Eles não sabiam o que fazer. Eu disse a Fergie: "Certo, precisamos subir e arrumar a mala de Hugh e fazer isso agora enquanto não sabemos o que nos atingiu. Precisamos pegar o passaporte e entregá-lo à polícia." E fomos para o andar de cima e arrumamos as malas dele. Levei-as para baixo e disse a Tony [guarda-costas do príncipe Charles]: "Coloquei a mala debaixo da sua cama. Está lá em caso de necessidade, mas gostaríamos de ter os pertences de Hugh de volta para podermos entregá-los a Sarah [mulher do major Lindsay], seu anel de sinete, seu relógio." Senti-me totalmente no comando de tudo. Disse para meu marido: "Vamos voltar para casa, levar o corpo para casa, para Sarah, devemos isso a ela." Pois bem, houve uma grande discussão por conta disso. Mandei meu guarda-costas tirar o corpo de Hugh do hospital.

Bem, então voltamos de Klosters. Pousamos em Northolt e tínhamos o caixão de Hugh no fundo do avião. Sarah estava esperando lá, grávida de seis meses, e essa foi uma visão medonha, simplesmente assustadora. Tivemos que assistir ao caixão sendo retirado do avião e, depois, Sarah veio para ficar comigo em Highgrove quando eu estava sozinha, e ela chorou de manhã à noite. Minha irmã veio nos visitar, e cada vez que mencionamos o nome de Hugh, havia lágrimas e mais lágrimas, mas achei que faria bem mencionar o nome dele porque ela precisava superar aquilo. O sofrimento dela foi longo e muito duro, porque ele morreu fora do país, ela não estava lá com ele, eles estavam casados há oito meses, ela estava esperando um bebê. A coisa toda foi horrenda, e ele era uma pessoa muito boa. De todas as pessoas, nunca deveria ter sido ele.

Fergie e eu éramos mais próximas de Hugh do que Charles. Ele sempre foi muito bom com todos da família de meu marido, estava sempre presente para ajudar.

Assumi o controle lá. Meu marido me fazia sentir tão inadequada, de todas as maneiras possíveis, era como se todas as vezes que eu botava a cabeça para fora para respirar ele me empurrasse para baixo novamente, e quando minha bulimia foi curada, há dois anos, me senti muito mais forte mental e fisicamente, então fui capaz de seguir em frente no mundo. Mesmo que comesse muito no jantar, Charles dizia: "Isso vai ser colocado pra fora mais tarde? Que desperdício." Ele falava com minha irmã sobre isso e dizia: "Estou preocupado com Di. Ela não está dormindo, você poderia falar com ela?" Suponho que agora ele entenda.

Longo caminho para a recuperação

Acho que a bulimia realmente me deu uma sacudida. De repente, percebi o que perderia se desistisse, e valeria a pena? Carolyn Bartholomew me telefonou uma noite e perguntou: "Você se dá conta de que se elimina potássio e magnésio, sente uma depressão terrível?" "Não", respondi. "Bem, é possível que seja disso que você sofre. Você não contou a ninguém sobre isso?" "Não", respondi. "Você precisa falar com um médico." "Não posso." "Você precisa, vou dar uma hora para você telefonar para seu médico, e se não ligar, vou botar a boca no mundo", ela retrucou. Ela estava muito zangada comigo, então foi assim que me envolvi com o psicoterapeuta chamado Maurice Lipsedge. Ele chegou, um doce de pessoa, muito simpático. Ele entrou e disse: "Quantas vezes você tentou acabar com a sua vida?" Pensei: "Não acredito nessa pergunta", aí me ouvi dizer: "Quatro ou cinco vezes." Ele fez todas essas perguntas, e consegui ser totalmente honesta com ele, e passamos umas duas horas conversando. Então ele disse: "Voltarei para ver você uma vez por semana durante uma hora e vamos falar apenas sobre isso." Ele me ajudou a voltar a ter autoestima e me deu livros para ler. Eu lia e pensava: "Essa sou eu, essa sou eu, não sou a única pessoa."

O Dr. Lipsedge disse: "Daqui a seis meses, você não se reconhecerá. Se você conseguir manter a comida no estômago, mudará radicalmente." Devo dizer que é como se tivesse nascido de novo desde então, tenho apenas acessos esporádicos, muitos acessos esporádicos, sobretudo em Balmoral (é muito ruim em Balmoral), Sandringham e Windsor. Me sinto enjoada o tempo todo. Ano passado, acontecia uma vez a cada três semanas, enquanto que antes costumava ser quatro vezes ao dia, e considero isso uma grande conquista. Minha pele nunca sofreu por causa daquilo, nem meus dentes. Quando penso em todo aquele ácido! Fico impressionada com meus cabelos.

Eu me odiava tanto que não me achava suficientemente merecedora de Charles, achava que não era uma boa mãe — tinha muitos questionamentos.

Nesse ponto sou como minha mãe. Não importa o quão deprimida ela se sinta, é capaz de exibir uma fachada de felicidade impressionante. Minha mãe é especialista nisso. Eu adquiri essa capacidade, mantive o perigo distante, mas, naqueles momentos sombrios, eu não conseguia lidar com pessoas dizendo "É culpa dela". Ouvia isso de todo lado, todos os lados, o sistema e a mídia começaram a dizer que era culpa minha — diziam que eu era a Marilyn Monroe dos anos 1980 e que estava adorando tudo aquilo. Eu nunca, *jamais*, sentei e disse: "Oba, que maravilha", nunca, porque o dia em que fizer isso, esse arranjo estará com problemas. Vou cumprir meu dever como a princesa de Gales enquanto for meu tempo. Se a vida mudar, ele muda, mas pelo menos, quando eu terminar, como vejo tudo, meus 12 a 15 anos como princesa de Gales... Não acho que dure mais do que isso, curiosamente.

Desde o primeiro dia, sempre soube que não seria a próxima rainha. Ninguém me disse isso — eu simplesmente sabia. Chamei uma astróloga uns seis anos atrás. "Preciso sair, não aguento mais isso. E ela me disse: "Um dia, deixarão você sair, mas você vai sair e não se divorciar ou algo parecido." Eu me lembro sempre disso, ela me disse isso em 1984, então tenho essa informação há algum tempo.

Não havia elogios, eu ia a um jantar, e ele dizia "Ah, não vai usar esse vestido outra vez", ou algo parecido. Mas um dos momentos mais corajosos em meus dez anos foi quando fomos àquela festa medonha dos 40 anos da irmã de Camilla. Ninguém esperava que eu aparecesse, mas novamente uma voz dentro de mim disse: "Que se dane, vá." Então, eu me preparei psicologicamente. Decidi que não ia beijá-la ou apertar a mão dela. E eu me senti assustadoramente corajosa e arrojada, e basicamente Diana ia sair de lá tendo feito o que precisava ser feito. Ele me deu alfinetadas o caminho todo até Ham Common, o local da festa. "Ah, por que você está vindo logo hoje?" Alfinetadas, alfinetadas, alfinetadas, o caminho todo. Não entrei no jogo dele, mas estava muito nervosa.

Entrei na casa e estendi a mão para Camilla pela primeira vez e pensei: "Ufa, passou." Sentamos e, tendo em vista que eram todos da idade de meu marido, eu era um peixe fora d'água, mas decidi que iria me empenhar. Ia causar um impacto.

E, mais tarde, após o jantar, fomos ao andar de cima, e eu conversava e, de repente, percebi que nem Camilla, nem Charles estavam lá. Então, isso me perturbou e decidi descer. Sabia com o que eu iria me deparar. Tentaram me impedir de descer. "Ah, Diana, não vá lá." "Só vou encontrar meu marido, preciso falar com ele." Eu subira há cerca de uma hora e meia, então era apropriado descer e encontrá-lo. Desço e há um pequeno trio muito animado no andar inferior — Camilla, Charles e outro homem — conversando. Então, pensei: "Certo, esse é o seu momento" e me juntei a eles como se fôssemos melhores amigos, e o outro homem disse: "Acho que é hora de subirmos." Então nos levantamos, e eu disse: "Camilla, eu adoraria falar com você um minutinho se for possível." E ela pareceu muito desconfortável e abaixou a cabeça, e eu disse aos homens: "Meninos, só vou ter uma conversa rápida com Camilla. Subo em um minuto." E eles correram para cima como galinhas sem cabeça, e senti um enorme alvoroço irromper lá em cima. "O que ela vai fazer?"

Perguntei à Camilla: "Você gostaria de se sentar?" Então nos sentamos, e eu estava paralisada de medo, mas disse: "Camilla, só gostaria que você soubesse que sei exatamente o que acontece entre você e Charles, não nasci ontem." Alguém foi enviado, obviamente para nos apaziguar: "Vá lá embaixo, elas estão brigando." Não era uma briga. Calma, extremamente calma, eu disse a Camilla: "Lamento que eu seja um obstáculo, obviamente sou um obstáculo e deve ser um inferno para vocês dois, mas sei o que está acontecendo. Não me trate como uma idiota." Então, subi e as pessoas começaram a se dispersar. No carro, no caminho de volta para casa, meu marido ficou furioso comigo, e eu chorei como nunca chorara antes — era raiva, eram sete anos de raiva contida que soltei. Chorei, chorei e chorei e passei a noite em claro. E, na manhã seguinte, quando acordei, senti uma tremenda mudança. Eu tomara uma providência, dissera o que sentia, os velhos ciúme e ódio pairando, mas não era tão letal como antes, e eu disse a ele, durante o fim de semana, mais tarde: "Querido, tenho certeza de que você deseja saber o que eu disse a Camilla. Não há segredo. Você pode perguntar a ela. Só disse que eu amava você, não há nada de errado nisso." E continuei: "Foi o que disse a ela, não tenho nada a esconder, sou sua mulher e mãe de seus filhos."

Foi isso, e foi um grande passo para mim.

Eu estava desesperada para saber o que ela dissera para ele — não fazia a menor ideia, claro. Ele contou a muitas pessoas que a razão da instabilidade de nosso casamento era porque eu vivia doente. Eles nunca questionaram o que o casamento fazia comigo.

A maravilhosamente forte [irmã de Diana] Jane. Se você telefonar para ela com um problema, ela diz: "Céus, Duch, que horrível, que triste, que horror." E fica zangada. Enquanto minha irmã Sarah xinga: "Pobre Duch, que merda isso acontecer." Meu pai diz: "Não se esqueça de que amamos você."

Mas naquele verão [1988], quando fiz tantas besteiras, sentei um dia, no outono, quando estava na Escócia, e lembro-me de dizer para mim mesma: "Certo, Diana, não adianta, você precisa mudar tudo, sua imagem na mídia; você precisa crescer e ser responsável. Você precisa entender que não pode fazer aquilo que outras jovens de 26 ou 27 anos estão fazendo. Você foi escolhida para ocupar uma posição, então deve se adaptar e parar de lutar contra ela." Lembro-me de minha conversa muito bem, sentada perto da água. Sempre sento perto de água quando estou contemplativa.

Stephen Twigg [terapeuta], que me atende, disse certa vez: "O que as outras pessoas pensam de você não é problema seu." Essa frase me marcou. Então, outra vez, quando falei que precisava ir a Balmoral, uma pessoa disse: "Bem, você precisa conviver com eles, mas eles também precisam conviver com você." Esse mito sobre eu odiar Balmoral — eu adoro a Escócia, mas o clima lá é muito pesado para mim. Eu chego lá como a "Diana forte". E volto despojada de tudo porque eles simplesmente me sugam, porque eu sintonizo todos os humores deles e, minha nossa, como há energias ruins por lá! Em vez de descansar em férias, é a época mais estressante do ano. Adoro estar ao ar livre o dia todo. Adoro andar atrás dos bichos.

Estou muito mais feliz hoje em dia. Não estou em êxtase, mas muito mais contente do que já estive. Fui fundo, cheguei ao fundo do poço várias vezes e subi novamente, e é muito bom encontrar amigos agora e falar sobre *tai chi* e as pessoas dizem: — "*Tai chi*? O que você entende de *tai chi*?" E eu respondo: "Fluxo de energia e tudo mais." E eles olham para mim e respondem: "Ela é a moça que deve gostar de fazer compras e de roupas o tempo todo. Não se espera que ela saiba sobre coisas espirituais."

Ir à clínica para portadores da Aids, semana passada [julho de 1991], com a Sra. Bush, foi outro passo importante para mim. Sempre quis abraçar os doentes em hospitais. Um homem que estava muito doente começou a chorar quando sentei em sua cama e segurou minha mão, e pensei: "Diana, faça, simplesmente faça." Dei-lhe um forte abraço e foi tão tocante porque ele se agarrou a mim e chorou. Foi maravilhoso! Aquilo o fez sorrir, isso é bom.

Do outro lado da sala, um homem muito jovem, que só posso descrever como lindo, deitado na cama, me disse que morreria perto do Natal e seu namorado, um homem que estava sentado em uma cadeira, muito mais velho que ele, chorava muito. Então, estendi a mão para ele e disse: "Não é nada fácil, tudo isso. Você tem muita raiva dentro de você, não tem?" Ele respondeu: "Sim. Por que ele e não eu?" "Não é extraordinário que, aonde quer que eu vá, são sempre pessoas como você, sentadas em uma cadeira, que precisam passar por um tormento tão grande, enquanto aqueles que aceitam a própria morte ficam calmos?" Ele retrucou: "Eu não sabia que isso acontecia." "Pois acontece, você não é o único. É maravilhoso que você esteja bem junto dele. Você aprenderá muito observando seu amigo." Ele chorava muito e agarrou minha mão, e me senti muito confortável naquele lugar. Simplesmente odiei ter de ir embora.

Todo tipo de pessoa entrou em minha vida — idosos, espiritualizados, acupunturistas —, todos eles entraram após eu vencer minha bulimia.

Quando entro no palácio para uma festa no jardim ou um jantar para uma reunião de cúpula, sou uma pessoa muito diferente. Eu me moldo ao que se espera de mim. Eles não podem encontrar defeitos em mim quando estou na presença deles. Faço aquilo que esperam que eu faça. O que dizem pelas minhas costas não é problema meu, mas volto aqui e, quando apago as luzes à noite, sei que fiz o melhor que pude.

Valores New Age

Ela [a falecida condessa Spencer, avó materna de Diana] toma conta de mim no mundo espiritual. Sei que isso é um fato. Costumava se hospedar em Park House conosco. Ela era doce, maravilhosa e especial. Realmente divina.

Tenho muito a aprender. Tenho 101 livros esperando para serem lidos em minha mesa de cabeceira — pilhas de livros — estou totalmente encantada.

Nunca conversaria sobre isso com ninguém, todos pensariam que eu era maluca. Usei a palavra "vidente" com meus guarda-costas algumas vezes, e eles ficaram todos nervosos.

Tenho muito isso [*déjà vu*]. Lugares onde acho que já estive, pessoas que acho que já encontrei.

Conheço ela [Debbie Frank, sua astróloga] há cerca de três anos. Ela é muito doce. Ela faz astrologia e aconselhamento. Ela não aconselha, ela simplesmente diz a você o que pensa, de sua perspectiva, e com astrologia. Ouço, mas não acredito totalmente. É uma instrução e uma sugestão, em vez de dizer o que realmente irá acontecer. Ela tem sido doce, sobretudo durante minha pior fase, há dois anos. Ela simplesmente disse que eu deveria aguentar firme porque as coisas melhorariam, mas nunca me impôs informações de forma alguma.

[Em uma visita à sua vidente] Minha avó entrou primeiro, muito forte, depois minha tia e, em seguida, Barry [Mannakee, seu ex-guarda-costas]. Hesitei em fazer perguntas a ela sobre Barry porque — bem, não sei — simplesmente hesitei, mas sempre achei que havia um ponto de interrogação com relação à sua morte e recebi uma resposta, e isso foi tudo.

A princesa e o povo

Espero que eles saibam que adoro crianças e pessoas pequenas, mas suponho que isso seja evidente. Sou simplesmente louca [por meus filhos], e o sentimento é mútuo. Existe uma cumplicidade enorme.

Top of the Pops, Coronation Street, todas as novelas. Assisto a todas elas. A razão por que assisto tanto hoje em dia não é por interesse; é mais porque se saio por aí, seja em Birmingham, Liverpool ou Dorset, posso sempre comentar sobre um programa de televisão, e você estará no mesmo nível. Isso eu concluí por mim mesma. Funciona bem. Todos assistem, e eu digo "Você viu isso e aquilo? Não foi engraçado quando isso ou aquilo aconteceu?", e você fica imediatamente no mesmo nível. Você não é a princesa, e eles não são o público em geral — estão no mesmo nível.

Em meu programa de trabalho, ainda gosto de fazer aquilo que chamo de "viagens mais longas". Vou a Birmingham, Liverpool, Manchester, assim ninguém pode dizer que "ela nunca sai de Londres". Seria muito mais conveniente ficar em um só lugar. Sair por aí requer um esforço grande, mas vale a pena. Gostaria de mudar algumas coisas no sentido de visitar clínicas de auxílio a portadores de Aids e pacientes com câncer. Faria isso o tempo inteiro. Não acho cansativo.

Sempre pensei que as pessoas olhavam apenas para minhas roupas, e eu ficava desesperada para que o outro lado sobressaísse e fosse levado em consideração e não sabia como fazer isso.

Mudaria o tradicional pronunciamento da rainha no Natal — prioridade na lista. Aquilo me deixa tão constrangida; me perturba a tal ponto, não existe qualquer empatia. O que mais eu mudaria? Eu daria festas no jardim para todas as pessoas com deficiências e cadeirantes, pessoas que nunca viram o palácio de Buckingham, muito menos estiveram no jardim. Mas não é permitido ter um número excessivo de cadeirantes porque isso arruinaria a grama.

O tamanho das multidões — se isso não me faz sentir como uma estrela pop; as pessoas me agradecendo por levar felicidade à vida delas; frases curtas que, quando compiladas, tornam o dia muito maravilhoso e especial. Agradecimentos por ter ido; agradecimentos por ter feito o esforço; agradecimentos por ser quem você é e todas aquelas coisas, eu nunca acreditava em nada disso. Agora, fico mais confortável quando recebo esse tipo de declaração, seja ela verdadeira ou não. Agora consigo digerir esse tipo de coisa, ao passo que costumava ignorar. Ninguém jamais me disse: "Bom trabalho." Por eu sorrir para todo mundo, pensavam que estava me divertindo muito. Isso foi o que escolheram pensar — pensar assim os deixava mais satisfeitos.

Príncipes William e Harry

Sei que tivemos dois meninos por alguma razão. Somos as únicas pessoas na família que tiveram dois meninos. O resto da família teve um menino e uma menina, somos os primeiros a mudar isso, e sei que o destino se manifestou aí — Harry é o "reserva", no melhor sentido possível. William estará em sua posição mais cedo do que as pessoas pensam hoje em dia.

Quero criá-los com segurança, não antecipar nada, porque eles ficarão decepcionados. Isso facilitou muito minha vida. Abraço meus filhos com uma força esmagadora. Deito na cama com eles à noite, abraço os dois e pergunto: "Quem ama mais vocês no mundo inteiro?" E eles sempre respondem: "A mamãe." Sempre os alimento com amor e afeição — isso é muito importante.

[Preparando o príncipe William] *Estou* mudando o esquema para ele, mas de uma forma sutil; as pessoas não se dão conta, mas estou. Nunca entraria em confronto com a monarquia, porque quando penso no que minha sogra vem fazendo há quarenta anos, quem sou eu para chegar e mudar tudo assim de repente? Mas com William vendo o que faço, e vendo o pai dele também, até certo ponto, ele tem uma ideia do que o futuro reserva para ele. Ele não está enfiado lá em cima com uma governanta.

O futuro

Acredito que trilharei um caminho muito diferente de todos os outros — de todos os outros. Vou romper com o esquema vigente e vou ajudar o "homem da rua". Odeio dizer "homem da rua" — soa muito condescendente. Não sei ainda, mas a tendência é cada vez mais seguir esse caminho. Não gosto mais de ocasiões glamourosas — me sinto desconfortável com elas. Preferiria fazer algo com pessoas doentes — me sinto mais confortável com elas.

Tenho estado otimista com relação ao futuro há algum tempo, mas obviamente há inúmeros pontos de interrogação, sobretudo quando o espaço ao meu redor está lotado — ah, então vejo meus amigos se divertindo, e eu nunca...

Sempre me senti de forma muito diferente — sentia que estava no corpo errado. Eu sabia que minha vida seria uma estrada sinuosa.

O que faço agora, desde que aprendi a ser assertiva, é ficar em silêncio enquanto registro tudo e depois digo que gostaria de pensar sobre o assunto, que darei uma resposta mais tarde. Isso se não tenho certeza, mas se tenho, um instinto me diz que tenho certeza, então digo: "Não, obrigada". E ninguém insiste.

Se eu pudesse escrever meu próprio roteiro, diria que esperava que meu marido fosse embora, partisse com a amante e resolvesse a situação, deixando a mim e aos meus filhos o nome Gales até o momento em que William suba ao trono. E eu os apoiaria durante todo o percurso e posso fazer esse trabalho muito melhor sozinha, não me sinto aprisionada.

Eu adoraria ir à ópera, a um balé ou ao cinema. Gosto de fazer isso da forma mais normal possível. Andar pela calçada me dá uma emoção intensa.

Não fico ressentida por conta disso, mas seria muito bom fazer coisas como passar um fim de semana em Paris, mas isso não é possível para mim no momento. Porém, sei que um dia, se seguir as regras da vida — o jogo da vida — poderei ter as coisas que sempre desejei, e elas serão muito mais especiais porque serei muito mais velha e muito mais capaz de apreciá-las.

Não quero que meus amigos fiquem magoados e pensem que eu os dispensei, mas não tenho tido tempo para sentar e fofocar, tenho muito que fazer, e o tempo é precioso.

Adoro a vida do campo, mas vivo em Londres porque estou mais segura aqui, mas me vejo um dia vivendo no exterior. Não sei por que penso nisso, e penso em Itália ou França, o que é bastante inquietante; ainda não. Em agosto passado, uma amiga me disse que vou casar com um estrangeiro, ou alguém que tenha muito sangue estrangeiro nas veias. Sempre pensei que seria interessante. Tenho certeza de que vou casar novamente ou viver com alguém.

1 "Eu deveria ser um menino"

É UMA LEMBRANÇA GRAVADA de forma indelével em sua alma: Diana Spencer sentada em silêncio na base dos frios degraus de pedra de sua casa em Norfolk, segurando o corrimão de ferro batido, enquanto ao seu redor havia uma agitação. Podia ouvir o pai pondo a bagagem na mala de um carro, e depois Frances, sua mãe, avançando ruidosamente pelo pátio de cascalho, a batida da porta do carro, e o som do motor acelerando, logo se desvanecendo a distância, enquanto a mãe passava pelos portões de Park House e saía de sua vida. Diana tinha 6 anos. Um quarto de século mais tarde, ainda é um momento que ela pode projetar em sua imaginação, e ainda é capaz de vivenciar os sentimentos angustiantes de rejeição, quebra de confiança e isolamento que o rompimento do casamento dos pais lhe causou.

Pode ter acontecido de maneira diferente, mas essa é a imagem que Diana conserva. Há muitos outros instantâneos da infância que povoam sua memória. As lágrimas da mãe, os silêncios do pai, as muitas babás de que tanto se ressentia, os confrontos intermináveis entre os pais, o som do irmão Charles soluçando até dormir, o sentimento de culpa por não ter nascido um menino, e a ideia fixa de que era de alguma forma um "estorvo" para os outros. Ansiava por carinhos e beijos e recebia um catálogo de loja de brinquedos. Foi uma infância em que não careceu de nada material, mas faltou todo o emocional. "Ela vem de uma família privilegiada, mas teve uma infância muito difícil", comenta seu astrólogo, Felix Lyle.

A honorável Diana Spencer nasceu ao final da tarde de 1º de julho de 1961, a terceira filha do visconde Althorp, então com 37 anos, e da viscondessa Althorp, doze anos mais moça. Pesava três quilos e quatrocentos gramas, e enquanto o pai expressava sua satisfação pelo "espécime físico perfeito", não havia como ocultar a sensação de anticlímax, se não mesmo de desapontamento, em toda a família, pelo fato de não ser o herdeiro tão esperado para perpetuar o nome Spencer. A expectativa por um menino era tão grande que o casal nem pensara em nomes de menina. Uma semana mais tarde, eles optaram por Diana Frances, em homenagem à mãe e a uma ancestral Spencer.

O visconde Althorp, o falecido conde Spencer, podia se orgulhar de sua nova filha — Diana era sua paixão —, mas seus comentários sobre a saúde da menina bem que poderiam ser mais diplomáticos. Apenas dezoito meses antes, a mãe de Diana dera à luz John, um bebê tão deformado e doente que sobrevivera por apenas dez dias. Fora um período angustiante para o casal, e houve muita pressão dos membros mais velhos da família para verificar "o que há de errado com a mãe". Queriam saber por que ela continuava a só gerar meninas. Lady Althorp, com apenas 23 anos, foi enviada a diversas clínicas na Harley Street, em Londres, para exames minuciosos. Para a mãe de Diana, orgulhosa, combativa e determinada, foi uma experiência humilhante e injusta, ainda mais em retrospecto, pois se sabe agora que o sexo do bebê é determinado pelo homem. Como o filho Charles, o novo conde Spencer, ressalta: "Foi um momento terrível para meus pais e provavelmente a raiz do divórcio, porque acho que eles nunca conseguiram superar."

Embora ainda fosse muito pequena para compreender, Diana com certeza absorveu o clima de frustração da família, e, acreditando ser um "estorvo", assumiu uma carga de culpa e fracasso por desapontar os pais e o resto da família, sentimentos que ela agora aprendeu a reconhecer e aceitar.

Três anos depois do nascimento de Diana, o filho tão ansiado nasceu. Ao contrário de Diana, batizada na igreja de Sandringham e que teve plebeus prósperos como padrinhos, o irmão caçula, Charles, foi batizado em grande estilo na abadia de Westminster, tendo a rainha como principal madrinha. O bebê era herdeiro de uma fortuna que, apesar de estar diminuindo rapidamente, ainda era substancial. Fora acumulada no século XV, quando os Spencer se destacaram entre os mais ricos negociantes de ovelhas da Europa. Com sua fortuna, eles adquiriram um condado de Charles I, construíram Althorp House, em Northamptonshire, providenciaram um brasão e uma divisa para a família — "Deus defende o certo" — e juntaram uma excepcional coleção de arte, antiguidades, livros e *objets d'art*.

Durante os três séculos seguintes, os Spencer frequentaram os palácios de Kensington, Buckingham e Westminster, e também ocuparam vários cargos no Estado e na corte. Mesmo que um Spencer nunca alcançasse os pináculos do comando, eles com certeza percorriam confiantes os corredores do poder. Os Spencer tornaram-se cavaleiros da jarreteira, conselheiros privados, embaixadores, e um deles foi até o Primeiro lorde do Almirantado, enquanto o terceiro conde Spencer chegou a ser considerado como um possível primeiro-ministro. Eram ligados por sangue a Charles II, os duques de Marlborough, Devonshire e Abercorn, e por um capricho da história a sete presidentes americanos, inclusive Franklin D. Roosevelt, e ao ator Humphrey Bogart, e até mesmo, dizem alguns, ao gangster Al Capone.

As qualidades dos Spencer no serviço público discreto, assim como seus valores de *noblesse oblige,* se manifestaram sob as ordens de seu soberano. Gerações de homens e mulheres Spencer ocuparam as funções de camareiro-mor, camarista real, dama de companhia e outras posições na corte. A avó paterna de Diana, condessa Spencer, foi dama de companhia da rainha Elizabeth, a rainha-mãe, enquanto sua avó materna, Ruth, Lady Fermoy, foi uma das damas de companhia por quase trinta anos. O falecido conde Spencer serviu como camarista real do rei George VI e da atual rainha.

Contudo, foi a família da mãe de Diana, os Fermoy, com raízes na Irlanda e ligações nos Estados Unidos, a responsável pela aquisição de Park House, o lar de sua infância, em Norfolk. Como um reconhecimento pela amizade com seu segundo filho, o duque de

York (mais tarde George VI), o rei George V concedeu ao avô de Diana, Maurice Fermoy, o quarto barão, o arrendamento de Park House, uma propriedade espaçosa, construída para abrigar o excesso de convidados e criados em Sandringham House, que fica bem próxima.

Os Fermoy deixaram sua marca na região. Maurice Fermoy tornou-se o membro do Parlamento conservador por King's Lynn, enquanto sua esposa escocesa, que renunciou a uma promissora carreira de pianista de concerto para se casar, criou o Festival de Artes e Música de King's Lynn, que desde o início, em 1951, atraiu músicos de renome internacional, como Sir John Barbirolli e Yehudi Menuhin.

Para a jovem Diana Spencer, essa longa e nobre herança não era tão impressionante, sendo muito mais assustadora. Diana jamais apreciou as visitas a Althorp. Havia inúmeros cantos escuros e sinistros, os corredores pouco iluminados eram povoados por retratos de ancestrais há muito mortos, cujos olhos a seguiam de forma angustiante. O irmão recorda: "Era como um clube de velhos, com incontáveis relógios batendo. Para uma criança impressionável, era um lugar de pesadelo. Nunca ficávamos ansiosos por uma visita."

Essa sensação de mau presságio era piorada pela má relação entre o ríspido avô Jack, o sétimo conde, e seu filho, Johnnie Althorp. Durante muitos anos, eles mal trocavam grunhidos, muito menos se falavam. Brusco ao ponto de beirar a grosseria, ao mesmo tempo um protetor inflexível de Althorp, o avô de Diana ganhou o apelido de "conde curador", porque conhecia a história de cada pintura e peça de mobiliário de sua imponente mansão. Sentia-se tão orgulhoso das obras que possuía que muitas vezes seguia os visitantes com um espanador; e numa ocasião, na biblioteca, arrancou o charuto da boca de Winston Churchill. Por baixo dessa camada irascível, havia um homem de refinamento e bom gosto, cujas prioridades contrastavam de forma drástica com a maneira *laissez-faire* com que o filho encarava a vida, desfrutando os tradicionais prazeres ao ar livre de um aristocrata rural inglês.

Diana sentia medo do avô, mas adorava a avó, a condessa Spencer. "Ela era doce, maravilhosa, muito especial", disse a princesa.

"Realmente divina." A condessa era conhecida na região por suas frequentes visitas aos doentes e inválidos, nunca deixava de oferecer uma palavra ou gesto generoso. Diana herdou a natureza exuberante e determinada da mãe, mas também foi abençoada com as qualidades de amabilidade e compaixão da avó materna.

Contrastando com a beleza imponente de Althorp, a casa esparramada em que Diana morava, Park House, com dez quartos, era certamente aconchegante, com chalés para empregados, amplas garagens, piscina descoberta, quadra de tênis e campo de críquete, além de seis criados em tempo integral, incluindo uma cozinheira, um mordomo e uma governanta particular.

Protegida da estrada por árvores e arbustos, a casa é enorme, mas o exterior sujo, de tijolos de areia, faz com que pareça um tanto desolada e solitária. Apesar de sua aparência intimidante, as crianças Spencer adoravam-na. Quando se mudaram para Althorp, em 1975, depois da morte do avô, o sétimo conde, Charles despediu-se de cada cômodo. Anos mais tarde, a casa foi convertida num hotel para deficientes. Diana visitou a casa algumas vezes quando foi a Sandringham.

Park House era um lar aconchegante. No primeiro andar ficavam a cozinha com piso de pedra, a lavandeira verde-escura, que era o domínio da gata amarela mal-humorada de Diana, chamada Marmalade, e a sala de aula, onde a preceptora, Miss Gertrude Allen — conhecida como "Ally" — ensinava às meninas os rudimentos de ler e escrever. Ao lado se encontrava o que as crianças chamavam de "Sala Beatle", ocupada inteiramente por cartazes psicodélicos, fotos e outros objetos dos artistas pop dos anos 1960. Era uma rara concessão à era do pós-guerra. O resto da casa era um retrato da vida da classe alta inglesa, ornamentado com retratos de família formais, quadros regimentais, além de placas, fotos e certificados que constituíam o testemunho da dedicação às boas obras.

De seu lindo quarto de cor creme, na ala das crianças, no segundo andar, Diana desfrutava uma paisagem agradável de gado pastando, uma colcha de retalhos de campos abertos e bosques, com muitos pinheiros, bétulas prateadas e teixos. Coelhos, raposas e outras criaturas dos bosques eram avistados com frequência nos gramados, enquanto as gaivotas, voando perto das janelas de guilhotina, eram uma indicação de que a costa de Norfolk se encontrava a apenas dez quilômetros de distância.

Era um lugar maravilhoso para crianças. Alimentavam as trutas no lago em Sandringham House, escorregavam pelos corrimãos das escadas, levavam Jill, a cadela springer spaniel, para longos passeios, brincavam de esconde-esconde no jardim, escutavam o vento assobiar entre as árvores, caçavam ovos de pombos. No verão, nadavam na piscina de água aquecida ao ar livre, procuravam rãs e salamandras, faziam piqueniques na praia, perto de sua cabana particular em Brancaster, e brincavam em sua casa na árvore. E, como nos famosos livros infantis *5 famosos*, de Enid Blyton, havia sempre uma abundância de refrigerantes e o aroma de algo apetitoso sendo preparado na cozinha.

Como as irmãs mais velhas, Diana começou a montar a cavalo aos três anos, e logo desenvolveu uma paixão por animais; quanto menores, melhor. Teve como bichos de estimação vários hamsters, coelhos, porquinhos-da-índia, sua gata Marmalade, que Charles e Jane detestavam, e ainda, como a mãe recorda, "alguma coisa numa gaiola". Quando um de seus animais morria, Diana respeitosamente promovia uma cerimônia fúnebre. Os peixinhos dourados eram jogados no vaso e desapareciam com a descarga, mas em geral Diana punha os seus outros bichos de estimação mortos numa caixa de sapato de papelão, cavava um buraco por baixo do enorme cedro no gramado e ali os enterrava. Para completar, punha uma cruz improvisada por cima da sepultura.

Os cemitérios exerciam uma lúgubre fascinação sobre Diana. Ela com frequência visitava, em companhia de Charles, a sepultura coberta de líquen do irmão John, no cemitério da igreja de Sandringham, e conversavam sobre como ele poderia ter sido, e se os dois teriam nascido se John tivesse sobrevivido. Charles acha que os pais teriam encerrado a família com Diana, enquanto a princesa está convencida de que nem mesmo ela teria nascido. Eram conjeturas intermináveis. Na jovem mente de Diana, a lápide do irmão, com seu epitáfio simples, "Eterna lembrança com carinho", era um lembrete permanente de que, como ela mais tarde recordou, "fui a garota que deveria ter sido um menino".

Assim como as diversões da infância poderiam ter se originado de um livro para crianças da década de 1930, a criação de Diana também refletiu os valores de uma era passada. Ela teve uma babá, nascida em Kent, Judith Parnell, que a levava quando era bebê para passeios pela propriedade, num carrinho bastante usado, de molas altas; e a mais antiga recordação de Diana é "o cheiro do plástico quente" da capota do carrinho. A menina crescendo não via tanto a mãe quanto gostaria e muito menos o pai. As irmãs, Sarah e Jane, mais velhas seis e quatro anos, respectivamente, já passavam as manhãs na sala de aula no primeiro andar quando ela nasceu. Na ocasião em que Diana tinha idade suficiente para se juntar a elas, as duas arrumaram as malas para o colégio interno.

As refeições eram feitas com a babá. Uma comida simples era a ordem do dia. Cereais no café da manhã, picadinho e legumes no almoço, peixe toda sexta-feira. Os pais eram uma presença afável, embora distante, e só quando completou 7 anos é que Charles fez uma refeição em companhia do pai, na sala de jantar no primeiro andar. Houve um formalismo e comedimento na infância, reflexo da maneira como os pais de Diana foram criados. Charles recorda: "Foi uma criação privilegiada de uma época diferente, uma vida distante dos pais. Não conheço ninguém que ainda crie seus filhos assim. A figura materna certamente fez falta."

Privilegiada, sim, esnobe, não. Desde cedo, as crianças Spencer aprenderam o valor das boas maneiras, honestidade e a aceitar as pessoas pelo que são, não por sua posição na vida. Charles diz: "Jamais compreendemos toda aquela história de título. Eu nem mesmo sabia que tinha algum título, até que entrei na escola preparatória e comecei a receber cartas dizendo 'O honorável Charles'. E me perguntei o que significava aquilo. Não tínhamos a menor ideia de que éramos ricos. Como crianças, considerávamos as nossas circunstâncias como normais."

Os vizinhos reais ajustavam-se a uma paisagem social de amigos e conhecidos, que incluía os filhos do intendente das terras da rainha, Charles e Alexandra Lloyd, a filha do vigário local, Penelope Ashton, e William e Annabel Fox, cuja mãe, Carol, era madrinha de Diana. Os encontros sociais com a família real eram esporádicos, ainda mais porque esta só passava uma pequena parte do ano em sua propriedade de 8 mil hectares. Uma visita real a Park House era um evento tão raro que num domingo, quando a princesa Anne disse que faria uma visita depois do serviço na igreja, houve consternação na família Althorp. O pai de Diana não bebia, e os criados frenéticos vasculharam os armários à procura de uma garrafa de bebida apropriada para oferecer à visita real. Ao final, descobriram uma garrafa de xerez barato, que a família ganhara num bazar da igreja e que fora esquecida numa gaveta.

De vez em quando, o filho da princesa Margaret, visconde Linley, e os príncipes Andrew e Edward podiam aparecer para brincar, à tarde, mas não havia as idas e vindas constantes que muitos acreditam. Na verdade, as crianças Spencer encaravam os convites à residência de inverno da rainha com apreensão. Depois de assistirem no cinema particular a uma exibição de *O calhambeque mágico*, o filme de Walt Disney, Charles tinha pesadelos com um personagem chamado de Pegador de Crianças. Diana, por sua vez, detestava o clima "estranho" de Sandringham. Em uma ocasião até se recusou a ir. Esperneou e gritou em protesto, até que o pai lhe disse que era falta de modos não confraternizar com outras crianças. Se alguém lhe dissesse então que um dia ingressaria na família real, ela teria corrido um quilômetro para escapar.

Se o clima em Sandringham era desagradável, em Park House tornou-se insuportável quando o pequeno mundo de Diana começou a desabar. Em setembro de 1967, Sarah e Jane foram para o colégio interno, em West Heath, em Kent, o que coincidiu com a crise no casamento de 14 anos dos Althorp.

Naquele verão, eles combinaram uma separação experimental, uma decisão que foi como um "raio, um terrível choque" para Charles, horrorizou as duas famílias e consternou a sociedade do condado. Mesmo numa família com propensão para transformar um drama numa crise, era um evento excepcional. Todos lembraram que o casamento, em 1954, fora anunciado como "o casamento do ano na sociedade", a união endossada pela presença da rainha e da rainha-mãe. Quando solteiro, Johnnie Spencer fora indubitavelmente o grande partido do condado. Não apenas era o herdeiro das propriedades Spencer, mas também servira com distinção na Segunda Guerra Mundial, como capitão no regimento real Scots Greys, fora camarista da rainha e acompanhara a rainha e o príncipe Philip em sua histórica viagem à Austrália.

A sofisticação irradiada por um homem doze anos mais velho foi com certeza parte da atração sentida pela honorável Frances Roche, filha do quarto barão Fermoy, que era uma debutante de 18 anos quando se conheceram. Com seu corpo esbelto, personalidade exuberante e amor pelos esportes, Frances despertou o interesse de muitos jovens naquela temporada, entre os quais o major Ronald Ferguson, o pai da duquesa de York. Mas foi Johnnie Spencer quem conquistou seu coração. Depois de um rápido namoro, eles se casaram na abadia de Westminster, em junho de 1954.

É óbvio que assumiram ao pé da letra as palavras do bispo de Norwich. Apenas nove meses depois de ele dizer "Vocês estão fazendo um acréscimo à vida de seu país, da qual depende, acima de todas as outras coisas, nossa vida nacional", nasceu a primeira filha do casal, Sarah. Optaram por uma vida rural. Johnnie fez um curso no Colégio Agrícola Real, em Cirencester, e depois de um período desagradável na propriedade Althorp mudaram-se para Park House. Nos anos seguintes, desenvolveram uma fazenda de 260 hectares, da qual uma parcela considerável foi adquirida com 20 mil libras da herança de Frances.

As tensões logo fervilharam, por baixo da impressão de harmonia doméstica e felicidade conjugal. A pressão para gerar um herdeiro era constante e havia também a crescente percepção de Frances de que um estilo de vida que lhe parecia fascinante na juventude se revelava agora, na reflexão da maturidade, insípido e sem inspiração. O falecido conde Spencer comentou: "Quantos daqueles 14 anos foram felizes? Eu pensava que todos, até o momento em que nos separamos. Estava enganado. Não houve um rompimento súbito, mas um afastamento progressivo."

À medida que as rachaduras apareciam na fachada da união, o clima em Park House foi piorando. Em público, o casal era todo sorrisos; em particular a história era diferente. Só se pode imaginar os silêncios gelados, as discussões acaloradas e as palavras amargas, mas o efeito traumático nas crianças é mais do que evidente. Diana se lembrava com toda nitidez de testemunhar uma discussão particularmente violenta entre o pai e a mãe, espiando de seu esconderijo por trás da porta da sala de estar.

O agente catalisador que provocou essa indignação foi o aparecimento em suas vidas de um rico empresário, Peter Shand Kydd, que pouco antes retornara à Inglaterra, depois de vender uma fazenda de criação de ovelhas na Austrália. Os Althorp conheceram o extrovertido empresário, que tinha curso universitário, e sua esposa artista, Janet Munro Kerr, num jantar em Londres. Mais tarde, combinaram de viajar juntos para esquiar na Suíça, o que foi um momento decisivo em suas vidas. Peter, um *bon vivant* divertido, com uma atraente veia boêmia, parecia possuir todas as qualidades de que Johnnie carecia. Na exultação de seu romance, Lady Althorp, onze anos mais moça, não percebeu os seus acessos de depressão e humor sombrio. Isso só aconteceria mais tarde.

Na volta das férias, Peter, então com 42 anos, saiu de sua casa em Londres, deixando para trás a esposa e três filhos. Ao mesmo tempo, começou a se encontrar secretamente com Frances, num endereço em South Kensington, na área central de Londres.

Quando os Althorp concordaram com uma separação experimental, a mãe de Diana se mudou de Park House para um apartamento alugado, em Cadogan Place, Belgravia. Foi então que nasceu o mito de que Frances deixara o marido e abandonara as quatro crianças pelo amor de outro homem. Ela foi apresentada como a vilã egocêntrica do drama, e o marido como a parte inocente e magoada. Na verdade, ao sair de casa, Lady Althorp já providenciara para que Charles e Diana fossem viver em sua companhia em Londres. Diana foi matriculada numa escola para meninas, e Charles num jardim de infância próximo.

Ao se instalar em seu novo lar, devendo ser seguida poucas semanas depois pelas crianças e a babá, Frances tinha todas as esperanças de que os filhos não seriam muito afetados pela crise conjugal, ainda mais porque Sarah e Jane estavam longe, no colégio interno. Durante o ano letivo, as crianças menores voltariam a Park House nos fins de semana. O pai, o visconde Althorp, ficaria com elas em Belgravia quando visitasse Londres. Foram tristes encontros. A lembrança mais antiga de Charles é a de brincar em silêncio no chão, com um trenzinho, enquanto a mãe sentava chorando na beira da cama e o pai lhe sorria contrariado, numa tentativa inútil de assegurar ao filho que estava tudo bem. A família tornou a se reunir em Park House nas férias do meio do ano letivo, e outra vez nos feriados do Natal. A Sra. Shand Kydd afirmou: "Foi meu último Natal ali, pois àquela altura já se tornara evidente que o casamento desmoronara por completo."

Essa visita decisiva foi caracterizada pela ausência da boa vontade típica da época e de votos de alegria e felicidade no futuro. O visconde Althorp exigiu, contra as mais veementes objeções da esposa, que as crianças voltassem a Park House em caráter permanente e continuassem a estudar na escola Silfield, em King's Lynn. "Ele se recusou a permitir que voltassem a Londres no ano-novo", disse ela.

Quando o processo do divórcio teve início, as crianças se tornaram peões numa batalha amarga e encarniçada, que lançou mãe contra filha e marido contra esposa. Lady Althorp entrou com uma ação pela custódia dos filhos, iniciada com toda a esperança de sucesso, já que a mãe geralmente ganha, a menos que o pai seja um nobre. A posição e o título lhe concedem prioridade.

O processo, julgado em junho de 1968, não foi ajudado pelo fato de que dois meses antes Lady Althorp fora indicada como "a outra mulher" no divórcio de Shand Kydd. O que mais a mortificou, no entanto, foi o fato de que sua própria mãe, Ruth, Lady Fermoy, virou-se contra ela. Foi a maior traição de sua vida, algo que ela jamais perdoou. O divórcio dos Althorp foi consumado em abril de

1969, e um mês depois, no dia 2 de maio, Peter Shand Kydd e Lady Althorp se casaram, numa cerimônia discreta no registro civil, e compraram uma casa na costa de West Sussex, onde Peter podia satisfazer seu amor pelo iatismo.

Não foram apenas os adultos que saíram mortificados da nociva batalha judicial. Por mais que os pais e a família tentassem amortecer o golpe, o impacto sobre as crianças ainda foi profundo. Mais tarde, amigos da família e biógrafos tentaram minimizar o efeito. Alegaram que Sarah e Jane mal se perturbaram com o divórcio, pois estavam longe, no colégio; que Charles, com 4 anos, era pequeno demais para compreender, enquanto Diana, com 7, reagiu ao rompimento com "a flexibilidade irrefletida da idade", ou até mesmo o considerou como um "novo motivo de empolgação", em sua curta vida.

A realidade foi mais traumática do que muitos perceberam. É significativo que, em algum momento da vida, Sarah e Diana sofreram com distúrbios alimentares debilitantes, anorexia nervosa e bulimia, respectivamente. Essas doenças estão enraizadas numa teia complexa de relações entre mãe e filha, comida e ansiedade, e também, para usar o jargão, na "distorção" da vida familiar. Como Diana disse, "Meus pais andavam totalmente ocupados em se separarem. Lembro de mamãe chorando, e papai nunca falava conosco a respeito. Não podíamos fazer perguntas. Havia babás demais. Toda a situação era muito instável."

Para alguém de fora, Diana parecia bastante feliz. Foi sempre uma menina ativa e organizada, circulando pela casa à noite para se certificar de que todas as cortinas estavam fechadas, arrumando o zoológico de pequenos animais de pelúcia em sua cama, que guardou durante toda a sua vida. Corria pelo caminho em seu triciclo azul, levava as bonecas para passeios em seu carrinho de bebê — sempre pedia um novo como presente de aniversário — e ajudava a vestir o irmão caçula. O impulso de zelo maternal, que caracterizou sua vida adulta, já se manifestava em seu cotidiano. Havia visitas mais frequentes aos avós e a outros parentes. A condessa Spencer muitas vezes ficava em Park House, enquanto Ruth, Lady Fermoy, ensinava jogos de cartas às crianças. Em sua elegante casa, descrita como "um cantinho de Belgravia em Norfolk", ela explicava aos netos as complexidades do mah-jong e do bridge. Mas não havia como disfarçar a perplexidade que Diana sentia.

À noite era ainda pior. Quando crianças, Diana e Charles tinham medo do escuro e insistiam que a luz do corredor permanecesse acesa ou que pusessem uma vela em seus quartos. Com o vento assobiando por entre as árvores além da janela e os gritos das corujas e outras criaturas noturnas, Park House podia ser um lugar assustador para uma criança. Uma noite, quando o pai comentou de passagem que havia um assassino à solta nas proximidades, as crianças se sentiram apavoradas demais para conseguir dormir, ficaram prestando atenção a cada rangido e estalo na casa silenciosa. Diana passou tinta luminosa nos olhos de seu hipopótamo verde e à noite parecia que o bicho se mantinha de vigia, velando por ela.

Todas as noites, deitada em sua cama, cercada pelos bichos de pelúcia, podia ouvir o irmão chorando, chamando pela mãe. Às vezes Diana ia acalentá-lo, mas em outras ocasiões o medo do escuro prevalecia sobre o instinto maternal, e ela permanecia em seu quarto, escutando o lamento do irmão: "Quero a mamãe, quero a mamãe." Diana acabava comprimindo a cabeça contra o travesseiro e chorava também. "Eu não podia suportar", recorda ela. "Não conseguia reunir coragem suficiente para sair da cama. Lembro disso até hoje."

Diana também não tinha muita confiança em muitas das babás que trabalhavam em Park House. Elas mudavam com uma frequência alarmante e variavam da meiga à sádica. Uma babá foi despedida sumariamente quando a mãe de Diana descobriu que ela acrescentava um laxante à comida das filhas mais velhas, como punição. Não entendia por que as meninas viviam se queixando de dores no estômago, até o momento em que surpreendeu a babá em flagrante.

Outra babá batia na cabeça de Diana com uma colher de pau se ela fosse malcriada, ou batia ao mesmo tempo na cabeça de Charles e Diana. Charles se lembra de ter aberto um buraco na porta do quarto a pontapés, quando foi mandado de castigo para lá sem qualquer motivo. "As crianças possuem um senso de justiça natural, e nos rebelávamos se sentíamos que tínhamos sido vítimas de alguma injustiça", explicou ele. Outras babás, como Sally Percival, eram gentis e simpáticas, e até hoje ainda recebem cartões de Natal das "crianças".

A verdade é que a tarefa de uma nova babá se tornava muito difícil porque as crianças, aturdidas e infelizes, achavam que ela viera tomar o lugar da mãe. Quanto mais bonitas eram, mais Diana se mostrava desconfiada. Punham alfinetes em suas cadeiras, jogavam suas roupas pela janela e trancavam-nas no banheiro. As experiências da infância de Charles reforçaram sua decisão de não contratar uma babá para os próprios filhos.

O pai às vezes se juntava aos filhos para o chá, na ala das crianças, mas, como recorda uma antiga babá, Mary Clarke, "era uma situação muito difícil, porque naqueles primeiros dias ele ainda não se sentia muito descontraído na companhia dos filhos". Johnnie absorveu-se em seu trabalho no Northamptonshire County Council, na National Association of Boy's Clubs e na criação de gado. O filho recordou: "Ele ficou muito infeliz depois do divórcio, parecia em estado de choque. Passava o tempo todo sentado em seu escritório. Lembro que de vez em quando, bem raramente, ele jogava críquete no gramado comigo. Era uma ocasião muito especial."

A escola projetou o problema por outro ângulo. Charles e Diana eram "diferentes", e sabiam disso. Afinal, eram os únicos alunos da escola Silfield que tinham pais divorciados. Isso os distinguiu desde o início. Esse ponto foi enfatizado por uma ex-colega, Delissa Needham: "Ela era a única garota que eu conhecia cujos pais eram divorciados. Essas coisas não aconteciam naquele tempo."

A escola propriamente dita era bastante acolhedora. Dirigida por Jean Lowe, que prestou depoimento em favor de lorde Althorp no processo do divórcio, tinha uma autêntica atmosfera familiar. As turmas eram pequenas, e as professoras generosas com os deveres de casa e com as estrelas douradas para premiar tarefas de leitura, escrita e desenho. Tinha uma quadra de tênis, uma caixa de areia, um gramado com rede para jogar netball e outras coisas, além de um jardim para "caçadas aos besouros" semanais. Diana, não acostumada à agitação da vida escolar, era quieta e retraída, embora contasse com uma amiga, Alexandra Loyd, para lhe fazer companhia.

Sua caligrafia era clara, e ela lia com fluência, mas sentia-se um pouco atordoada com o lado acadêmico da escola. A diretora, Jean Lowe, lembra sua bondade com as crianças menores, o amor aos animais e a prestatividade em geral, mas não seu potencial acadêmico. Diana era boa também nas artes, mas as amigas não conseguiam entender por que de vez em quando desatava a chorar, sem qualquer razão aparente, durante uma aula de pintura, numa tarde ensolarada. Lembrava que ela dedicava todas as pinturas a "mamãe e papai".

Enquanto se confundia com a tabuada e com os livros de *Janet e John*, Diana foi sentindo uma inveja cada vez maior do irmão caçula, lembrado como um menino "sério" e bem-comportado. "Eu ansiava em ser tão boa quanto ele nos estudos", afirmou ela.

Como sempre acontece entre irmãos, havia muitas brigas, que Diana invariavelmente vencia por ser maior e mais forte e ela costumava beliscá-lo, queixou-se Charles. Logo ele descobriu que podia feri-la com palavras, e provocava a irmã de forma implacável. Os pais ordenaram-lhe que parasse de chamar a irmã de "Brian", um apelido extraído de uma lesma lerda e um tanto burra que aparecia num programa infantil popular de TV, *The Magic Roundabout*.

Ele teve uma doce vingança com a ajuda inesperada da esposa do vigário local. Charles contou, com satisfação: "Não sei se um psicólogo diria que foi o trauma do divórcio, mas ela tinha a maior dificuldade para dizer a verdade, porque gostava de embelezar as coisas. Um dia, a esposa do vigário parou o carro na entrada da escola e disse: 'Diana Spencer, se falar mais uma mentira como essa vou obrigá-la a seguir a pé para casa.' Claro que me senti triunfante, porque ela fora repreendida em público."

Enquanto a competição entre irmãos era uma parte inevitável do processo de crescimento, muito menos suportável era a rivalidade entre os pais, cada vez maior, à medida que Johnnie e Frances, de forma consciente ou não, disputavam entre si para conquistar o amor dos filhos. E embora enchessem os filhos de presentes caros, isso não era acompanhado pelas carícias e beijos pelos quais as crianças ansiavam. O pai de Diana, que já tinha uma reputação local pela organização de esplêndidos espetáculos de fogos de artifício, na Noite de Guy Fawkes, preparou uma festa maravilhosa para o sétimo aniversário de Diana. Tomou emprestado um dromedário chamado Bert, do zoológico de Dudley, para a festa, e observou com evidente satisfação as surpresas crianças darem voltas pelo gramado em cima do bicho.

O Natal foi um exercício de extravagância. Antes do grande dia, Charles e Diana receberam o catálogo da Hamley's, uma grande loja de brinquedos no West End, em Londres, para escolherem os presentes que queriam que Papai Noel lhes trouxesse. E no dia de Natal seus desejos se tornaram realidade — as meias na extremidade de suas camas estavam estufadas com balas. "Isso faz com que a gente se torne muito materialista", comentou Charles.

Houve um presente que levou Diana a tomar uma das decisões mais angustiantes de sua vida. Em 1969, ela foi convidada ao casamento de sua prima, Elizabeth Wake-Walker, com Anthony Duckworth-Chad, realizado na igreja de St. James, em Piccadilly. O pai lhe deu um elegante vestido azul, a mãe um vestido verde, igualmente elegante. "Não recordo agora qual deles usei, mas lembro que fiquei totalmente traumatizada, porque a escolha demonstraria favoritismo."

A corda bamba era percorrida todo final de semana, quando Charles e Diana pegavam o trem em Norfolk, acompanhados pela babá, até a estação da Liverpool Street, em Londres, onde a mãe os aguardava. Pouco depois de chegarem ao apartamento em Belgravia, o procedimento-padrão era a mãe desatar a chorar. "Qual é o problema, mamãe?", indagavam as crianças, em coro. Ao que ela invariavelmente respondia: "Não quero que vocês vão embora amanhã." Era um ritual que deixava as crianças confusas, com um sentimento de culpa. Os feriados, divididos entre pai e mãe, eram também sombrios.

A vida se tornou um pouco mais relaxada e despreocupada em 1969, quando Peter Shand Kydd foi oficialmente introduzido em suas vidas. Conheceram-no na plataforma da estação na Liverpool Street, durante uma das viagens regulares de sexta-feira de Norfolk a Londres. Bonito, sorridente e elegante, ele fez um sucesso imediato, ainda mais quando a mãe lhes disse que haviam se casado naquela manhã.

Peter, que ganhara sua fortuna no negócio de papel de parede da família, era um padrasto generoso, expansivo e complacente. Depois de um breve período em Buckinghamshire, os recém-casados mudaram-se para uma casa despretensiosa, numa comunidade do subúrbio, chamada Appleshore, em Itchenor, na costa de West Sussex, onde Peter, um veterano da Marinha Real, levava as crianças para velejar. Ele permitia que Charles usasse seu chapéu de almirante, e foi assim que o menino adquiriu o apelido de "O Almirante". Peter chamava Diana de "A Duquesa" (Duch), um apelido que os amigos também adotaram até sua vida adulta. Charles observou: "Se querem compreender por que Diana não é apenas alguma espécie de grã-fina mimada, devem saber que tivemos estilos de vida dos mais contrastantes. Nem tudo foram mansões imponentes e mordomos. A casa de minha mãe era um lugar comum, e ali passávamos metade das férias. Assim, ficávamos durante uma boa parte de nosso tempo num ambiente de relativa normalidade."

Três anos depois, em 1972, os Shand Kydd compraram um sítio de 400 hectares na ilha de Seil, ao sul de Oban, em Argyllshire, onde a Sra. Shand Kydd reside hoje. Quando passavam as férias de verão lá, as crianças desfrutavam uma vida idílica, pescando cavalinhas, fazendo armadilhas para lagostas, velejando nas águas ao redor. Nos dias de sol, havia churrasco na praia. Diana tinha até seu pônei Shetland, chamado Soufflé.

Foi numa queda de cavalo que ela quebrou um braço, o que a deixou apreensiva em montar. Diana galopava em seu outro pônei, Romilly, pelo terreno de Sandringham Park, quando o animal tropeçou, e ela caiu. Embora sentisse dor, não havia qualquer indicação de que fraturara o braço. Por isso, dois dias depois, viajou para esquiar na Suíça. Lá, sentiu o braço tão dormente que procurou um hospital suíço, para tirar uma radiografia. O diagnóstico foi de que sofria de uma doença infantil em que os ossos se curvam, mas não fraturam. Um médico enfaixou o braço. Mais tarde, quando ela tentou andar a cavalo novamente, perdeu a coragem e desmontou. Ela continuou a andar a cavalo na vida adulta, mas preferia outros exercícios como natação ou tênis, mais convenientes para a vida no centro de Londres.

Nadar e dançar também eram atividades em que Diana se destacava. Foram-lhe bastante úteis quando o pai a matriculou na escola seguinte, Riddlesworth Hall, a duas horas de carro de Park House. Diana aprendeu a amar a escola, que se empenhava em ser um lar longe do lar para 120 meninas. Sua primeira reação ao ser enviada para lá, no entanto, foi de traição e ressentimento. Diana tinha 9 anos e sentiu profundamente a separação do pai. À sua maneira preocupada e maternal, tratava de mimar o pai, enquanto ele tentava reconstruir sua vida. A decisão do pai de afastá-la de casa e do irmão, enviando-a para um mundo estranho, foi interpretada como uma rejeição. Ela fez ameaças, como "Se você me ama, não vai me deixar aqui", enquanto o pai gentilmente explicava os benefícios de cursar uma escola que oferecia balé, natação, equitação e até um lugar para guardar seu amado Peanuts, um porquinho-da-índia. Com Peanuts, ela ganhara o concurso de animais de pelo e penas na Feira de Sandringham — "Talvez porque ele fosse o único inscrito", comentou Diana, secamente — e mais tarde conquistou a Copa Palmar para bichos de estimação em sua nova escola.

O pai também lhe disse que ela ficaria entre amigas. Alexandra Loyd, sua prima Diana Wake-Walker e Claire Pratt, a filha de sua madrinha, Sarah Pratt, estudavam no colégio interno para meninas, perto de Diss, em Norfolk. Mesmo assim, ao deixá-la ali, com seu baú com a etiqueta de "D. Spencer", segurando o hipopótamo verde predileto — as meninas só tinham permissão para pôr na cama um único brinquedo — e Peanuts, ele experimentou um profundo sentimento de perda. "Foi um dia horrível", disse o pai. "Foi horrível perdê-la."

Um excelente fotógrafo amador, Johnnie tirou uma fotografia da filha, antes que ela saísse de casa. Mostra uma menina de rosto meigo, tímida, mas com uma disposição alegre, vestindo um uniforme colegial, que consistia em um blusão vermelho-escuro e uma saia cinza pregueada. Ele guardou também o bilhete que Diana lhe mandou, pedindo "um bolo de chocolate grande, biscoitos de gengibre e Twiglets", assim como um recorte do *Daily Telegraph* que ela enviou, sobre os fracassos acadêmicos que mais tarde se tornaram talentosos e bem-sucedidos na vida.

Embora quieta e retraída em seu primeiro período na nova escola, Diana não era a chamada menina boazinha. Preferia o riso e as travessuras ao comportamento compenetrado. Podia ser bagunceira, mas evitava se tornar o centro das atenções. Diana nunca se oferecia para dar as respostas em aula, nem para ler as lições nos estudos. Em uma de suas primeiras peças na escola, em que representava uma boneca holandesa, Diana só concordou em participar se pudesse permanecer calada.

Expansiva com as amigas no dormitório, era quieta na sala de aula. Tornou-se uma estudante popular, mas de certa forma sempre sentiu-se apartada. Só que agora não mais se sentia diferente por causa do divórcio dos pais, mas sim porque uma voz interior lhe dizia que seria separada do rebanho. Essa intuição lhe sussurrava que sua vida, como ela disse, "seguira por uma estrada sinuosa. Sempre me senti muito diferente de todas as outras. Sabia que iria para algum lugar diferente, que estava no lugar errado".

Mesmo assim, ela aderiu com todo empenho às atividades na escola. Representou seu dormitório, Nightingale, na natação e no netball e desenvolveu sua paixão pela dança. Na representação anual da natividade, ela adorou se maquiar e se fantasiar. "Fui uma daquelas pessoas que se apresentaram para prestar homenagem a Jesus" recorda ela, bem-humorada.

Em casa, Diana gostava de vestir as roupas das irmãs. Uma fotografia antiga a mostra num chapéu preto de aba larga e um vestido branco que pertenciam a Sarah.

Diana respeitava Jane, a mais sensata dos irmãos, mas idolatrava a irmã mais velha. Quando Sarah voltava para casa da escola em West Heath, Diana se tornava sua servidora voluntária, arrumando suas roupas, preparando o banho, aprontando o quarto. Seu empenho nos afazeres domésticos foi notado não apenas pelo mordomo do visconde Althorp, Albert Betts, que lembrou como ela passava a ferro os próprios jeans e cuidava de outras tarefas, mas também por sua diretora em Riddlesworth, Elizabeth Ridsdale — Riddy, para as estudantes —, que lhe concedeu a Legatt Cup por prestatividade.

Esse feito foi recebido com satisfação pela avó, a condessa Spencer, que mantinha uma atenção afetuosa sobre Diana desde o divórcio. O sentimento era mútuo. Quando a avó morreu, no outono de 1972, de um tumor cerebral, Diana ficou desolada. Ela compareceu ao funeral junto com a rainha-mãe e a princesa Margaret, na capela real, no palácio de St. James. A condessa Spencer ocupava um lugar muito especial no coração de Diana, e ela acreditava sinceramente que a avó olhava por ela no mundo espiritual.

Essas preocupações com o outro mundo deram lugar a considerações mais terrenas quando Diana prestou o exame de admissão, a fim de seguir os passos das irmãs, Sarah e Jane, no colégio interno de West Heath, que ficava em 13 hectares de jardins e bosques, nos arredores de Sevenoaks, em Kent. Fundada em 1865, com uma orientação religiosa, a escola enfatizava o valor do "caráter e confiança", tanto quanto a competência acadêmica. A irmã Sarah, no entanto, demonstrou ter caráter demais para o gosto da diretora, Ruth Rudge.

Uma competidora *par excellence*, Sarah obteve as melhores notas, integrou a equipe de equitação da escola em Hickstead, participou de produções teatrais amadoras e entrou na equipe de natação. Sua forte veia competitiva também significava que ela tinha de ser a mais afrontosa, a mais rebelde e a mais indisciplinada da escola. "Ela tinha de ser a melhor em tudo", recordou uma contemporânea. Enquanto a avó Ruth, Lady Fermoy, perdoou quando a exuberante ruiva entrou a cavalo em Park House, quando ela se encontrava de visita, a Miss Rudge não foi capaz de desculpar outras manifestações de seu comportamento extravagante. Sarah queixou-se que se sentia "entediada", e por isso a Miss Rudge lhe disse que arrumasse as malas e deixasse a escola por um período.

Jane, que era a capitã do time de lacrosse da escola, era um contraste total com Sarah. Com uma inteligência excepcional — tirava as notas mais altas —, bastante sensata e confiável, era a monitora da sexta série quando Diana ingressou na escola.

Sem dúvida, houve discussões na sala das professoras sobre qual irmã a mais nova aluna Spencer iria imitar, Sarah ou Jane. Era algo meio indefinido. Durante a juventude, era mais provável que Jane tivesse uma ligação maior com o irmão Charles do que com a irmã menor. A inevitável inclinação de Diana era para imitar Sarah. Nas primeiras semanas na nova escola, ela se mostrou bagunceira e desatenta nas aulas. Numa tentativa de copiar as façanhas da irmã, aceitou um desafio que quase provocou sua expulsão.

Uma noite, as amigas, verificando seus estoques reduzidos de doces e balas, pediram a Diana que fosse se encontrar com outra menina no portão da escola, a fim de receber um novo suprimento. Ela aceitou o desafio. Avançando pelo caminho arborizado, na mais completa escuridão, conseguiu reprimir seu medo do escuro. Chegando ao portão, descobriu que não havia ninguém ali. Esperou. E esperou. Quando dois carros da polícia passaram pelo portão, ela se escondeu atrás do muro.

Depois, notou que luzes se acendiam por toda a escola, mas não se preocupou muito com isso. Ao voltar ao dormitório, sentia-se apavorada, não tanto pela possibilidade de ser apanhada, mas sim por retornar de mãos vazias. Acontece que uma colega no dormitório de Diana queixara-se de que estava com apendicite. Ao examiná-la, a professora de Diana notou a cama vazia. A manobra fora descoberta. Diana foi repreendida e os pais chamados à escola. A Miss Rudge tinha uma opinião desfavorável sobre o incidente. Secretamente, os pais de Diana acharam engraçado que a filha obediente e dócil demonstrasse tanta disposição."Não sabia que você era capaz dessas coisas", comentou a mãe, mais tarde.

Embora o incidente reprimisse as travessuras mais ousadas, Diana era sempre alvo de um desafio, principalmente em matéria de comida. "Era sempre uma grande brincadeira, vamos desafiar Diana a comer três arenques e seis fatias de pão no café da manhã", contou uma colega de escola. "E ela comia."

A reputação de gulosa implicava muitas visitas à enfermaria com problemas digestivos, mas também ajudava em sua popularidade. No seu aniversário, as amigas se juntaram para lhe comprar um colar, ornamentado com um grande "D" para Diana. Carolyn Pride, agora Carolyn Bartholomew, que ocupava a cama ao lado da de Diana no dormitório, e mais tarde partilhou seu apartamento em Londres, recorda-a como um "caráter forte, exuberante e bagunceira". E ela acrescentou: "Jane era muito popular, simpática, modesta e incontrovertida. Diana, ao contrário, era muito mais cheia de vida, uma pessoa esfuziante."

Carolyn e Diana sentiram-se atraídas uma para a outra desde o início, porque estavam entre as poucas alunas que tinham pais divorciados. "Não era uma grande provação para nós, e não ficávamos chorando num canto por causa disso" disse ela. Outras colegas, porém, lembram Diana como uma adolescente "retraída e contida", que não deixava transparecer suas emoções. Era significativo que os dois retratos que ocupavam o lugar de honra em sua mesinha de cabeceira não fossem da família, mas sim de seus hamsters prediletos, Little Black Muff e Little Black Puff.

Diana sentia uma angústia constante por seu desempenho acadêmico. Ela percebeu que era muito difícil acompanhar as irmãs nesse aspecto, enquanto o irmão, então em Maidwell Hall, em Northamptonshire, já demonstrava a capacidade escolar que mais tarde lhe valeu um lugar na Universidade de Oxford. A adolescente desajeitada, que tendia a se curvar para disfarçar a altura, ansiava em ser tão boa quanto o irmão nos estudos. Tinha inveja de Charles, e se considerava um fracasso. "Eu não era boa em coisa alguma", disse ela. "Sentia-me um caso perdido, que nunca seria capaz de concluir um curso."

Enquanto se atrapalhava com matemática e ciências, Diana ficava mais à vontade com as matérias que envolviam pessoas. A história, em particular a dos Tudor e dos Stuart, sempre a fascinara, e também, no curso de inglês, adorava livros como *Orgulho e preconceito* e *Far from the Madding Crowd [Longe da multidão raivosa]*. O que não a impedia de ler a ficção romântica piegas de Barbara Cartland, que em breve se tornaria sua avó pelo casamento do pai. Nos intermináveis ensaios que escrevia, sua letra arredondada cobria páginas e mais páginas. "As palavras fluíam naturalmente", disse ela. No silêncio da sala de aula em dias de prova, no entanto, Diana ficava paralisada. As notas que recebeu nos cinco O-Levels que fez, exame que era aplicado aos alunos no ensino secundário, em língua e literatura inglesa, história, geografia e arte foram classificadas como insuficientes.

O sucesso que lhe escapava na sala de aula acabou chegando de um lado inesperado. West Heath encorajava os atos de "boa cidadania" das alunas, ideias que se expressavam em visitas aos idosos, doentes e deficientes mentais. Toda semana, Diana e outra garota visitavam uma senhora idosa em Sevenoaks. Conversavam enquanto tomavam chá e comiam biscoitos, arrumavam sua casa e faziam suas compras. Na mesma ocasião, a Unidade de Serviço Voluntário local organizou visitas a Darenth Park, um grande hospital para deficientes mentais perto de Dartford. Dezenas de voluntários adolescentes embarcavam em ônibus na noite de quinta-feira, para um baile com os pacientes.

Outros jovens ajudavam com adolescentes hiperativos, tão perturbados que fazer com que um deles sorrisse já constituía um grande sucesso. "Foi lá que ela aprendeu a se agachar para entrar em contato com as pessoas, porque a maior parte da interação se efetuava pelo ato de engatinhar junto com os pacientes — conta Muriel Stevens, que ajudava a organizar as visitas.

Muitas das novas voluntárias da escola sentiam-se apreensivas com a visita ao hospital, a ansiedade alimentada por seu medo do desconhecido. Diana, no entanto, descobriu que possuía uma aptidão natural para esse trabalho. Estabelecia um contato instintivo com muitos pacientes; seus esforços lhe proporcionavam um sentimento concreto de realização. Isso fez maravilhas por seu amor-próprio.

Ao mesmo tempo, ela era uma excelente atleta. Ganhou medalhas em natação e saltos ornamentais durante quatro anos consecutivos. Seu "Spencer Especial", em que mergulhava na piscina sem causar quase que nenhuma ondulação, sempre cativou a plateia. Era a capitã da equipe de netball, e jogava tênis relativamente bem. Mas vivia à sombra das irmãs esportistas e até da mãe, que fora "capitã de tudo" quando estava na escola, e que até teria jogado no torneio júnior em Wimbledon, não fosse por uma crise de apendicite.

Quando Diana começou a aprender piano, qualquer progresso que conseguisse sempre era ofuscado pelos feitos da avó, Ruth, Lady Fermoy, que se apresentara no Royal Albert Hall, na presença da rainha-mãe, e da irmã Sarah, que estudava piano num *conservatoire* em Viena, depois de sua saída abrupta de West Heath. Em contraste, seu trabalho comunitário era algo que realizava por si mesma, sem olhar para trás e se comparar com o resto da família. Era um primeiro passo dos mais satisfatórios.

A dança lhe proporcionou uma oportunidade adicional de se destacar. Diana adorava as aulas de balé e sapateado, ansiava em ser uma bailarina, mas era alta demais para isso, com 1,79m. Um dos seus balés prediletos era *O lago dos cisnes,* a que assistiu pelo menos quatro vezes, em excursões da escola aos teatros Coliseum e Sadler's Well, em Londres. Ao dançar, ela podia se absorver por completo nos movimentos. Muitas vezes saía da cama, na calada da noite, e se esgueirava para praticar no salão da escola. Com a música saindo de um toca-discos, Diana podia se entregar ao balé por horas a fio. "Sempre aliviava a tremenda tensão em minha cabeça", disse ela.

Esse esforço extra foi compensado quando ela ganhou o concurso de dança da escola, ao final do período da primavera, em 1976. Não é de admirar que durante os preparativos para seu casamento ela tenha convidado sua antiga professora Wendy Mitchell e a pianista Lily Snipp ao palácio de Buckingham, a fim de tomar aulas de dança. Para Diana, era uma hora longe das tensões e pressões de sua nova posição.

Quando a família mudou-se para Althorp, em 1975, Diana passou a ter o palco perfeito. Nos dias de verão, ela praticava seus arabescos nos terraços da casa; e depois que os visitantes se retiravam, podia dançar no hall de entrada, em mármore preto e branco, conhecido oficialmente como Wootton Hall, sob os retratos de seus distintos ancestrais. Eles não eram sua única plateia. Embora Diana se recusasse a dançar em público, seu irmão e os empregados se revezavam em espiar pelo buraco da fechadura, vendo-a dançar em sua malha preta. "Todos ficávamos muito impressionados", disse ele.

A família foi para Althorp depois da morte do avô de Diana, o sétimo conde Spencer, no dia 9 de junho de 1975. Embora com 83 anos, ele ainda era vigoroso, e sua morte por pneumonia, depois de uma breve internação no hospital, foi um choque. Acarretou uma considerável mudança. Todas as moças se tornaram Ladies; Charles, então com 11 anos, virou um visconde, enquanto o pai passava a ser o oitavo conde Spencer, e herdava Althorp. Com mais de 5 mil hectares de ondulantes terras aráveis em Northamptonshire, mais de cem chalés, uma valiosa coleção de quadros, vários de Sir Joshua Reynolds, livros raros, porcelanas, móveis e prataria do século XVII, inclusive a coleção Marlborough, Althorp não era apenas uma propriedade magnífica, mas também um estilo de vida.

O novo conde herdou também uma dívida de 2 milhões e 250 mil libras, além de um custo anual de manutenção de 80 mil libras. Isso não o impediu de pagar a instalação de uma piscina para os filhos, que se divertiam em seu novo domínio durante as férias. Diana passava os dias nadando, passeando pela propriedade, guiando o buggy azul de Charles, e, como não podia deixar de ser, dançando. Os criados adoravam-na, achando-a cordial e despretensiosa, com sua paixão por chocolates, doces e os romances açucarados de Barbara Cartland.

Diana sempre aguardava ansiosa os dias em que Sarah chegava de Londres com sua turma de amigos sofisticados. Espirituosa e inteligente, Sarah foi considerada por seus contemporâneos como a rainha da temporada, ainda mais depois que o pai lhe ofereceu uma esplêndida festa por sua maioridade, em 1973, em Castle Rising, um castelo normando em Norfolk. Os convidados chegaram em carruagens puxadas por cavalos; o caminho para o castelo estava iluminado por tochas. Até hoje ainda se comenta essa festa suntuosa. Todos esperavam que o relacionamento de Sarah com Gerald Grosvenor, duque de Westminster e o aristocrata mais rico do país, acabasse em casamento. Sarah ficou tão surpresa quanto as outras pessoas quando ele mudou de ideia.

A felicidade de Diana era a glória da irmã. Lucinda Craig Harvey, que partilhou uma casa em Londres com Sarah, e mais tarde empregou Diana como faxineira a uma libra por hora, conheceu sua futura empregada durante uma partida de críquete em Althorp. As primeiras impressões não foram das mais lisonjeiras. Diana lhe pareceu "uma garota um pouco grande demais, que usava horríveis vestidos antiquados de Laura Ashley". "Ela era muito tímida, corava com a maior facilidade, era a típica irmã caçula. Sem a menor sofisticação, não era uma garota que se pudesse olhar com satisfação", disse Lucinda.

Apesar disso, Diana participava com entusiasmo das festas, churrascos e partidas de críquete regulares. Essas competições esportivas acabaram com a chegada de uma personagem que poderia ter sido inventada por um excêntrico diretor de elenco de alguma peça teatral.

Como um registro enigmático no livro de visitantes ressaltou: "Raine parou o jogo." Raine Spencer não é tanto uma pessoa, é muito mais um fenômeno. Com seu penteado armado, plumagem elaborada, charme impetuoso e sorriso jovial, é a caricatura de uma condessa. Filha da escritora romântica Barbara Cartland, uma mulher que não hesitava em dizer o que pensava, Raine já tinha meia página de registro no *Who's Who* antes de conhecer Johnnie Spencer. Como Lady Lewisham e, mais tarde, depois de 1962, como condessa de Dartmouth, era uma figura controvertida na política londrina, servindo como conselheira do London County Council. Suas opiniões pitorescas logo lhe proporcionaram uma plataforma mais ampla, e tornou-se um rosto familiar nas colunas sociais.

Durante a década de 1960, ela se tornou notória como uma paródia da conselheira Tory, de colar de pérolas e *twinset*, com posições tão rígidas quanto seus penteados. "Sempre sei quando visito casas de conservadores, porque eles lavam suas garrafas de leite antes de porem no lado de fora da porta." Foi um comentário que lhe valeu uma vaia quando falava para os estudantes da London School of Economics.

Suas opiniões francas, na verdade, encobrem uma determinação inabalável, acompanhada por um charme formidável e uma excepcional habilidade com as palavras. Ela e o conde Spencer começaram a trabalhar num livro para o Greater Council London, intitulado *What Is Our Heritage?* [Qual é a nossa herança?], e logo descobriram que tinham muita coisa em comum. Raine estava com 46 anos na ocasião, e era casada com o conde de Dartmouth há 28 anos. Tinham quatro filhos, William, Rupert, Charlotte e Henry. Durante seu tempo de estudante em Eton, Johnnie Spencer e o conde de Dartmouth haviam sido bons amigos.

Raine exercitou seu charme irresistível tanto sobre o pai quanto sobre o filho, promovendo uma espécie de reconciliação entre o conde Spencer e seu amante durante os últimos anos de vida do conde. O velho conde adorava-a, ainda mais porque em seu aniversário e no Natal ela sempre lhe dava de presente uma bengala, para aumentar sua coleção.

As crianças não se mostraram tão impressionadas. Como um galeão com todas as velas desdobradas, Raine apareceu à vista pela primeira vez no início da década de 1970. Na verdade, sua presença na festa do décimo oitavo aniversário de Sarah, em Castle Rising, foi fonte de muitos comentários entre a aristocracia de Norfolk. Um jantar "difícil", no hotel Duke's Head, em King's Lynn, foi a primeira oportunidade real que Charles e Diana tiveram de avaliar a nova mulher na vida de seu pai. O jantar foi organizado com o pretexto de celebrar um plano fiscal que salvaria a fortuna da família. Na verdade, foi uma oportunidade para que Charles e Diana conhecessem sua madrasta em perspectiva. "Não gostamos dela nem um pouco", disse Charles. Os dois declararam ao pai que não gostariam que ele se casasse com aquela mulher. Em 1976, Charles, então com 12 anos, manifestou seus sentimentos numa carta a Raine, que poderia ser classificada como "vil". Diana, por sua vez, exortou uma colega de escola a escrever uma carta venenosa para sua possível madrasta, cujos termos ela ditou. O incidente que provocou esse comportamento dos dois foi a descoberta, pouco antes da morte do avô de Diana, de uma carta que Raine enviara ao pai, discorrendo sobre seus planos para Althorp. Suas opiniões sobre o conde atual não combinavam com a maneira que Diana e Charles a viam se comportar em público com o avô.

Com a família se opondo de forma inflexível à união, Raine e Johnnie se casaram numa cerimônia discreta, no cartório de registro civil de Caxton Hall, no dia 14 de julho de 1977, pouco depois de o nome dele ser indicado no processo de divórcio movido pelo conde de Dartmouth. Nenhum dos filhos foi informado de antemão sobre o casamento, e Charles só tomou conhecimento de que tinha uma madrasta ao ser comunicado pelo diretor de sua escola preparatória.

No mesmo instante, um turbilhão de mudanças varreu Althorp, com Raine se empenhando em converter o lar da família numa propriedade rentável, a fim de que as enormes dívidas assumidas pelo novo conde pudessem ser saldadas. Os criados foram reduzidos ao mínimo indispensável. Para abrir a casa a visitantes pagantes, o estábulo foi adaptado para um salão de chá e loja de presentes. Ao longo dos anos, numerosos quadros, antiguidades e outros *objets d'art* foram vendidos, com frequência, alegaram as crianças, a preços ínfimos, ao mesmo tempo em que descreveram em termos desdenhosos a maneira como a casa foi "restaurada". O conde Spencer sempre defendeu com veemência a administração firme que a esposa imprimiu à propriedade, declarando: "O custo da restauração foi imenso."

Contudo, não há como disfarçar as relações azedas entre Raine e os filhos de Johnnie Spencer. Ela comentou publicamente a divergência, ao conversar com a colunista de jornal Jean Rook: "Não aguento mais essa história de 'Madrasta Perversa'. Nunca vai me fazer parecer com um ser humano, porque as pessoas gostam de pensar que sou a mãe de Drácula. Mas tive um período horrível no começo, e só agora as coisas começaram a melhorar um pouquinho. Sarah se ressentia de mim, até mesmo de meu lugar à cabeceira da mesa, e dava ordens aos criados passando por cima de mim. Jane não falou comigo durante dois anos, mesmo quando esbarrávamos num corredor. Diana era doce, mas sempre fazia o que queria."

Na verdade, a indignação de Diana contra Raine fervilhou por anos, até que finalmente explodiu em 1989, no ensaio na igreja para o casamento do irmão com Victoria Lockwood, uma modelo de sucesso. Raine recusou-se a falar com a mãe de Diana na igreja, apesar de sentarem juntas no mesmo banco. Diana descarregou todos os ressentimentos, que se acumulavam há mais de dez anos. Quando Diana a censurou, Raine respondeu: "Você não tem ideia de todo o sofrimento que sua mãe causou a seu pai." Diana, que mais tarde admitiu nunca ter sentido tanta raiva, descarregou em cima da madrasta: "Sofrimento, Raine? Essa é uma palavra que você nem sequer pode compreender. Em minhas funções, vejo as pessoas sofrerem como você nunca será capaz de imaginar, e você chama o que aconteceu de sofrimento. Você tem muito o que aprender." Muito mais foi dito, nesse mesmo tom. Mais tarde, a mãe de Diana comentou que fora a primeira vez em que alguém na família a defendera.

Nos primeiros dias de seu domínio em Althorp, no entanto, Raine foi tratada pelas crianças como uma piada. Eles zombavam de sua tendência para dividir as casas de hóspedes em categorias sociais apropriadas. Quando Charles veio de Eton, onde estudava, instruíra seus amigos antes para dar nomes falsos. Um menino disse que era "James Rothschild", insinuando que pertencia à famosa família de banqueiros. Raine ficou na maior animação. "Você é o filho de Hannah?", perguntou ela. O colega de Charles acabou com a brincadeira, antes de piorar a situação ao escrever o sobrenome de forma incorreta no livro de hóspedes.

Num churrasco no fim de semana, um dos amigos de Sarah apostou cem libras como Charles não teria coragem de jogar a madrasta na piscina. Quando ele se preparava para um golpe de judô, Raine percebeu o que ia acontecer e tratou de fugir. O Natal em Althorp, com Raine Spencer no comando, foi uma comédia bizarra, um intenso contraste com as extravagâncias de Park House. Ela presidiu a abertura dos presentes como uma cronometrista oficial. As crianças só tinham permissão de abrir os presentes que ela indicava, e mesmo assim só depois que ela olhava para o relógio e autorizava a rasgar o papel. "Foi uma loucura total", comentou Charles.

O único lado alegre da noite ocorreu quando Diana resolveu dar um de seus presentes a um vigia noturno um tanto irascível. Embora ele tivesse uma reputação assustadora, Diana instintivamente sentia que o homem era apenas solitário. Quando ela e o irmão lhe entregaram o presente, o vigia ficou tão comovido que começou a chorar. Foi um exemplo de sua sensibilidade para as necessidades dos outros, uma qualidade já notada pela diretora da escola, Miss Rudge, que lhe concedeu o Miss Clark Lawrence Award, por serviços à escola, em seu último período, em 1977.

Diana sentia agora uma autoconfiança cada vez maior, uma qualidade confirmada por sua promoção a monitora na escola. Quando deixou West Heath, Diana seguiu o exemplo da irmã Sarah, matriculando-se no Institut Alpin Videmanette, uma escola de aperfeiçoamento exclusiva, perto de Gstaad, na Suíça. Ali, Diana teve aulas de economia doméstica, costura e culinária. Deveria falar apenas francês, durante o dia inteiro. Na verdade, ela e a amiga Sophie Kimball falavam inglês durante todo o tempo, e a única coisa que apreciava era esquiar. Infeliz e sufocada pela rotina da escola, Diana estava ansiosa em escapar. Escreveu dezenas de cartas aos pais, suplicando que a deixassem voltar para casa. Eles acabaram cedendo, quando Diana alegou que estavam apenas desperdiçando seu dinheiro.

Com os tempos de estudos para trás, Diana experimentou a sensação de que um grande peso fora removido de seus ombros. Desabrochou visivelmente, tornando-se mais jovial, mais animada e mais bonita. Diana era agora mais amadurecida e mais relaxada, e os amigos das irmãs passaram a contemplá-la com novos olhos. Ainda tímida e com excesso de peso, mesmo assim ela se tornava cada vez mais popular. "Ela era muito divertida, simpática e gentil", afirmou uma amiga.

Contudo, o desabrochar de Diana foi encarado com apreensão ciumenta por Sarah. Londres era seu reino, e ela não queria que a irmã lhe roubasse o foco das atenções. A briga aflorou num dos últimos fins de semana ao estilo antigo em Althorp. Diana pediu à irmã que lhe desse uma carona até Londres. Sarah se recusou, alegando que seria muito alto o custo em gasolina de uma pessoa extra no carro. Os amigos zombaram dela, e Sarah percebeu pela primeira vez como a balança do relacionamento entre as duas pendera em favor da adorável Diana.

Diana já fora a Cinderela de sua família por tempo suficiente. Sentira-se sufocada pela rotina da escola e teve o caráter reprimido pela posição inferior que ocupava na família. Diana estava ansiosa em abrir as asas e iniciar sua própria vida em Londres. A emoção da independência a atraía. Como seu irmão Charles disse: "Subitamente, o patinho feio insignificante exibia todos os sinais de que se tornaria um cisne."

2 "Pode me chamar de 'Sir'"

Por quaisquer padrões, foi um romance insólito. Só depois que Lady Diana Spencer ficou formalmente noiva de Sua Alteza Real o príncipe de Gales é que teve permissão para chamá-lo de "Charles". Até então, ela o tratava de "Sir". Ele a chamava de Diana. No círculo do príncipe Charles, essa era considerado a norma. Quando a irmã de Diana, Sarah, teve um relacionamento de nove meses com o príncipe de Gales, também fora formal. "Parecia natural", recordou ela. "Era obviamente a coisa certa a fazer, porque nunca fui corrigida."

Foi durante o romance da irmã que Diana cruzou pela primeira vez o caminho do homem que era considerado então o solteiro mais cobiçado do mundo. Esse encontro histórico, em novembro de 1977, não foi dos mais auspiciosos. Diana, deixando a escola de West Heath numa licença de fim de semana, foi apresentada ao príncipe no meio de um campo arado, perto de Nobottle Wood, na propriedade Althorp, durante uma caçada. O príncipe, que levava seu fiel labrador, Sandringham Harvey, é considerado um dos maiores atiradores do país, e por isso estava mais interessado no esporte do que numa conversa naquela tarde desolada. Diana era uma presença indefinida em sua saia xadrez, blusão da irmã e botas. Manteve-se em segundo plano, compreendendo que só fora chamada para completar o grupo. Era o espetáculo da irmã, e Sarah talvez tenha sido um tanto maliciosa ao comentar mais tarde que "bancara o cupido" entre Diana e o príncipe.

Se as primeiras lembranças que Charles teve de Diana naquele fim de semana foram as de "uma garota de 16 anos, jovial, divertida e atraente, cheia de vida", certamente não foi graças à irmã mais velha. Para Sarah, Charles era seu domínio na ocasião, e as invasoras não eram bem-recebidas pela ruiva esfuziante, que também aplicava seu instinto competitivo aos homens em sua vida. De qualquer forma, Diana não ficou muito impressionada com o namorado real da irmã. "Que homem triste", ela se recordou de ter pensado. Os Spencer ofereceram um baile naquele fim de semana em homenagem ao príncipe, e todos notaram que Sarah se mostrava entusiasmada em suas atenções. Diana disse mais tarde a amigos: "Tratei de me manter fora do caminho. Lembro que era gorducha na ocasião, não usava maquiagem, não tinha nada de elegante, mas fiz muito barulho, e ele pareceu gostar disso."

Terminado o jantar, Charles demonstrou que gostara tanto de Diana que lhe pediu para mostrar a galeria de trinta metros, que alojava então uma das melhores coleções de arte particulares da Europa. Sarah queria ser a guia aos "desenhos" da família. Diana percebeu a deixa e se afastou.

Embora o comportamento de Sarah nada tivesse a ver com o de um cupido em potencial, o interesse de Charles por sua irmã mais nova deixou Diana com muita coisa em que pensar. Afinal, ele era o namorado de sua irmã. Charles e Sarah haviam se encontrado em Ascot, em junho de 1977, quando Sarah se recuperava do término de seu romance com o duque de Westminster. Na ocasião, ela sofria de anorexia nervosa, que os amigos acreditavam ter sido desencadeada pelo fim de seu relacionamento. Como uma amiga observou: "Sarah sempre teve de ser a melhor em tudo. O melhor carro, a esnobada mais espirituosa e o melhor vestido. Fazer dieta era parte de sua natureza competitiva, para ser mais esguia do que todas as outras."

Embora o incidente possa ter precipitado o problema, especialistas em distúrbios alimentares ressaltam que a doença está enraizada na vida familiar. A maioria das vítimas é constituída por moças, ainda adolescentes, de personalidade forte e com um quadro familiar conturbado. Elas encaram a comida como um meio de controlar tanto seus corpos quanto o caos em suas vidas. As anoréxicas, que usam todos os subterfúgios para evitar a alimentação, muitas vezes se tornam tão magras que perdem até a menstruação e por isso têm dificuldades para engravidar. Quatro em dez acabam morrendo.

Sarah conserva uma fotografia sua em roupas de baixo quando era literalmente apenas pele e osso. Na ocasião, em meados da década de 1970, achava que era gorda. Agora, compreende como estava doente. A família, preocupada com sua saúde, usava todos os métodos possíveis para encorajá-la a comer. Por exemplo, teria permissão para falar com o príncipe Charles pelo telefone se engordasse um quilo. Em 1977, ela resolveu procurar uma clínica em Regent's Park, onde foi tratada pelo Dr. Maurice Lipsedge, um psiquiatra que, por pura coincidência, dez anos depois cuidou de Diana, quando ela decidiu lutar contra sua bulimia.

Enquanto tentava superar sua doença, Sarah se encontrava com frequência com o príncipe Charles. Durante o verão de 1977, foi assisti-lo jogar polo em Smith's Lawn, Windsor. Em fevereiro de 1978, quando ele a convidou para esquiar em Klosters, na Suíça, houve muita especulação de que ela poderia ser a futura rainha da Inglaterra. Contudo, o prazer que Sarah demonstrava pela publicidade superava a discrição que se espera de uma namorada real. Ela concedeu uma entrevista a uma revista em que abalou a imagem do príncipe Charles como um fascinante Casanova. "Nosso relacionamento é totalmente platônico", declarou Sarah. "Penso nele como o irmão mais velho que nunca tive." Como ressalva, ela acrescentou: "Não me casaria com um homem que não amasse, quer fosse um lixeiro ou o rei da Inglaterra. Se ele me pedisse em casamento, eu recusaria."

Embora o romance entre os dois tenha esfriado, Charles ainda convidou Sarah para sua festa de trigésimo aniversário, no palácio de Buckingham, em novembro de 1978. Para surpresa de Sarah, Diana também foi convidada. Cinderela iria ao baile.

Diana divertiu-se muito na festa, inclusive porque sua presença contribuía para abaixar um pouco a crista da irmã. Mas em nenhum momento lhe passou pela cabeça que o príncipe Charles estivesse sequer remotamente interessado em um romance. Afinal, ela nunca se considerou um páreo para a atriz Susan George, que o acompanhava naquela noite. Além do mais, a vida era agradável demais para pensar em namorados. Diana acabara de voltar de sua malfadada experiência na escola suíça, ansiosa em começar uma vida independente em Londres. Os pais não demonstravam o mesmo entusiasmo.

Ela não tinha diplomas que a qualificassem, não dispunha de nenhuma habilidade específica e contava apenas com uma vaga noção de que queria trabalhar com crianças. Embora parecesse destinada a uma vida de empregos sem habilitação especializada e de baixa remuneração, Diana não era muito diferente das outras moças de sua classe e criação. As famílias aristocráticas tradicionalmente investem mais na educação dos homens do que na das mulheres. Há uma suposição tácita de que as filhas, depois de arrematarem a educação formal com um curso de culinária ou artes, vão se juntar às amigas bem-criadas no mercado nupcial. No início do reinado da rainha, essa característica da temporada de Londres ainda era formalizada pela apresentação das debutantes no palácio de Buckingham, seguida por uma série de bailes. Os pais de Diana haviam se conhecido num baile assim, em abril de 1953, e no seu tempo, Raine, a condessa Spencer, fora eleita a "Debutante do ano".

O casamento era algo nos pensamentos de Diana quando ela voltou da Suíça. Sua irmã Jane lhe pedira para ser a principal dama de honra em seu casamento com Robert Fellowes, o filho do intendente da rainha em Sandringham e agora seu secretário particular, realizado na capela da Guarda, em abril de 1978. Embora não houvesse pressão da família para impedir que ela se lançasse numa carreira definida, havia muita relutância em permitir que vivesse sozinha em Londres. Como a diretora de sua escola suíça, madame Yersin comentou, "ela era um tanto imatura para 16 anos". Se Diana era uma inocente no exterior, os pais consideravam que uma vida protegida em escolas só para moças não constituía uma preparação adequada para as luzes da cidade grande. Disseram-lhe que não poderia ter seu apartamento até completar 18 anos.

Em vez disso, ela foi despachada para a casa de amigos da família, o major Jeremy Whitaker, um fotógrafo, e sua esposa Philippa, que moravam em Headley Bawden, em Hampshire. Diana passou três meses lá, cuidando da filha do casal, Alexandra, e ainda cozinhava e arrumava a casa. Mas Diana ansiava em se transferir para a metrópole, e bombardeava os pais com pedidos sutis e não tão sutis. Ao final, chegou-se a um acordo. A mãe permitiu que ela ficasse em seu apartamento na Cadogan Square. Como a Sra. Shand Kydd passava a maior parte do ano na Escócia, era quase como se morasse sozinha. Diana passaria quase um ano ali, partilhando o apartamento no início com Laura Greig, uma antiga colega de escola e mais tarde uma de suas damas de companhia, e Sophie Kimball, filha do então membro do Parlamento conservador, Marcus Kimball.

A fim de ganhar seu sustento, Diana ingressou nas fileiras do que mais tarde iria se referir desdenhosamente como a brigada "da faixa de veludo na cabeça", as jovens das classes superiores que se enquadram num gabarito amplo de valores, modas, criação e atitudes, e são conhecidas como "Sloane Rangers". Inscreveu-se em duas agências de empregos, Solve Your Problems e Knightsbridge Nannies. Trabalhou como garçonete em festas particulares e como faxineira. Nos intervalos entre as aulas de direção — foi aprovada na segunda tentativa — era muito procurada como babá pelas amigas casadas das irmãs, enquanto Sarah chamava-a para completar um grupo em frequentes jantares. A vida de Diana em Londres era sossegada, quase rotineira. Não fumava e nunca bebia, preferia passar os momentos de folga lendo, assistindo à televisão, visitando amigas ou saindo para jantar em modestos bistrôs. As boates ruidosas, festas alucinadas e pubs enfumaçados nunca foram seu cenário. A "Disco Di" só existiu na imaginação de repórteres sensacionalistas, com uma tendência para a aliteração. Na realidade, Diana era uma solitária, por inclinação e hábito.

Diana passava os fins de semana no campo, em Althorp com o pai, no chalé da irmã Jane, ou em grupos organizados por alguém de seu crescente círculo de amizades. Suas amigas de Norfolk e West Heath, Alexandra Loyd, Caroline Harbord-Hammond, filha de lorde Suffield, Theresa Mowbray, afilhada de Frances Shand Kydd, e Mary-Ann Stewart-Richardson viviam todas em Londres agora e formavam o núcleo de seu grupo.

Foi quando se hospedava com Caroline, num fim de semana em setembro de 1978, na casa dos pais dela, em Norfolk, que Diana teve uma premonição desconcertante. Quando lhe perguntaram educadamente sobre a saúde do pai, ela surpreendeu a todos os presentes com a resposta. Descobriu-se dizendo que o pai ia "cair doente", de alguma forma; e acrescentou: "Se ele morrer, será imediatamente; caso contrário, vai sobreviver." O telefone tocou no dia seguinte. Diana tinha certeza que seria por causa do pai. E era. O conde Spencer tivera um colapso no pátio em Althorp, sofrendo uma hemorragia cerebral, fora levado às pressas para o hospital geral de Northampton. Diana fez as malas e foi se juntar às irmãs e ao irmão Charles, trazido de carro de Eton pelo cunhado, Robert Fellowes.

O prognóstico médico era sombrio. Não se esperava que o conde Spencer sobrevivesse àquela noite. Segundo o filho, Charles, Raine Spencer era irrelevante. Charles lembra que ela disse a seu cunhado: "Sairei de Althorp ao amanhecer."

O reinado de Raine parecia encerrado. Durante dois dias, os filhos acamparam na sala de espera do hospital, enquanto o pai se apegava à vida. Quando os médicos anunciaram que havia um vislumbre de esperança, Raine contratou uma ambulância particular para levá-lo ao National Hospital for Nervous Diseases, na Queen Square, no centro de Londres, onde ele permaneceu em coma por vários meses. Enquanto a família mantinha-se em vigília, os filhos puderam observar de perto a determinação obstinada da madrasta. Ela tentou impedir que os filhos visitassem o pai gravemente doente. As enfermeiras receberam instruções para não permitir que vissem o conde Spencer, deitado inerte em seu quarto particular. Raine comentou mais tarde: "Sou uma sobrevivente, e as pessoas se esquecem disso no momento de perigo. Há puro aço em minha espinha. Ninguém me destrói, e ninguém vai destruir Johnnie, enquanto eu puder sentar à sua cabeceira... algumas pessoas de sua família tentaram me impedir... de lhe incutir a minha força vital."

Durante esse período crítico, os ressentimentos entre Raine e os enteados explodiram numa série de discussões violentas. Havia aço também na alma dos Spencer, e muitos corredores do hospital ressoaram ao som da formidável condessa e da inflamada Lady Sarah Spencer, gritando uma com a outra, como gansos furiosos.

Em novembro, o conde Spencer sofreu uma recaída, e foi transferido para o hospital Brompton, em South Kensington. Mais uma vez, sua vida pairava na balança. Quando os médicos estavam mais pessimistas, a força de vontade de Raine prevaleceu. Ela ouvira falar de um medicamento alemão chamado Aslocillin, que achava que poderia ajudar. Usou de todos os recursos para obter um suprimento. O medicamento ainda não fora licenciado na Inglaterra, mas isso não a deteve. Foi devidamente adquirido e fez um milagre. Ela mantinha sua vigília habitual à cabeceira da cama quando, numa tarde, sob os acordes ao fundo de "Madame Butterfly", Johnnie abriu os olhos e "voltou". Em janeiro de 1979, quando finalmente recebeu alta do hospital, ele e Raine foram se instalar no Dorchester Hotel, em Park Lane, para uma dispendiosa convalescença de um mês.

Ao longo do episódio, a tensão na família fora grande. Sarah, que morava perto do hospital, visitava o pai regularmente, embora a hostilidade de Raine agravasse uma situação já carregada. Quando Raine se ausentava, enfermeiras compreensivas permitiam que Diana e Jane vissem o pai. Mas entrando e saindo do estado consciente a todo instante, o conde Spencer nunca tinha noção da presença das filhas. Mesmo quando se encontrava desperto, um tubo alimentar inserido na garganta impedia-o de falar. Como Diana recordou: "Ele não podia perguntar onde os filhos estavam. Só Deus sabe o que ele pensava, porque ninguém lhe dizia coisa alguma."

Como era mais do que compreensível, Diana encontrou dificuldade para se concentrar no curso de culinária em que se matriculara poucos dias antes de o pai sofrer o derrame. Durante três meses, ela foi de metrô à casa de Elizabeth Russell em Wimbledon, que por muito tempo ensinou às filhas de cavaleiros, duques e condes os segredos dos molhos, massas e suflês. Para Diana, não passava de outra atividade das "faixa de veludo na cabeça". Ela ingressara no curso por insistência dos pais. Não era a sua ideia de diversão, mas na ocasião parecia uma alternativa melhor do que sentar atrás de uma máquina de escrever. Muitas vezes, a gulosa em Diana vencia a batalha, e ela com frequência era repreendida por mergulhar os dedos em panelas com molhos. Diana concluiu o curso alguns quilos mais gorda, e saiu com um diploma como recompensa por seus esforços.

Enquanto o pai começava a recuperar a saúde, a mãe de Diana resolveu orientar sua carreira. Escreveu para Betty Vacani, a lendária professora de balé que já deu aula para três gerações de crianças reais, indagando se havia uma vaga para uma instrutora no segundo nível. Havia. Diana foi aprovada na entrevista, e no período da primavera começou a trabalhar no estúdio Vacani, na Brompton Road. Combinava de forma perfeita seu amor às crianças com o prazer pela dança. Mais uma vez, só ficou três meses, mas não foi por culpa sua.

Em março, sua amiga Mary-Ann Stewart-Richardson convidou-a para passar as férias junto com sua família, esquiando nos Alpes franceses. Diana sofreu uma queda numa encosta e rompeu todos os tendões do tornozelo esquerdo. Passou três meses engessada, enquanto os tendões curavam lentamente. Foi o fim de suas aspirações como professora de balé.

Apesar do infortúnio, Diana recorda essa viagem a Val Claret como uma das férias mais agradáveis e despreocupadas de sua vida. Foi também lá que conheceu muitos dos que se tornaram seus amigos mais leais desde então. Quando Diana se juntou aos Stewart-Richardson, eles começavam a absorver uma tragédia familiar recente. Por isso, ela se sentiu deslocada no chalé da família. Diana aceitou o convite de Simon Berry, filho de um rico mercador de vinhos, para se juntar ao seu grupo em outro chalé.

Berry e três outros ex-etonianos, James Bolton, Alex Lyle e Christian de Lotbiniere, eram os cérebros por trás da excursão "Ski Bob". Tratava-se de uma companhia, o nome tirado de Bob Baird, diretor de Eton, que eles formaram quando descobriram que legalmente eram jovens demais para fazer reservas e assinar contratos nas férias. Por isso, criaram uma companhia que assumia todos os compromissos legais. Dentro do grupo de vinte pessoas, a maioria de ex-etonianos, o grande elogio era ser chamado de "Bob".

Diana logo se tornou Bob isso, e Bob aquilo. "Você está patinando em gelo fino!", gritava ela, em sua melhor entonação de Miss Piggy, enquanto esquiava perigosamente por trás dos outros. Ela participava das brigas de travesseiro, brincadeiras e canções satíricas. Os outros zombavam dela por causa de uma fotografia emoldurada do príncipe Charles, tirada na ocasião de sua Investidura, em 1969, que era pendurada em seu dormitório na escola. "Sou inocente", protestou Diana. Fora um presente à escola. Durante o tempo em que ficou no chalé de Berry, ela dormia num sofá-cama na sala de estar. Não que dormisse muito. James Colthurst, estudante de medicina, gostava de presentear o bando adormecido com indesejáveis interpretações matutinas do famoso discurso "Eu tive um sonho", de Martin Luther King, ou com sua imitação igualmente sem graça de Mussolini.

Adam Russell, o bisneto do antigo primeiro-ministro Stanley Baldwin, agora um criador de cervos em Dorset, não ficou muito impressionado quando Diana apareceu no chalé pela primeira vez. Ele recordou: "Ao chegar, ela fez um comentário grosseiro, seguido por um risinho. Pensei: 'Que Deus nos ajude, uma garota que não para de dar risadinhas!' Mas depois que se superava essa reação inicial, descobria-se que era uma pessoa muito controlada. Mas carecia de autoconfiança, quando deveria ter muita. Era esfuziante e risonha, é verdade, mas não de uma maneira vazia." Quando ele também se machucou, os dois fizeram companhia um ao outro. Durante essas conversas, Russell percebeu o lado reflexivo e um tanto triste de Diana. "Ela aparentava ser uma pessoa feliz, mas por fora profundamente afetada pelo divórcio dos pais."

A irmã Sarah, então trabalhando na Savills, uma importante corretora imobiliária, encontrou o que se tornaria, por algum tempo, o mais famoso endereço na Inglaterra. Um apartamento de três quartos, em Coleherne Court, número 60, foi o presente que Diana ganhou dos pais, ao completar a maioridade. Em julho de 1979, ela se mudou para o apartamento de 50 mil libras, e logo se empenhou em decorar os cômodos, num estilo aconchegante e simples. As paredes brancas foram pintadas em tons pastel, a sala de estar tornou-se um amarelo claro, enquanto o banheiro era animado com cerejas vermelhas. Diana sempre prometera a Carolyn Bartholomew, sua colega da escola, que lhe arrumaria um quarto, assim que tivesse seu próprio apartamento. E assim cumpriu a palavra. Sophie Kimball e Philippa Coaker passaram algum tempo no apartamento, mas em agosto Diana e Carolyn passaram a contar com a companhia de Anne Bolton, que também trabalhava na Savills, e de Virginia Pitman, a mais velha do quarteto. Eram essas três que residiam com ela durante seu romance com o príncipe Charles.

Diana recordava aqueles tempos em Coleherne Court como o período mais feliz de sua vida. Era juvenil, inocente, sem qualquer complicação, e acima de tudo divertido. "Eu ria até não aguentar mais", contou ela. Só houve uma nuvem negra, quando o apartamento foi arrombado e levaram a maior parte de suas joias. Como senhoria, ela cobrava às outras 18 libras por semana e organizava as tarefas domésticas. Claro que ela tinha o quarto maior, com uma cama de casal. Para que ninguém esquecesse sua posição, as palavras "Chief Chick", a chefe das garotas, foram inscritas na porta de seu quarto."Ela sempre foi mandona nas coisas do apartamento", recordou Carolyn. "Mas era a sua casa, e quando se tem uma casa é impossível não sentir orgulho."

Pelo menos ela nunca teve de se preocupar em lavar pilhas de pratos e copos sujos. As garotas raramente cozinhavam, apesar de Virginia e Diana terem feito cursos caríssimos no Cordon Bleu. As especialidades de Diana eram *roulades* de chocolate e a sopa russa *borscht,* que as amigas lhe pediam para fazer e entregar em seus apartamentos. De modo geral, as garotas devoravam a *roulade* antes mesmo que saísse de Coleherne Court. Afora isso, elas se alimentavam de cereais e chocolate. "Estávamos sempre acima do peso", comentou Carolyn.

A adolescente orgulhosa de sua casa também começava a arrumar sua vida profissional. Pouco depois de se mudar para o apartamento, Diana encontrou um emprego em que se sentia à vontade. Durante várias tardes por semana, ela ia trabalhar no jardim de infância Young England, dirigido por Victoria Wilson e Kay Seth-Smith, no salão paroquial da igreja de St. Saviour, em Pimlico. Ensinava às crianças pintura, desenho e dança e participava das brincadeiras. Victoria e Kay ficaram tão impressionadas com seu relacionamento com as crianças que lhe pediram para trabalhar também pela manhã. Às terças e quintas-feiras, ela cuidava de Patrick Robinson, filho de um executivo americano do petróleo, um trabalho que ela adorava.

Havia ainda algumas folgas em sua semana de trabalho, e por isso a irmã Sarah tratou de preenchê-las. Contratou-a como faxineira para sua casa em Elm Park Lane, em Chelsea. A colega de apartamento de Sarah, Lucinda Craig Harvey, recordou: "Diana idolatrava a irmã, mas Sarah a tratava como um capacho. Ela me disse para não ter o menor pudor em mandar Diana lavar isto ou aquilo."

Diana, que usava o aspirador em toda a casa, tirava o pó, passava roupas e lavava, só ganhava uma libra por hora, mas encontrava uma tranquila satisfação em seu trabalho. Quando ficou noiva do príncipe Charles, Diana referiu-se a seu trabalho de faxineira em resposta à carta de congratulações de Lucinda: "Os dias de aspirador e tanque ficarão no passado. Será que algum dia tornarei a fazer essas coisas?"

Ela escapava à atenção implacável da irmã quando voltava à privacidade do próprio apartamento. Talvez fosse melhor assim, pois é bem possível que as brincadeiras adolescentes da irmã não agradassem a Sarah. Diana e Carolyn eram capazes de passar uma noite inteira ligando para pessoas com nomes engraçados na lista telefônica. Outro passatempo predileto era planejar incursões aos apartamentos e carros das amigas. Carolyn recordou:

"Costumávamos realizar nossas operações à meia-noite. Estávamos sempre circulando por Londres em missões secretas no carro de Diana."

As pessoas que ofendiam as garotas de alguma forma sempre recebiam uma retaliação em dobro. Campainhas de porta eram tocadas em plena madrugada, havia telefonemas de emergência na calada da noite, as fechaduras dos carros eram tapadas com fita adesiva. Em uma ocasião, James Gilbey, então trabalhando numa locadora de carros em Victoria, acordou para encontrar seu amado Alfa Romeo coberto de ovos e farinha de trigo, que haviam endurecido como concreto. Por algum motivo, ele deixara de comparecer a um encontro marcado com Diana, que tratara de se vingar, com a ajuda de Carolyn.

Nem tudo era um tráfego de mão única. Uma noite, James Colthurst e Adam Russell amarraram secretamente duas enormes placas em "L" nos para-choques dianteiro e traseiro do Honda Civic de Diana. Ela conseguiu tirá-las, mas ao sair pela rua foi acompanhada por uma cacofonia de latas amarradas ao para-choque traseiro. Mais uma vez, ovos e farinha de trigo foram as armas que Diana e Carolyn usaram em retaliação.

Essa diversão inocente, sem qualquer sofisticação, continuou durante seu romance com o príncipe Charles. "Éramos de fato garotas que gostavam de brincadeiras e não paravam de rir, como nos descreveram, mas em algum lugar havia uma centelha de maturidade", disse Carolyn. O desfile constante de rapazes, que apareciam para uma conversa e um chá, quando havia algum, ou para levar as garotas a uma noitada, era com certeza constituído por amigos, que por acaso eram homens. De um modo geral, os acompanhantes de Diana eram ex-etonianos que ela conhecera quando esquiava, ou de outros lugares. Harry Herbert, o filho do gerente dos cavalos de corrida da rainha, o conde de Carnarvon, James Boughey, um tenente do Coldstrea Guards, o filho de fazendeiro George Plumptree, que a convidara para ir ao balé no dia em que ela ficou noiva, o artista Marcus May e Rory Scott, então um vistoso tenente da Guarda Real Escocesa, visitavam com frequência, junto com Simon Berry, Adam Russell e James Colthurst. "Éramos todos apenas amigos", lembrou Simon Berry.

Os homens em sua vida eram elegantes, bem-criados, confiáveis, despretensiosos e boas companhias. "Diana era uma garota de classe, que nunca saía com alguém sem classe", comentou Rory Scott. Se eles usavam um uniforme ou tinham sido rejeitados por Sarah, tanto melhor. Diana sentia pena dos rapazes rejeitados por Sarah e muitas vezes tentava, em vão, fazer com que a convidassem para sair.

Assim, ela lavou roupa para William van Straubenzee, um ex-namorado de Sarah, e passou a ferro as camisas de Rory Scott, que na ocasião aparecera num documentário de televisão. Diana passou muitos fins de semana na fazenda dos pais dele, próxima de Petworth, West Sussex. Ela continuou a cuidar das roupas de Rory Scott mesmo durante seu romance com o príncipe, e em uma ocasião até entregou uma pilha de camisas lavadas na entrada dos fundos do palácio de St. James, onde ele se encontrava em serviço, a fim de evitar a imprensa. James Boughey era outro militar que a levava a restaurantes e ao teatro. Diana também costumava visitar Simon Berry e Adam Russell, na casa alugada dos dois, em Blenheim, quando estudavam em Oxford.

Houve muitos namorados, mas nenhum se tornou amante. O senso do destino, que sentira desde cedo, moldou, embora de forma inconsciente, seu relacionamento com o sexo oposto. "Eu sabia que tinha de me manter preparada para o que encontraria pela frente", disse ela.

Como Carolyn comentou: "Não sou uma pessoa muito espiritualizada, mas creio que ela pretendia fazer o que está fazendo, e tenho certeza de que ela própria acredita nisso. Diana sempre foi cercada por essa aura dourada que impedia os homens de irem adiante. Quer eles gostassem ou não, o fato é que nunca aconteceu. De certa forma, ela foi protegida por uma luz perfeita."

É uma qualidade observada por seus antigos namorados. Rory Scott comentou, em tom jovial: "Ela era muito atraente, e o relacionamento nada tinha de platônico para mim, mas permaneceu assim. Ela sempre se manteve um pouco distante, sempre deu para sentir que havia muita coisa a seu respeito que jamais se saberia."

No verão de 1979, outro namorado, Adam Russell, concluiu seu curso em Oxford e decidiu passar um ano viajando. Deixou tácito que esperava que sua amizade com Diana pudesse ser renovada e aprofundada quando voltasse. Mas quando ele chegou em casa, um ano depois, já era tarde demais. Um amigo lhe disse: "Você só tem um rival agora, o príncipe de Gales."

Naquele inverno, a estrela de Diana começou a se deslocar para a órbita da família real. Ela recebeu um inesperado presente de Natal, sob a forma de um convite para se hospedar com a família real em Sandringham, num fim de semana em fevereiro. Lucinda Craig Harvey, conhecida por todos os amigos como Beryl, lembra a empolgação de Diana e a ironia da conversa que tiveram na ocasião. Falavam sobre o fim de semana, e Diana, sempre a Cinderela, estava de joelhos, limpando o chão da cozinha, quando disse:

— Você não vai acreditar no convite que recebi. Vou passar um fim de semana em Sandringham.

Lucinda comentou:

— Talvez você se torne a próxima rainha da Inglaterra.

Torcendo o pano que usava para enxugar o chão, Diana gracejou:

— Duvido muito, Beryl. Você pode me imaginar desfilando num vestido de baile e luvas de pelica?

Enquanto a vida de Diana tomava um novo rumo, sua irmã Sarah entrava em crise. Ela e Neil McCorquodale, um ex-oficial do Coldstream Guards, abruptamente suspenderam seu casamento, marcado para o final de fevereiro. No autêntico estilo Spencer — certamente não é uma família para os tímidos — houve palavras iradas e trocas de cartas entre as partes envolvidas. Enquanto Sarah tentava esclarecer a confusão — eles acabaram se casando, em maio de 1980, na igreja de St. Mary, perto de Althorp —, Diana se divertia. Para variar, ela se encontrava no que chamava de um ambiente social "adulto". Para Diana, essa foi a satisfação daquele fim de semana em Sandringham, não a proximidade do príncipe Charles. Ela ainda se sentia intimidada pelo homem, o senso de respeito abrandado por um sentimento de profunda simpatia pelo príncipe, cujo "avô honorário", o conde Mountbatten, fora assassinado pelo IRA, apenas seis meses antes. Seja como for, na segunda-feira seguinte, enquanto esfregava os assoalhos da irmã, essa aristocrática Cinderela precisou se beliscar para ter certeza de que seu fim de semana não fora um mero sonho.

Independente do que a voz da intuição lhe dissesse a respeito de seu destino, o bom senso destacava que o príncipe já tinha uma porção de pretendentes em potencial. Diana viajou para King's Lynn, e depois para Sandringham, em companhia de Lady Amanda Knatchbull, a neta do conde assassinado. Lorde Mountbatten pressionara em favor da neta não apenas junto ao príncipe de Gales, mas também junto a toda a família real. Afinal, fora ele que, apesar das restrições de George VI, se tornara o agente principal na remoção dos obstáculos para a união da princesa Elizabeth com seu sobrinho, o príncipe Philip.

Embora os comentaristas a tenham descartado como uma pretendente séria, as pessoas que trabalhavam com o príncipe e observaram de perto as maquinações de Mountbatten ficaram convencidas de que o casamento entre o príncipe Charles e Amanda Knatchbull era uma certeza. Uma verificação em sua agenda para 1979 mostra com que frequência o príncipe Charles ia a Broadlands, a propriedade da família Mountbatten, ostensivamente para fins de semana de caça e pesca. Amanda era uma companhia constante. Segundo uma pessoa que trabalhava para o príncipe, foi somente a descoberta da amizade dela com um diplomata que impediu que a união seguisse em frente. Na esteira do assassinato de Mountbatten, em agosto de 1979, a amizade de Charles com Lady Amanda aumentou, e ele passou vários fins de semana em sua companhia, enquanto tentavam absorver a perda comum. Se o "fazedor de rainhas" extraoficial não tivesse morrido e a amizade de Lady Amanda não fosse descoberta, a história real poderia ser muito diferente.

Amanda podia ser considerada a "candidata oficial" cuja criação e família a tornavam eminentemente aceitável na corte, mas na mesma ocasião o príncipe mantinha um relacionamento tempestuoso com Anna Wallace, filha de um proprietário de terras escocês, que ele conhecera durante uma caçada a raposas, em novembro de 1979. Anna Wallace foi a última de uma longa sucessão de namoradas, saídas em grande parte dos escalões superiores da aristocracia, que surgiram no horizonte romântico do príncipe. Só que Anna, impetuosa, voluntariosa e impulsiva, tinha um temperamento inadequado para a rotina controlada da realeza. Não era sem motivo que a chamavam de "Whiplash Wallace", a correia do chicote. O príncipe Charles, um homem que por sua própria admissão se apaixonava facilmente, persistiu no namoro, mesmo depois que seus assessores lhe disseram que ela tinha outros namorados.

O relacionamento tornou-se tão sério que, segundo pelo menos um relato, ele pediu-a em casamento. Ela teria recusado, mas a rejeição não arrefeceu o ardor de Charles. Em maio, eles foram descobertos por jornalistas deitados sobre uma manta, à margem do rio Dee, na propriedade da rainha em Balmoral. O príncipe ficou furioso com essa intromissão em sua vida particular e autorizou seu amigo, lorde Tryon, que participava do piquenique, a gritar um palavrão para os jornalistas.

O final do romance, em meados de junho, foi também tempestuoso. Ela reclamou amargurada quando o príncipe a ignorou durante um baile para celebrar o octogésimo aniversário da rainha-mãe, no castelo de Windsor. Algumas pessoas ouviram Anna dizer, num acesso de raiva: "Nunca mais me ignore desse jeito. Nunca fui tão maltratada em toda a minha vida. Ninguém me trata assim, nem mesmo você."

Na vez seguinte em que apareceram em público juntos, Charles a tratou exatamente da mesma maneira. Ela observou com uma fúria crescente, enquanto o príncipe dançava a noite inteira com Camilla Parker Bowles, num baile depois de uma partida de polo, em Stowell Park, a propriedade em Gloucestershire de lorde Vestey. Ele se mostrou tão ansioso pela companhia de Camilla que nem mesmo convidou a anfitriã, Lady Vestey, para uma dança. Ao final, Anna pegou emprestado o carro BMW de Lady Vestey e partiu noite afora, furiosa e humilhada por ter sido esnobada publicamente. Um mês depois, ela se casou com Johnny Hesketh, o irmão mais moço de lorde Hesketh.

Em retrospecto, é tentador especular se a indignação de Anna era para com o príncipe ou para com a mulher que o mantinha tão fascinado, Camilla Parker Bowles. Se o príncipe Charles tinha mesmo a intenção de se casar com Anna, então ela, uma mulher experiente de 25 anos, estaria a par de sua amizade com Camilla. Saberia, como Diana descobriu tarde demais, que as famosas avaliações de Camilla das namoradas de Charles não envolviam tanto o seu potencial como esposa real, mas sim a ameaça que representavam para sua amizade com o príncipe.

É possível também que ela tenha se cansado de ficar em segundo plano para os passatempos do príncipe. Ao longo de seus anos de solteiro — e durante o casamento —, as parceiras simplesmente se ajustaram a seu estilo de vida. Eram espectadoras interessadas, enquanto ele jogava polo, saía para pescar ou caçar raposas. Quando Charles as recebia para jantar, elas iam até seu apartamento no palácio de Buckingham, não o contrário. Seus assessores é que providenciavam camarotes para concertos ou para a ópera, e até se lembravam de mandar flores para suas acompanhantes. "Um chauvinista charmoso" é como uma amiga o descreve. Seu comportamento, como o constitucionalista vitoriano Walter Nagehor ressaltara um século antes, era característico dos príncipes. Ele escreveu: "O mundo inteiro e sua glória, qualquer que seja mais atraente, qualquer que seja mais sedutor, sempre foram oferecidos ao príncipe de Gales da época, e continuará assim. Não é racional esperar as melhores virtudes onde a tentação é exercida da forma mais irresistível, no momento mais frágil da vida humana."

Naquele verão de 1980, o príncipe Charles era um homem de hábitos assentados e rotina inflexível. Um ex-membro de seu séquito, analisando a crise do casamento real, acredita sinceramente que ele teria permanecido solteiro, se tivesse escolha. Ele comentou: "É de fato muito triste. Ele não queria se casar, pois se sentia feliz com a vida de solteiro. Se contasse com seu equipamento de pesca pronto, os cavalos de polo selados e uma nota de cinco libras para a coleta da igreja, ele se sentia totalmente satisfeito. Era muito divertido. Nós o acordávamos às seis horas da manhã, dizíamos que já fora tudo arrumado e partíamos." A amizade com Camilla Parker Bowles, que na maior ansiedade ajustou sua vida à agenda de Charles, combinava perfeitamente com seu estilo de vida.

Infelizmente para Charles, seu título acarretava obrigações, além de privilégios. Seu dever era se casar e gerar um herdeiro para o trono. Era um assunto que o conde Mountbatten discutia com frequência durante o chá da tarde com a rainha, no palácio de Buckingham, enquanto o príncipe Philip deixava transparecer que se tornava cada vez mais impaciente com a maneira irresponsável como o filho encarava o casamento. O fantasma do duque de Windsor obcecava as mentes da família, consciente de que, quanto mais velho o príncipe ficasse, mais difícil seria encontrar uma aristocrata protestante e virgem para se tornar sua esposa.

Sua busca por uma esposa se transformara num passatempo nacional. O príncipe, então com quase 33 anos, já se tornara um refém do destino, ao declarar que 30 anos era uma idade apropriada para se casar. Ele reconhecera publicamente os problemas de encontrar uma esposa apropriada: "O casamento é uma coisa muito mais importante do que se apaixonar. Creio que se deve concentrar no casamento como sendo essencialmente uma questão de amor e respeito mútuo... Essencialmente, eles devem ser bons amigos, e o amor, tenho certeza, vai crescer a partir dessa amizade. Tenho uma responsabilidade particular de tomar a decisão certa. A última coisa que eu poderia admitir seria a possibilidade de um divórcio."

Em outra ocasião, ele declarou que o casamento era uma sociedade, em que a esposa não se unia apenas a um homem, mas também a um modo de vida. Como ele disse: "Se eu decidir com quem quero conviver por cinquenta anos... ora, essa é a última decisão em que eu gostaria que minha cabeça fosse governada pelo coração." Portanto, o casamento, a seus olhos, era basicamente o cumprimento de uma obrigação com sua família e a nação, uma tarefa que se tornava ainda mais difícil pela natureza imutável do contrato. Em sua busca pragmática por uma parceira para preencher um papel, o amor e a felicidade eram considerações secundárias.

O encontro que lançaria o príncipe Charles e Lady Diana Spencer, de forma irrevogável, no caminho para a catedral de St. Paul ocorreu em julho de 1980, num fardo de feno, na casa do comandante Robert de Pass, um amigo do príncipe Philip, e sua esposa Philippa, uma dama de companhia da rainha. Diana foi convidada a se hospedar na casa deles, em Petworth, West Sussex, pelo filho do casal, Philip. "Você é jovem, talvez ele goste de você", disse Philip a Diana.

Durante o fim de semana, ela foi a Cowdray Park, nas proximidades, para assistir ao príncipe jogar polo por sua equipe, Les Diables Bleus. Ao final da partida, o grupo retornou a Petworth, para um churrasco na casa de campo de De Pass. Diana sentou ao lado de Charles, num fardo de feno. Depois das amenidades usuais, a conversa mudou para a morte do conde Mountbatten e seu funeral na abadia de Westminster. Num diálogo que mais tarde recordou para amigos, Diana lhe disse: "Você parecia muito triste quando subiu pela nave, no funeral. Foi a coisa mais trágica que já vi. Meu coração se comoveu por você. E pensei: 'Está errado, você é um homem solitário, deveria estar com alguém que cuidasse de você.'"

Essas palavras tocaram Charles. Ele passou a ver Diana com novos olhos. De repente, como contou mais tarde a amigos, ela se descobriu tomada pelas atenções entusiásticas do príncipe. Diana sentiu-se lisonjeada, empolgada e confusa pela paixão que despertara num homem 12 anos mais velho. Continuaram a conversa noite afora. O príncipe, que tinha problemas importantes a resolver no palácio de Buckingham, convidou-a a voltar em sua companhia, no dia seguinte. Diana recusou, alegando que seria uma grosseria com os anfitriões.

Mas o fato é que, desse momento em diante, o relacionamento entre os dois começou a se desenvolver. A colega de apartamento de Diana, Carolyn Bartholomew, recordou: "O príncipe Charles entrou em cena calmamente. Diana tinha um lugar especial para ele em seu coração." Ele convidou-a para uma apresentação do *Réquiem* de Verdi — uma das obras prediletas de Diana — no Royal Albert Hall. Sua avó, Ruth, Lady Fermoy, também foi como acompanhante, seguindo também, em seguida, para o palácio de Buckingham, onde se serviram de um bufê frio no apartamento do príncipe. O memorando de Charles para seu valete, que era então o já falecido Stephen Barry, versando sobre a ocasião, é típico do planejamento elaborado efetuado até para o mais simples encontro real. Ele dizia: "Por favor, ligue para o capitão Anthony Asquith [um ex-camarista] antes que ele saia para caçar e avise que convidei Lady Diana Spencer (neta de Lady Fermoy) para ir ao Albert Hall e jantar depois no PB, na noite de domingo. Por favor, pergunte a ele se isso pode ser providenciado e informe que ela irá ao Albert Hall com a avó. Se tudo estiver certo, peça a ele, por favor, para ligar de volta na hora do almoço, quando estaremos na Casa. C." (A Casa é o palácio de Buckingham.)

O problema é que o convite deve ter sido feito um tanto tarde, como Carolyn recordou: "Cheguei em casa por volta das seis horas, e Diana foi logo dizendo: 'Depressa, depressa, tenho de me encontrar com Charles dentro de vinte minutos.' Foi um momento dos mais engraçados, lavando seus cabelos, enxugando, providenciando o vestido, 'Onde está o vestido?'. Conseguimos terminar em apenas vinte minutos. Mas achei indelicado ele convidá-la tão em cima da hora."

Diana mal se recuperara da noite frenética quando ele a convidou para acompanhá-lo no iate real *Britannia,* durante a Cowes Week. O iate real, a mais antiga embarcação da Marinha Real, é uma presença familiar nas águas de Solent, durante a regata de agosto. O príncipe Philip é o anfitrião de um grupo que geralmente inclui seus parentes alemães, junto com a princesa Alexandra, seu marido, Sir Angus Ogilvy, e diversos amigos iatistas.

Naquele fim de semana, Diana contou com Lady Sarah Armstrong-Jones, filha da princesa Margaret, e Susan Deptford, que mais tarde se tornou a segunda esposa do major Ronald Ferguson, para lhe fazer companhia. Ela fez esqui aquático, enquanto o príncipe Charles praticava *windsurf*. As histórias de que Diana o derrubou de brincadeira da tábua de surfe não condizem com as circunstâncias, já que ela sentia um enorme respeito pelo príncipe. Na verdade, ela sentia-se "bastante intimidada" pelo clima a bordo do iate real. Não apenas os amigos dele eram muito mais velhos do que Diana, mas também pareciam a par da estratégia do príncipe em relação a ela. Ela achou todos muito cordiais e muito insinuantes. "Eles ficaram no meu pé o tempo todo", contou ela a amigos. Para uma moça que gostava de ter o controle das situações, era profundamente desconcertante.

Houve pouco tempo para refletir sobre as consequências, pois o príncipe Charles já a convidara para Balmoral, durante o fim de semana dos Braemer Games, no início de setembro. O castelo da rainha nas Terras Altas, no meio de 16 mil hectares de urzes e charnecas, é a sede da família Windsor. Desde que a rainha Victoria comprou a propriedade, em 1848, tem sido um lugar especial para a família real. Contudo, as muitas sutilezas e obscuras tradições familiares, que foram se somando ao longo dos anos, podem intimidar os recém-chegados. "Não sente aí", gritam todos em coro, para um convidado desafortunado que na maior inocência tenta se acomodar numa cadeira na sala de estar que foi usada pela última vez pela rainha Victoria. As pessoas que conseguem passar com sucesso por esse campo minado social, popularmente conhecido como "o teste de Balmoral", são aceitas pela família real. As que fracassam perdem a simpatia real tão depressa quanto as neblinas das Terras Altas surgem e somem.

Assim, a perspectiva de uma estada em Balmoral tinha grandes proporções na mente de Diana. Ela ficou aterrorizada, queria desesperadamente se comportar da maneira apropriada. Por sorte, em vez de se hospedar na residência principal, ela pôde ficar com a irmã, Jane, e seu marido, Robert, que era membro da casa real, e por isso desfrutava a graça e o favor de um chalé na propriedade. O príncipe Charles a procurava todos os dias, sugerindo que ela o acompanhasse num passeio ou churrasco.

Foram uns poucos dias maravilhosos, até que o reflexo de um binóculo, no outro lado do rio Dee, estragou o idílio. Pertencia ao jornalista real James Whitaker, que avistara o príncipe Charles pescando à margem do rio. Os caçadores se tornaram os caçados. Diana disse a Charles que trataria de sumir. Assim, enquanto ele continuava a pescar, ela se escondeu atrás de uma árvore durante meia hora, esperando em vão que os jornalistas fossem embora. Com muita habilidade, ela usou o espelho de seu estojo de maquiagem para observar a trindade ímpia de James Whitaker e os fotógrafos rivais Ken Lennox e Arthur Edwards, enquanto tentavam fotografá-la. Ela frustrou seus esforços ao se afastar em linha reta através dos pinheiros, a cabeça envolta por um lenço, deixando os melhores repórteres da Fleet Street sem pistas sobre sua identidade.

Mas os jornalistas logo descobriram quem ela era, e dali por diante sua vida particular acabou de fato. Faziam plantão diante de seu apartamento dia e noite, enquanto os fotógrafos a perseguiam até o jardim de infância Young England, onde ela trabalhava. Numa ocasião, ela concordou em posar para fotografias, sob a condição de que a deixassem em paz dali por diante. Infelizmente, a luz se encontrava por trás dela durante a sessão fotográfica, fazendo com que sua saia de algodão parecesse transparente e revelando suas pernas ao mundo. "Eu sabia que suas pernas eram bonitas, mas não imaginava que fossem tão espetaculares", teria comentado o príncipe Charles. "Mas precisava mostrá-las a todo mundo?"

O príncipe Charles podia se dar ao luxo de achar graça, mas Diana descobria depressa o preço exagerado do romance real. Recebia telefonemas de madrugada sobre matérias nos jornais, e ao mesmo tempo não podia desligar o aparelho, pois sempre havia a possibilidade de que alguém de sua família ficasse doente durante a noite. Cada vez que saía, em seu reconhecível Metro vermelho, era seguida por um batalhão de repórteres. Mas ela nunca perdeu o controle, dando respostas polidas, embora neutras, às perguntas sobre seus sentimentos em relação ao príncipe. O sorriso agradável, a atitude cativante e o comportamento impecável logo lhe valeram a simpatia do público. Sua colega de apartamento, Carolyn Bartholomew, afirmou: "Ela reagiu da maneira certa. Não causou qualquer sensação nos jornais, pois isso arruinaria suas possibilidades, assim como acontecera com a irmã. Diana sabia que se alguma coisa especial tinha de ser desenvolvida, isso deveria ocorrer sem qualquer pressão da imprensa."

Apesar de tudo, havia uma tensão constante, que testou suas forças até o limite. Na privacidade de seu apartamento, ela podia expressar seus sentimentos. "Eu chorava como uma criança entre quatro paredes, porque não podia suportar a situação", recordou ela. O príncipe Charles nunca se ofereceu para ajudar. Quando Diana, em desespero, procurou a assessoria de imprensa do palácio de Buckingham, eles lhe disseram que estava por conta própria. Enquanto os outros lavavam as mãos quanto a qualquer envolvimento, Diana teve de usar seus recursos próprios, encontrando forças na determinação instintiva de sobreviver.

O que agravava a situação era o fato de o príncipe Charles parecer menos preocupado com seu apuro e mais com a situação de sua amiga Camilla Parker Bowles. Quando telefonava para Diana, ele falava com frequência, num tom compadecido, sobre as dificuldades que Camilla enfrentava, porque havia três ou quatro jornalistas acampados diante de sua casa. Diana mordia o lábio e não dizia nada, jamais mencionando que vivia praticamente sitiada. Achava que não lhe cabia falar a respeito, e não queria parecer um fardo para o homem que amava.

À medida que o romance foi adquirindo ímpeto, Diana começou a acalentar dúvidas sobre sua nova amiga, Camilla Parker Bowles. Ela parecia saber de tudo o que Diana e Charles haviam conversado em seus raros momentos de privacidade, e sempre tinha muitos conselhos sobre a melhor maneira de manipular o príncipe. Era tudo muito estranho. Até mesmo Diana, uma principiante nas coisas do amor, passou a desconfiar que não era assim que os homens conduziam seus romances. Para começar, ela e Charles quase nunca ficavam a sós. Em sua primeira ida a Balmoral, quando ficara com a irmã Jane, os Parker Bowles eram proeminentes entre os convidados. Quando Charles a convidava para jantar no palácio de Buckingham, os Parker Bowles ou seus companheiros de esqui, Charles e Patti Palmer-Tomkinson, sempre estavam presentes.

Em 24 de outubro de 1980, quando Diana viajou de Londres a Ludlow, a fim de assistir ao príncipe Charles correr em seu cavalo Allibar, no Clun Handicap para cavaleiros amadores, eles passaram o fim de semana com os Parker Bowles, em Bolehyde Manor, em Wiltshire. No dia seguinte, Charles e Andrew Parker Bowles saíram para a Beaufort Hunt, enquanto Camilla e Diana passaram a manhã juntas. Eles voltaram a Bolehyde Manor no fim de semana seguinte.

Durante aquele primeiro fim de semana, o príncipe Charles mostrou a Diana a propriedade de Highgrove, com 143 hectares em Gloucestershire, que ele comprara em julho — o mesmo mês em que começara a cortejá-la. Conduzindo-a numa excursão pela mansão de oito quartos, o príncipe pediu-lhe que organizasse a decoração. Ele apreciava o gosto de Diana, embora ela achasse que era uma sugestão "das mais impróprias", já que nem mesmo estavam noivos.

Por isso, Diana ficou profundamente consternada quando o jornal *Sunday Mirror* publicou na primeira página a notícia de que, no dia 5 de novembro, ela saíra de carro de Londres para um encontro secreto com o príncipe Charles, a bordo do trem real, num desvio em Holt, Wiltshire. Dessa vez, o palácio de Buckingham veio em sua ajuda. A rainha autorizou seu secretário de imprensa a exigir uma retratação. Houve uma troca de cartas que o editor, Bob Edwards, por coincidência publicou no mesmo dia em que o príncipe Charles voou para a Índia e o Nepal, numa viagem oficial. Diana insistiu que se encontrava em seu apartamento, exausta, depois de permanecer até tarde da noite no Hotel Ritz, onde participara, em companhia do príncipe Charles, da festa pelos 50 anos da princesa Margaret. "A coisa toda está fora de controle, já não me sinto mais entediada, mas sim angustiada", confidenciou Diana a uma vizinha simpática, que por acaso era jornalista.

Sua mãe, Frances Shand Kydd, também aproveitou a oportunidade para defender a filha mais nova. No início de dezembro, ela escreveu uma carta ao *Sunday Times,* protestando contra as mentiras e a maneira como importunavam Diana desde que seu romance se tornara público. "Posso perguntar aos editores da Fleet Street se, no cumprimento de suas funções, consideram necessário ou justo importunar minha filha todos os dias, desde o amanhecer até muito depois do anoitecer? É justo pedir a qualquer ser humano, independente das circunstâncias, que se deixe tratar assim?" Embora a carta tenha levado sessenta membros do Parlamento a assinarem uma moção "deplorando a maneira pela qual Lady Diana Spencer vem sendo tratada pelos meios de comunicação", e provocado uma reunião entre os editores e o Conselho de Imprensa, o sítio em Coleherne Court continuou.

Sandringham, a fortaleza de inverno da família real, também era cercada pelos meios de comunicação. A Casa de Windsor, protegida pela polícia, assessores de imprensa e intermináveis hectares particulares, demonstrava menos compostura que a Casa de Spencer. A rainha gritava "Por que vocês não vão embora?" para a multidão de jornalistas, enquanto o príncipe Charles protestou numa ocasião: "Feliz Ano-Novo, e para seus editores o mais infeliz possível!"

O príncipe Edward teria até disparado uma espingarda por cima da cabeça de um fotógrafo do *Daily Mirror.*

Em Coleherne Court, a guarnição sitiada conseguia ludibriar o inimigo quando era necessário. Em uma ocasião, quando deveria viajar com o príncipe Charles para Broadlands, Diana rasgou os lençóis da cama e usou-os para baixar sua mala pela janela da cozinha até a rua, no andar de baixo, fora das vistas dos cães de caça da imprensa. Em outra ocasião, ela subiu em latas de lixo e usou a porta de incêndio para entrar numa loja em Knightsbridge. Houve também uma vez em que ela e Carolyn abandonaram seu carro no meio da rua e embarcaram num ônibus a fim de se esquivarem dos fotógrafos. Quando o ônibus ficou retido no trânsito, elas saíram correndo e atravessaram uma sapataria nas proximidades."Era muito divertido, como uma caçada em que se deixa pistas falsas para os cães de caça, em plena Londres", comentou Carolyn.

Elas organizaram um método para despistá-los, pelo qual Carolyn saía no carro de Diana, atraindo os perseguidores da imprensa. Depois, Diana deixava o prédio em Coleherne Court, e seguia a pé na direção oposta. Até mesmo sua avó, Lady Fermoy, ajudara nos subterfúgios. Diana passou o Natal de 1980 em Althorp, depois voltou a Londres para passar o ano-novo com as colegas de apartamento. No dia seguinte, seguiu de carro para Sandringham, mas antes deixou seu Metro no palácio de Kensington, onde o Golf prateado da avó a esperava. Ela partiu no Golf, deixando todos da imprensa para trás.

Embora a imprensa histérica empurrasse Charles e Diana para o altar, ela precisava primeiro avaliar seus próprios sentimentos e pensamentos em relação ao príncipe de Gales. Nunca tivera um namorado, e por isso não tinha meios de comparar o comportamento de Charles. Durante a bizarra corte, ela fora como um cachorrinho submisso, que corria quando ele assobiava. Como o príncipe de Gales, Charles estava acostumado a ser o centro das atenções, o foco de lisonjas e louvores. Ele a chamava de Diana, ela o tratava de "Sir".

Charles despertava seu instinto maternal. Quando voltava de um encontro com o príncipe, Diana transbordava de compaixão por ele, murmurando frases como "as pessoas exigem demais dele", ou "é horrível a maneira como o pressionam". A seus olhos, Charles era um homem triste e solitário, que precisava de alguém que cuidasse dele. E ela estava perdidamente apaixonada. Era o homem com quem queria passar o resto de sua vida, e sentia-se disposta a superar qualquer obstáculo para conquistá-lo. Diana sempre pedia conselhos às colegas de apartamento sobre a maneira como deveria conduzir seu romance. Carolyn recordou: "Era algo bastante normal, que sempre ocorre entre garotas. Algumas coisas não posso revelar, outras eram na linha de 'Faça isso ou faça aquilo'. No fundo, era uma espécie de jogo."

Enquanto se deleitava à luz agradável do primeiro amor, Diana era de vez em quando invadida por acessos de dúvida. Surpreendentemente, foi sua avó, Ruth, Lady Fermoy, dama de companhia da rainha-mãe, quem soou as primeiras notas de cautela. Em vez de pressionar pela união, como todos suspeitaram que aconteceu, a avó advertiu-a sobre as dificuldades de se casar com alguém da família real. "Você deve compreender que o senso de humor e o estilo de vida deles são muito diferentes", ressaltou ela. "Não creio que você vá se adaptar."

Diana era atormentada também por outras preocupações. Havia o círculo de amigos bajuladores de Charles, muitos de meia-idade, aduladores e deferentes. Instintivamente, ela sentia que esse tipo de atenção não era bom para o príncipe. Havia ainda a Sra. Parker Bowles, sempre presente, que parecia saber de tudo o que eles faziam, antes mesmo que fizessem. Durante a corte, Diana interrogou-o sobre as namoradas anteriores. Charles respondeu com toda a franqueza que eram mulheres casadas, por serem, em suas palavras, "mais seguras"; tinham os maridos a considerar. Diana acreditava sinceramente que o príncipe estava apaixonado por ela, pela maneira devotada como ele se comportava em sua presença. Ao mesmo tempo, ela não podia deixar de especular sobre o fato de que, no período de 12 meses, ele se envolvera em três relacionamentos, Anna Wallace, Amanda Knatchbull e ela própria, qualquer dos quais poderia acabar em casamento.

As dúvidas desapareceram depois de um telefonema que ela recebeu, quando o príncipe Charles esquiava durante as férias em Klosters, na Suíça. Durante a ligação, feita do chalé de seus amigos Charles e Patti Palmer-Tomkinson, ele disse que tinha algo importante para lhe perguntar quando voltasse. O instinto disse a Diana o que era esse "algo", e naquela noite ela conversou madrugada afora com as colegas de apartamento, discutindo o que deveria fazer. Estava apaixonada, achava que Charles também estava apaixonado por ela, mas se preocupava com a possibilidade de haver outra mulher pairando em segundo plano.

Ele retornou à Inglaterra em 3 de fevereiro de 1981, em boa forma física e bronzeado. Naquela quinta-feira, embarcou no HMS *Invincible,* o mais novo porta-aviões da Marinha Real, para manobras, e depois voltou a Londres, onde passou a noite no palácio de Buckingham. Combinara um encontro com Diana no dia seguinte, sexta-feira, 6 de fevereiro, no castelo de Windsor. Foi ali que o príncipe de Gales formalmente pediu em casamento Lady Diana Spencer.

O pedido ocorreu ao cair da noite, na ala das crianças, em Windsor. Charles disse que sentira muita saudade enquanto estava longe, esquiando, e depois pediu-a em casamento. A princípio, ela encarou o pedido com certa jovialidade, não pôde conter o riso. O príncipe manteve-se compenetrado, realçando a seriedade de seu pedido ao lembrá-la de que um dia ela seria rainha. Embora uma voz dentro de sua cabeça lhe dissesse que nunca seria uma rainha e que teria uma vida difícil, Diana descobriu-se aceitando a oferta, e a lhe declarar repetidamente o quanto o amava. "O que quer que o amor signifique", respondeu Charles, uma frase que tornaria a usar durante as entrevistas aos meios de comunicação, por ocasião do noivado formal.

Ele deixou-a e subiu para falar pelo telefone com a rainha, que se encontrava em Sandringham, a fim de comunicar o feliz resultado de seu pedido de casamento. Enquanto isso, Diana refletiu sobre seu destino. Apesar do riso nervoso, ela pensara muito nas perspectivas. Além de seu indubitável amor pelo príncipe Charles, o senso do dever e o profundo desejo de cumprir um papel útil na vida foram fatores que pesaram em sua decisão.

Quando Diana voltou a seu apartamento, ainda naquela noite, as amigas estavam ansiosas pelas notícias. Ela jogou-se na cama e indagou: "Adivinhem o que aconteceu?" Todas gritaram em uníssono: "Ele a pediu em casamento!" Diana confirmou: "Pediu, e eu aceitei." Depois dos abraços de parabéns, com lágrimas e beijos, elas abriram uma garrafa de champanhe, antes de saírem para um passeio de carro por Londres, comemorando o segredo.

Diana comunicou aos pais no dia seguinte. Como não podia deixar de ser, eles ficaram emocionados. Mas quando ela contou ao irmão Charles que ia se casar, no apartamento da mãe em Londres, ele fez uma piadinha: "Com quem?" Ele recordou: "Quando cheguei lá, ela parecia na mais absoluta felicidade, estava radiante. Lembro que ficou extasiada." Teria ele sentido na ocasião se a irmã se encontrava apaixonada pelo papel ou pela pessoa? "Desde o batismo de fogo que recebera da imprensa, ela sentia que podia também cumprir o papel. Parecia mais feliz do que eu jamais a vira antes. E era genuíno, porque ninguém com motivos que não fossem sinceros podia se mostrar tão feliz. Não era a expressão de alguém que tirara a sorte grande, mas sim a de alguém que parecia também espiritualmente realizada."

A irmã Sarah, por muito tempo a garota Spencer que fora o foco dos refletores, agora tinha de dar passagem a Diana. Embora estivesse feliz pela irmã mais nova, ela admitiu que sentiu um pouco de inveja da fama recém-descoberta de Diana. Levou algum tempo para se ajustar à sua nova situação de irmã da futura princesa de Gales. Jane encarou as circunstâncias de uma forma mais prática. Ao mesmo tempo em que partilhava a euforia da futura noiva, não podia deixar de se preocupar, como a esposa do secretário particular assistente da rainha, com a maneira pela qual Diana enfrentaria a vida na realeza.

Mas isso era um assunto para o futuro. Dois dias depois, Diana obteve uma folga bem merecida, a última como cidadã particular. Acompanhou a mãe e o padrasto numa viagem à Austrália, e foram até o rancho de criação de ovelhas dele, em Yass, na Nova Gales do Sul. Hospedaram-se na casa de praia de um amigo e desfrutaram dez dias de paz e isolamento.

Enquanto Diana e a mãe começavam a planejar listas de convidados, necessidades de guarda-roupa e outros detalhes para o casamento do ano, os meios de comunicação tentavam em vão descobrir seu esconderijo. O único homem que sabia era o príncipe de Gales.

À medida que os dias foram passando, Diana ansiava pelo príncipe, mas ele nunca telefonava. Ela desculpou seu silêncio, como uma decorrência dos deveres reais. Acabou telefonando, só para descobrir que Charles não se encontrava no palácio de Buckingham. Só depois disso é que o príncipe telefonou para ela. Aliviada por essa ligação singular, o orgulho abalado de Diana foi abrandado momentaneamente quando ela voltou a Coleherne Court. Houve uma batida na porta, e um representante da assessoria do príncipe se apresentou com um enorme buquê de flores. Contudo, não havia nenhum bilhete de seu futuro marido, e ela concluiu tristemente que era apenas um gesto de muito tato de sua assessoria.

Essas preocupações foram esquecidas poucos dias depois, quando Diana se levantou ao amanhecer e foi para a casa de Nick Gaselee, o treinador de Charles, em Lambourn, a fim de assistir ao príncipe montar em seu cavalo, Allibar. Enquanto ela e o segurança incumbido de acompanhá-la observavam Charles exercitar o cavalo, Diana foi invadida por outra premonição de desastre. Disse que Allibar teria uma síncope e morreria. Pouco depois de ela dizer isso, Allibar, de 11 anos, inclinou a cabeça para trás e tombou no pátio. Diana saltou do Land Rover e correu para o lado de Charles. Não havia nada que pudessem fazer. O casal permaneceu junto do cavalo até que um veterinário confirmou oficialmente sua morte. Depois, para evitar os fotógrafos, Diana deixou a casa dos Gaselee na traseira do Land Rover, com um casaco por cima da cabeça.

Foi um momento angustiante, mas não havia muito tempo para refletir sobre a tragédia. As exigências inexoráveis do dever real levaram o príncipe Charles a Gales, deixando Diana para se compadecer sobre a perda pelo telefone. Muito em breve ficariam juntos para sempre; os subterfúgios acabariam. Era quase chegado o momento de revelar seu segredo ao mundo.

Na noite anterior ao anúncio do noivado, em 24 de fevereiro de 1981, Diana arrumou uma mala, abraçou as amigas leais e deixou Coleherne Court para sempre. Tinha um segurança armado da Scotland Yard como companhia, o inspetor-chefe Paul Officer, um policial filosófico, fascinado por runas, misticismo e o mundo espiritual. Quando Diana se preparava para se despedir de sua vida particular, o inspetor lhe disse: "Só quero que saiba que esta é a última noite de liberdade em sua vida. Portanto, aproveite ao máximo." Essas palavras a fizeram parar para pensar. "Foi como uma espada passando pelo meu coração."

3 “Tanta esperança em meu coração”

A BUSCA DO PRÍNCIPE ENCANTADO estava concluída. Ele encontrara sua linda donzela, e o mundo tinha seu conto de fadas. Em sua torre de marfim, Cinderela sentia-se infeliz, afastada dos amigos, da família e do mundo exterior. Enquanto o público comemorava a sorte do príncipe, as sombras da casa-prisão fechavam-se de maneira inexorável em torno de Diana.

Apesar de toda a sua criação aristocrática, aquela jovem e inocente professora de jardim de infância sentia-se totalmente desorientada na hierarquia deferente do palácio de Buckingham. Houve muitas lágrimas naqueles três meses, e muitas mais viriam depois. Ela começou a emagrecer, a cintura encolhendo de 74 centímetros quando o noivado foi anunciado para 58 centímetros no dia do casamento. Foi durante esse período turbulento que começou sua bulimia, que ela levaria quase dez anos para superar. Diana deixou um bilhete para as amigas em Coleherne Court: “Pelo amor de Deus, telefonem para mim... vou precisar de vocês.” Esse bilhete estava dolorosamente correto.

Como sua amiga Carolyn Bartholomew, que a observou definhar durante o noivado, recordou: “Ela se mudou para o palácio de Buckingham, e foi então que as lágrimas começaram. Ela emagreceu demais. Fiquei muito preocupada. Diana não era feliz, descobria-se de repente sob uma tremenda pressão, parecia um pesadelo para ela. Ela parecia atordoada, bombardeada por todos os lados. Era um turbilhão, e ela foi empalidecendo cada vez mais."

Sua primeira noite em Clarence House, a residência em Londres da rainha-mãe em Londres, foi a calmaria que precede a tempestade. Eles deixaram Diana entregue à própria sorte quando lá chegou; ninguém da família real, muito menos o futuro marido, julgou necessário dar-lhe as boas-vindas em seu novo mundo. O mito popular descreve uma simpática rainha-mãe acolhendo Diana e instruindo-a nas artes sutis do protocolo real, enquanto a principal dama de companhia da rainha, Lady Susan Hussey, conduzia a jovem por um curso intensivo de história da realeza. A verdade, porém, é que Diana recebeu menos instrução em sua nova função do que uma caixa de supermercado.

Diana foi conduzida a seu quarto no segundo andar por uma criada. Havia uma carta na cama. Era de Camilla Parker Bowles e fora escrita vários dias antes de o noivado ser oficialmente anunciado. A mensagem amistosa convidava-a para almoçar. Foi durante esse encontro, acertado para coincidir com a viagem do príncipe Charles à Austrália e Nova Zelândia, que Diana ficou desconfiada. Camilla perguntou várias vezes se Diana pretendia caçar quando se mudasse para Highgrove. Perplexa com a insólita pergunta, Diana respondeu que não. O alívio no rosto de Camilla foi evidente. Diana compreendeu mais tarde que Camilla considerava o amor de Charles pela caça como um meio para manter a amizade entre os dois.

Não ficou evidente na ocasião. Mas também nada o era. Diana logo se transferiu para os aposentos do palácio de Buckingham, onde ela, a mãe e uma pequena equipe tiveram de organizar o casamento e seu guarda-roupa. Ela não demorou a perceber que a única coisa que a família real gosta de mudar é de roupa. Com o ano dividido em três temporadas oficiais e envolvendo com frequência quatro mudanças formais de roupas por dia, seu guarda-roupa de um vestido longo, uma saia de seda e um elegante par de sapatos era totalmente inadequado. Durante o romance ela recorrera muitas vezes às roupas das amigas, a fim de ter um traje apresentável para sair. Enquanto a mãe a ajudava a escolher o famoso traje azul do noivado, comprado na Harrods, ela pediu a uma amiga de suas irmãs, Anna Harvey, editora de moda da revista *Vogue*, conselhos na formação de seu guarda-roupa formal.

Ela começou a compreender que as roupas de trabalho não deviam apenas ser elegantes, mas também precisavam suportar os caprichos de suas andanças, o assédio dos fotógrafos e o inimigo onipresente, o vento. Pouco a pouco, foi descobrindo os segredos do ofício, como pôr peso nas bainhas, a fim de que não fossem enfunadas pelo vento, e adquiriu um círculo de estilistas, incluindo Catherine Walker, David Sassoon e Victor Edelstein.

A princípio, não houve qualquer plano definido, era apenas uma questão de escolher quem estava por perto ou era recomendado por suas novas amigas da *Vogue*. Diana escolheu dois jovens estilistas, David e Elizabeth Emanuel, para fazerem o vestido de noiva, porque ficara impressionada com o trabalho deles quando assistira a uma sessão fotográfica no estúdio de lorde Snowdon em Kensington. Eles também fizeram o vestido para seu primeiro compromisso oficial, um baile de caridade em Londres, um vestido que causou quase tanta sensação quanto o traje que ornamentou a catedral de St. Paul, poucos meses depois.

O vestido de baile de tafetá de seda preto não tinha alças e era decotado nas costas, num desafio à gravidade. O príncipe Charles não se impressionou com o vestido. Diana podia achar que o preto era a cor mais elegante que uma garota de sua idade poderia usar, mas ele tinha ideias diferentes. Quando ela apareceu na porta de seu gabinete, Charles fez um comentário desfavorável, dizendo que só pessoas que estavam de luto usavam preto. Diana respondeu que ainda não era da família, e além do mais não tinha qualquer outro vestido apropriado para a ocasião.

Esse desentendimento em nada contribuiu para sua confiança, ao enfrentar uma bateria de câmeras na entrada de Goldsmiths Hall. Diana não conhecia as sutilezas do comportamento real e sentia-se apavorada com a possibilidade de envergonhar o noivo de alguma forma. "Foi uma ocasião horrível", contou ela a amigos. Naquela noite, ela conheceu a princesa Grace, de Mônaco, uma mulher que sempre admirara à distância.

A princesa percebeu a insegurança de Diana e, ignorando as outras convidadas que ainda comentavam a escolha do vestido de Diana, levou-a para o banheiro. Ali, Diana contou todas as suas aflições sobre a publicidade, o senso de isolamento e as lágrimas pelo que o futuro lhe reservava. "Não se preocupe", gracejou a princesa Grace. "Vai ficar ainda pior."

Ao final daquele agitado mês de março, o príncipe Charles voou até a Austrália para uma visita de cinco semanas. Antes de subir para o RAF VC10, ele pegou o braço de Diana e deu-lhe um beijo em cada face. Enquanto observava o avião taxiar, ela perdeu o controle e chorou. Essa vulnerabilidade aumentou ainda mais a simpatia do público. Contudo, as lágrimas não eram pelo que parecia. Antes de partir para o aeroporto, o príncipe cuidara de alguns problemas de última hora em seu gabinete no palácio de Buckingham. Diana conversava com ele quando o telefone tocou. Era Camilla. Diana ficou sem saber se continuava sentada ali ou se se retirava para que os dois pudessem se despedir em privacidade. Ela deixou o noivo sozinho, mas disse depois às amigas que o episódio partira seu coração.

Diana agora estava sozinha na torre de marfim. Para uma pessoa acostumada ao barulho e ao caos de um apartamento ocupado só por garotas, o palácio de Buckingham parecia tudo, menos um lar. Diana descobriu que era um lugar de "energia morta", e logo passou a desprezar as suaves evasivas e os sutis equívocos usados pelos cortesãos, em particular quando lhes perguntava expressamente pelo relacionamento antigo de seu noivo com Camilla Parker Bowles. Solitária e sentindo pena de si mesma, ela muitas vezes ia de seus aposentos no terceiro andar para a cozinha, a fim de conversar com as criadas. Em uma ocasião famosa, Diana, descalça, vestindo um jeans, passou manteiga numa torrada para um atônito lacaio.

Ela encontrou algum conforto em seu amor pela dança, convidando a pianista da escola de West Heath, a falecida Lily Snipp, e sua professora de dança, Wendy Mitchell, a irem ao palácio para lhe darem aulas particulares. Durante quarenta minutos, Diana, vestindo uma malha preta, cumpria uma rotina que combinava balé com sapateado.

Durante aqueles dias memoráveis, Miss Snipp manteve um diário, que oferece uma impressão bastante direta das apreensões sentidas por Lady Diana Spencer à medida que se aproximava o dia do casamento. O primeiro registro no diário de Miss Snipp, na sexta-feira, 5 de junho de 1981, relatou detalhes da aula de Diana. Ela escreveu: "Ao palácio de Buckingham, a fim de tocar para Lady Diana. Todas trabalhamos com afinco na aula, não houve tempo desperdiçado. Quando a aula terminou, Lady Diana disse com ironia: 'Imagino que Miss Snipp agora irá direto para a Fleet Street.' Ela tem um bom senso de humor — vai precisar, nos anos que tem pela frente."

A aula mais pungente, que foi também a última, ocorreu poucos dias antes do casamento. Os pensamentos de Diana se concentravam nas mudanças profundas que enfrentaria. Miss Snipp escreveu: "Lady Diana um tanto cansada — noites demais dormindo tarde. Entreguei os saleiros de prata — presente da escola de West Heath — muito bonitos e muito apreciados. Lady Diana contando quantos dias de liberdade ainda lhe restam. Um pouco triste. Multidões na frente do palácio. Esperamos recomeçar as aulas em outubro. Lady Diana disse: 'Dentro de 12 dias não serei mais eu.'"

Mesmo enquanto pronunciava essas palavras, Diana devia saber que deixara para trás sua personalidade de solteira assim que passara pelos portões do palácio. Nas semanas subsequentes ao noivado, ela adquirira confiança, e seu senso de humor aflorava com frequência. Lucinda Craig Harvey encontrou-se com sua ex-faxineira em diversas ocasiões, durante o noivado, inclusive na festa de 30 anos do cunhado dela, Neil McCorquodale."Ela se mantinha distante, e todos a respeitavam", recordou Lucinda. Era uma qualidade também notada por James Gilbey: "Ela sempre foi considerada uma típica Sloane Ranger, mas isso não é verdade. Sempre se manteve retraída, sempre foi muito determinada, quase dogmática. Essa qualidade desenvolveu-se agora numa tremenda presença."

Embora se mostrasse respeitosa com o príncipe Charles, submetendo-se a todas as suas decisões, Diana não parecia intimidada pelo ambiente. Por dentro, podia se sentir nervosa, mas por fora parecia calma, descontraída, pronta para se divertir. Na festa de 21 anos do príncipe Andrew, realizada no castelo de Windsor, ela se mostrou à vontade entre amigos. Quando o futuro cunhado indagou onde podia encontrar a duquesa de Westminster, a esposa do aristocrata mais rico do país, Diana gracejou: "Ora, Andrew, pare de dizer nomes de pessoas para impressionar a gente." O comentário imediato, irônico, mas não maldoso, lembrava a irmã mais velha, Sarah, quando fora a grande atração do circuito da sociedade.

"Não fique tão sério porque não está funcionando", gracejou Diana, ao apresentar Adam Russell à rainha, ao príncipe Charles e a outros membros da família real, na fila de recepção do baile realizado no palácio de Buckingham, dois dias antes do casamento. Mais uma vez, ela parecia divertida e relaxada em pleno ambiente real. Não havia o menor sinal de que poucas horas antes se entregara às lágrimas e pensara a sério em cancelar tudo.

A causa das lágrimas foi a chegada, poucos dias antes, de um pacote ao movimentado escritório no palácio de Buckingham que ela partilhava com Michael Colbourne, então o responsável pelas finanças do príncipe, e diversas outras pessoas. Diana insistiu em abri-lo, apesar dos protestos do braço direito do príncipe. Dentro, havia uma pulseira de ouro com um disco esmaltado azul em que se viam as iniciais "F" e "G", entrelaçadas. As iniciais eram por "Fred" e "Gladys", os apelidos usados por Camilla e Charles, como Diana fora informada por amigos. Diana soubera disso antes, ao descobrir que o príncipe mandara um buquê de flores para Camilla, quando esta caíra doente. Ele também usara o apelido na ocasião.

O trabalho no escritório do príncipe no palácio de Buckingham parou quando Diana confrontou o futuro marido por causa do presente. Apesar da raiva e dos protestos lacrimosos de Diana, Charles insistiu em aceitar o presente da mulher que atormentara o namoro e desde então tinha projetado uma longa sombra sobre sua vida conjugal. A enormidade do problema atingiu Diana uma semana antes do casamento, quando ela compareceu a um ensaio na catedral de St. Paul. Assim que as luzes das câmeras foram acesas, as emoções em seu coração alcançaram um nível de ebulição: ela perdeu o controle e chorou desconsolada.

O público vislumbrou sua frustração e desespero no fim de semana anterior ao casamento, quando ela deixou abruptamente uma partida de polo em Tidworth, com as lágrimas escorrendo pelo rosto. Àquela altura, porém, as câmeras de televisão já se encontravam a postos para o casamento, o bolo fora preparado, uma multidão se concentrava nas calçadas, e a expectativa era quase palpável. Na segunda-feira anterior ao casamento, Diana pensou muito na possibilidade de cancelar tudo. Sabia que o príncipe Charles fora visitar Camilla na hora do almoço, deixando para trás até mesmo seu principal segurança, o inspetor-chefe John McLean.

Enquanto ele se encontrava com Camilla, Diana almoçou com as irmãs no palácio de Buckingham e discutiu a situação com elas. Sentia-se confusa, transtornada e aturdida com os acontecimentos. Naquele momento, queria cancelar o casamento, mas as irmãs fizeram pouco de seus temores e premonições de desastre. "O azar é seu, Duch", disseram elas, usando o apelido de família da irmã mais nova. "Seu rosto já está em toalhas de chá por aí e agora é tarde demais para cair fora."

A cabeça e o coração de Diana eram um turbilhão, mas ninguém poderia adivinhar isso quando, naquela mesma noite, ela e Charles receberam oitocentos de seus amigos e parentes num baile no palácio de Buckingham. Foi uma noite memorável, de muita alegria. A princesa Margaret prendeu um balão em sua tiara, o príncipe Andrew prendeu outro na cauda de seu fraque, enquanto os bartenders reais ofereciam um coquetel chamado "Um golpe longo, lento e agradável contra o trono". Rory Scott lembra que dançou com Diana na frente da então primeira-ministra, Margaret Thatcher, envergonhando a si mesmo ao pisar várias vezes nos pés de Diana.

O comediante Spike Milligan pregou sobre Deus; Diana entregou um colar de diamantes e pérolas de valor inestimável a uma amiga para cuidar, enquanto dançava. A rainha examinou a programação e comentou: "Diz aqui que teremos música ao vivo." O irmão de Diana, Charles, que acabara de chegar de Eton, lembra que fez uma reverência a um dos garçons: "Ele estava quase vergado ao peso das medalhas que exibia. Àquela altura, com tantos personagens reais presentes, eu estava no ânimo da reverência, uma reação automática. Curvei-me, e ele ficou espantado, depois perguntou se eu queria um drinque."

Para a maioria dos convidados, a noite transcorreu num clima de euforia. "Era uma atmosfera feliz e inebriante. Todos ficaram terrivelmente bêbados, e depois saímos pela madrugada em busca de táxis. Foi um porre glorioso", relembrou Adam Russell.

Na véspera do casamento, que Diana passou em Clarence House, seu ânimo melhorou muito quando Charles lhe mandou um anel de sinete, gravado com as plumas do príncipe de Gales, e um cartão afetuoso que dizia: "Estou muito orgulhoso de você e estarei à sua espera no altar amanhã. Basta fitá-los nos olhos e todos estarão perdidos."

Embora o bilhete atenuasse as apreensões de Diana, era difícil controlar o turbilhão que vinha se acumulando em seu íntimo ao longo dos meses. Durante o jantar naquela noite, em companhia de Jane, ela comeu tudo o que podia e logo depois passou mal. A tensão da ocasião era responsável em parte, mas o incidente era também um sintoma prematuro da bulimia nervosa, a terrível doença que a dominou mais tarde, ainda naquele ano. Depois, ela contou a uma amiga: "Na noite anterior ao casamento, eu estava calma, calma até demais. Sentia-me como um cordeiro a caminho do matadouro. Sabia disso, mas não podia fazer nada."

Ela acordou cedo na manhã de 29 de julho de 1981, o que não é de surpreender, já que seu quarto dava para a Mall, onde há dias se concentrava uma multidão, conversando e cantando. Foi o início do que ela descreveu mais tarde como "o dia emocionalmente mais confuso de minha vida". Escutando a multidão lá fora, Diana sentiu uma calma profunda, combinada com uma intensa expectativa pelo evento iminente.

O cabeleireiro Kevin Shanley, a maquiadora Barbara Daly e David e Elizabeth Emanuel estavam à sua disposição, para garantir que a noiva parecesse o melhor possível. E conseguiram. O irmão, Charles, recordou a transformação de Diana: "Ela nunca fora de usar maquiagem, mas estava fantástica naquele dia. Foi a primeira vez na vida em que pensei em Diana como linda. Ela estava mesmo deslumbrante naquele dia, muito controlada, sem demonstrar qualquer nervosismo, embora um pouco pálida. Estava feliz e tranquila."

O pai, que a levou até o altar, ficou emocionado. Ao descer a escadaria de Clarence House, ele declarou: "Querida, estou muito orgulhoso de você." Ao entrar na Glass Coach com o pai, Diana teve de superar diversos problemas práticos. Os costureiros perceberam tarde demais que não haviam levado em consideração as dimensões da carruagem, ao criarem o vestido de noiva em seda marfim, com uma cauda de oito metros. Apesar de todos os esforços de Diana, o vestido ficou bastante amarrotado durante a curta viagem até St. Paul.

Ela também sabia que era sua prioridade amparar o pai, fisicamente prejudicado desde o derrame, enquanto percorriam a nave. "Foi um momento muito comovente para nós quando ele conseguiu", comentou Charles Spencer. O conde Spencer adorou a viagem na carruagem, acenando entusiasmado para as multidões. Ao se aproximarem da igreja de St. Martin-in-the-Fields, as aclamações eram tão ruidosas que ele pensou que haviam chegado a St. Paul, e se preparou para deixar a carruagem.

Quando finalmente chegaram à catedral, o mundo prendeu a respiração, e Diana, com o pai se apoiando em seu braço, desceu pela nave com uma lentidão angustiante. Diana teve bastante tempo para reconhecer os convidados, entre os quais se encontrava Camilla Parker Bowles. Avançando pela nave, seu coração transbordava de amor e adoração por Charles. Ao fitá-lo, através do véu, suas lágrimas desapareceram e ela se julgou a moça mais sortuda do mundo. Tinha tanta esperança pelo futuro, uma profunda convicção de que ele a amaria, apoiaria e protegeria das dificuldades pela frente. Aquele momento foi assistido por 750 milhões de pessoas, reunidas na frente de aparelhos de televisão, em mais de setenta países. Nas palavras do arcebispo de Canterbury, foi o "material de que se fazem os contos de fadas".

Mas Diana tinha de se concentrar naquele instante na mesura formal para a rainha, algo em que pensara muito nos dias anteriores. Quando a nova princesa de Gales saiu da catedral de St. Paul, sob as aclamações da multidão, a esperança e a felicidade transbordavam em seu coração. Convencera-se de que a bulimia, que tanto prejudicara o noivado, não passara de um ataque de nervos pré-nupcial, e que a Sra. Parker Bowles fora arquivada no passado. Mais tarde ela falaria daquelas horas de emoção inebriante num tom de amarga ironia: "Eu tinha grandes esperanças em meu coração."

Para sua grande amargura, ela descobriu que estava errada. A amizade entre o príncipe Charles e Camilla continuou. Na mente de Diana, esse triângulo inadmissível provocou dez anos de angústia e raiva. Não há vencedoras. Como Diana observou com tristeza em uma declaração memorável: "Havia três pessoas naquele casamento, o que era gente demais." Uma amiga de ambas, que acompanhou o desdobramento dessa infeliz saga ao longo da década, admitiu: "Lamento profundamente a tragédia dessa situação. Meu coração se entristece por todo esse mal-entendido, mas ainda mais por Diana."

Naquele dia de julho, porém, Diana se deleitava com a afeição da multidão, concentrada pelo percurso até o palácio de Buckingham, onde a família real e seus convidados teriam o tradicional café da manhã de casamento real. Àquela altura, Diana se encontrava cansada demais para pensar com clareza; sentia-se totalmente sufocada pela demonstração espontânea de afeto da multidão patriótica.

Ela ansiava por um pouco de paz e privacidade, acreditando que voltaria a uma relativa obscuridade, agora que o casamento se realizara. O casal real encontrou esse isolamento em Broadlands, a propriedade do conde Mountbatten em Hampshire, onde passou os três primeiros dias da lua de mel, seguindo-se um cruzeiro pelo Mediterrâneo, a bordo do iate real *Britannia,* no qual embarcaram em Gibraltar. O príncipe Charles tinha suas próprias ideias sobre a vida conjugal. Ele levou seu equipamento de pesca, que usou no refúgio em Hampshire, além de meia dúzia de livros de seu amigo e mentor, o filósofo e aventureiro sul-africano Sir Laurens van der Post. Charles achava que deveriam ler os livros juntos e depois discutir as ideias místicas de Van der Post às refeições.

Diana, por sua vez, queria aproveitar o tempo para conhecer melhor o marido. Durante a maior parte do noivado, os deveres reais haviam afastado o príncipe de sua companhia. A bordo do iate, com seus 21 oficiais e 256 praças, eles nunca ficavam a sós. Os jantares eram *black-tie,* com a presença de oficiais selecionados. Enquanto conversavam sobre os acontecimentos do dia, uma banda da Marinha Real tocava numa sala ao lado. A tensão dos preparativos para o casamento deixara o casal real totalmente esgotado. Os dois dormiam durante a maior parte do tempo. Quando não estava dormindo, Diana com frequência visitava a cozinha, o domínio de "Swampie" Marsh e outros cozinheiros. Todos achavam graça da maneira como ela consumia intermináveis taças de sorvete, ou lhes pedia para providenciarem lanches especiais, nos intervalos entre as refeições normais.

Ao longo dos anos, a assessoria real e os amigos de Diana sempre se impressionaram com seu apetite, ainda mais porque ela se mantinha sempre esguia. Diana foi descoberta muitas vezes atacando a geladeira em Highgrove, tarde da noite, e em uma ocasião espantou um lacaio ao comer um bife inteiro e um pastelão de rim, no castelo de Windsor. Seu amigo Rory Scott lembra uma ocasião em que ela comeu meio quilo de doces, em pouco tempo, durante uma partida de bridge. A admissão da própria Diana de que comia uma tigela de creme antes de ir para a cama aumentou a perplexidade em relação à sua dieta.

Na verdade, praticamente desde o momento em que se tornou a princesa de Gales, Diana sofreu de bulimia nervosa, o que ajuda a explicar seu comportamento alimentar. Como Carolyn Bartholomew, que teve um importante papel em persuadir Diana a procurar ajuda médica, comentou: "É uma coisa que sempre existiu ao longo de sua carreira real, sem a menor dúvida. Detesto dizer isso, mas tenho a impressão de que o problema pode aflorar quando ela se sente sob pressão." A bulimia, segundo um boletim sobre drogas e terapêutica da Consumers' Association, atinge dois por cento das jovens na Inglaterra. Essas mulheres se entregam à ingestão excessiva de alimentos, associada à perda do controle. Entre esses episódios, a maioria dessas mulheres jejua ou induz o vômito. Os excessos tendem a ser secretos, às vezes planejados com antecedência, e podem ser acompanhados por intensas oscilações de ânimo, que se expressam em culpa, depressão, ódio de si mesmas e até comportamento suicida. De um modo geral, elas mantêm um peso normal, mas se veem como gordas, inchadas e feias. Essa aversão ao próprio corpo leva ao jejum entre os episódios de comer em excesso e a um sentimento de fracasso, baixa autoestima e perda do controle. Cãibras musculares, deficiência renal e até problemas cardíacos são as consequências físicas da bulimia prolongada.

Ao contrário da anorexia nervosa, a bulimia sobrevive pelo disfarce. É uma doença enganadora, pois aquelas que sofrem da doença não admitem que estão com um problema. Sempre se mostram felizes e passam a vida tentando ajudar os outros. Contudo, há uma raiva por baixo do sorriso radiante, uma ira que elas têm medo de expressar. As mulheres cuja profissão é cuidar de outras pessoas, como enfermeiras e babás, são mais propensas à doença. Elas encaram as próprias necessidades como gula, e por isso sentem-se culpadas por cuidarem de si mesmas. Como conclui o boletim médico: "A bulimia nervosa é um distúrbio grave, pouco reconhecido, com um potencial crônico e ocasionalmente fatal, afetando muitas jovens, mas quase nunca os homens."

Embora as raízes da bulimia e da anorexia se encontrem na infância e num quadro familiar perturbado, a incerteza e a ansiedade na vida adulta proporcionam o gatilho para a doença. No caso de Diana, aqueles meses foram uma montanha-russa emocional, enquanto ela tentava assumir sua nova vida como uma figura pública e suportar a publicidade sufocante, ao mesmo tempo em que enfrentava o comportamento ambíguo do marido em relação a ela. Era um coquetel explosivo, e foi preciso apenas uma centelha para que a doença aflorasse. Numa ocasião, perto do dia do casamento, Charles passou o braço por sua cintura e disse que ela tinha um corpo cheio. Era um comentário dos mais inocentes, mas desencadeou algo no íntimo de Diana. Pouco depois, ela desenvolveu a doença. Era uma profunda liberação da tensão e de alguma forma nebulosa lhe proporcionou uma sensação de controle sobre si mesma e um meio de descarregar a raiva que sentia.

A lua de mel não lhe deu qualquer trégua. Ao contrário, a situação se agravou, já que Diana se sentia enjoada quatro ou até cinco vezes por dia. A sombra permanente projetada por Camilla servia para jogar lenha na fogueira. Havia lembretes por toda parte. Numa ocasião eles comparavam compromissos em suas respectivas agendas quando duas fotografias de Camilla caíram das páginas da agenda de Charles. Entre lágrimas e palavras iradas, Diana suplicou que ele fosse honesto sobre a maneira como se sentia em relação a ela e a Camilla. As palavras caíram em ouvidos surdos. Vários dias depois, eles receberam o presidente egípcio Anwar Sadat e sua esposa Jihan, a bordo do iate real. Quando Charles apareceu para o jantar, Diana notou que ele usava um novo par de abotoaduras, mostrando dois "C" entrelaçados. Ele admitiu que eram um presente de Camilla, mas insistiu que não passava de um mero gesto de amizade. Diana não pensou assim. Mais tarde, comentando o incidente com amigos, ela ressaltou que não entendia por que Charles precisava desses constantes lembretes de Camilla.

Em público, no entanto, Diana parecia animada e feliz. Ela participou de uma cantoria no refeitório dos marinheiros, tocando "What Shall We Do With a Drunken Sailor?", depois de tomar uma lata de cerveja. "Ficamos todos na maior satisfação", recordou um marinheiro. Numa noite enluarada, eles fizeram um churrasco numa enseada na costa de Ítaca. Foi organizado pelos oficiais do iate, que se encarregaram de preparar toda a carne. Depois que comeram, um acordeonista da Marinha Real foi para a praia, distribuíram volantes com as letras, e a noite ressoou ao som de cantigas dos escoteiros e canções do mar.

De certa forma, o final da lua de mel foi o ponto alto da viagem. Durante dias, os oficiais e marujos ensaiaram um concerto de despedida. Houve mais de 14 números, de atos cômicos a canções maliciosas. O casal real retornou à Inglaterra bronzeado e parecendo mais apaixonado do que nunca. Os dois foram se juntar à rainha e ao restante da família real na propriedade em Balmoral.

Mas as neblinas das terras altas em nada contribuíram para tranquilizar o espírito abalado de Diana. Ao contrário, quando chegaram a Balmoral, onde permaneceram de agosto ao final de outubro, todo o impacto da vida como princesa de Gales a atingiu. Diana acreditara, como muitas outras pessoas na família real, que sua fama seria transitória, que sua estrela definharia depois do casamento. Todos, até mesmo os editores de jornais, foram pegos desprevenidos pelo fenômeno da princesa Diana. Seus leitores não se cansavam de notícias sobre Diana; o rosto dela aparecia em todas as capas de revista, cada aspecto de sua vida atraía comentários, e qualquer pessoa que a conhecera no passado era procurada para entrevistas pelos vorazes meios de comunicação.

Em pouco menos de um ano, aquela moça insegura que interrompera os estudos foi submetida a um processo de deificação pela imprensa e pelo público. Até mesmo suas atitudes mais simples eram celebradas; gestos corriqueiros, como abrir a porta do carro ou comprar um pacote de balas, eram aclamados como a prova de uma princesa muito humana. Todos foram contagiados, até os hóspedes da família real em Balmoral, naquele outono. Diana se sentia confusa. Não mudara tanto assim nos últimos 12 meses, desde o tempo em que cobria carros com ovos e farinha de trigo, ou tocava campainhas durante a noite em companhia das alegres amigas.

Ao confraternizar com os hóspedes na propriedade escocesa da rainha, ela compreendeu que não era mais tratada como uma pessoa, mas sim como uma posição, não era mais um ser humano de carne e osso, com pensamentos e sentimentos, mas sim um símbolo em que o próprio título de "Sua Alteza Real, a princesa de Gales" a distanciava não apenas do público em geral, mas também das pessoas no círculo real mais íntimo. O protocolo determinava que ela deveria ser tratada como "Sua Alteza Real" na primeira referência e depois disso como "madame"; e é claro que todos também lhe faziam uma reverência. Diana ficava desconcertada. "Não me chame de madame, mas apenas de Duch", disse ela a uma amiga, pouco depois do casamento. Por mais que tentasse, porém, ela não podia controlar a mudança de percepções em relação à sua pessoa.

Diana compreendeu que todos a encaravam com novos olhos, tratando-a como uma preciosa peça de porcelana, a ser admirada, mas não tocada. Diana recebia um tratamento "de luvas de pelica", quando tudo o que precisava naquele momento era de um conselho sensato, um aconchego, uma palavra de conforto. Contudo, a jovem confusa que era a verdadeira Diana corria o perigo de se afogar no maremoto de mudança que virara seu mundo pelo avesso. Para o mundo atento, ela sorria e ria, parecia muito satisfeita com o marido e com sua nova posição. Numa famosa sessão fotográfica, na ponte sobre o rio Dee, Diana disse aos jornalistas presentes que podia "recomendar com entusiasmo" a vida conjugal. Longe das câmeras e dos microfones, no entanto, o casal discutia com frequência. Diana estava sempre nervosa, suspeitando da presença de Camilla em cada ação de Charles. Às vezes ela acreditava que o marido pedia conselhos a Camilla sobre seu casamento, ou tomava providências para encontrá-la. Como uma amiga íntima comentou: "Eles tinham brigas assustadoras por causa de Camilla, e não culpo Diana nem um pouco."

Ela vivia numa montanha-russa emocional, com o ciúme contrabalançado por uma total devoção a Charles. Diana ainda se sentia apaixonada, e Charles, à sua maneira, também a amava. Os dois saíam em longos passeios pelas colinas ao redor de Balmoral, deitavam na relva, Charles lia para ela trechos de livros do psiquiatra suíço Carl Jung ou de Laurens van der Post. Charles sentia-se feliz; e se ele estava contente, o mesmo acontecia com Diana. As cartas comoventes que eles trocaram são um testemunho de um crescente vínculo de afeição.

Mas esses momentos românticos não passavam de pausas nas preocupações de Diana com a vida pública, ansiedade que só contribuía para agravar sua bulimia. Ela se sentia sempre enjoada, foi emagrecendo de uma forma drástica, até se tornar apenas "pele e osso". Nesse momento crítico em sua vida, ela sentiu que não havia ninguém a quem pudesse confidenciar. Presumiu, corretamente, que a rainha e as outras pessoas da família real tomariam partido de seu marido. Além do mais, a família real, por treinamento e inclinação, abstém-se de manifestações de emoção. Vive num mundo de sentimentos reprimidos e atividade controlada; e todos presumiam que Diana seria capaz de assumir seu rígido código de comportamento da noite para o dia.

Por outro lado, ela achava que também não podia recorrer à sua própria família em busca de ajuda. Os pais e irmãos eram compreensivos, mas esperavam que ela se adaptasse à situação. As amigas, em particular as antigas colegas de apartamento, poderiam apoiá-la, mas Diana sentia que não deveria lhes infligir tamanha responsabilidade. Tinha a impressão de que elas, como o resto do mundo, queriam que o conto de fadas desse certo. Acreditavam no mito, e Diana não tinha coragem de lhes contar a terrível verdade. Estava sozinha, e assustadoramente exposta. De forma inexorável, seus pensamentos se viraram para o suicídio, não porque quisesse morrer, mas porque precisava desesperadamente de ajuda.

Seu marido resolveu cuidar do problema, pedindo que Laurens van der Post fosse à Escócia, para ver o que poderia fazer. Seus cuidados não tiveram muito efeito. Assim, no início de outubro, Diana voou para Londres em busca de ajuda profissional. Diana consultou diversos médicos e psicólogos no palácio de Buckingham. Eles receitaram tranquilizantes para acalmá-la e permitir que recuperasse o equilíbrio. Diana, porém, resistiu com vigor a tais sugestões. Ela sabia, do fundo do coração, que não precisava de remédios, mas de repouso, paciência e compreensão das pessoas ao seu redor. No momento em que era bombardeada por vozes lhe dizendo para aceitar as recomendações dos médicos, ela descobriu que estava grávida. "Graças a Deus por William", comentou mais tarde, querendo dizer que dessa forma pudera recusar os remédios que lhe eram oferecidos, alegando que não queria expor o bebê que esperava ao risco de deformidade física ou mental.

A gravidez foi uma trégua... só que não duraria muito tempo.

4 "Meus gritos por socorro"

O SOM DE VOZES ALTERADAS e soluços histéricos podiam ser ouvidos com clareza saindo dos aposentos ocupados pelo príncipe e pela princesa de Gales em Sandringham House. Foi pouco depois do Natal, mas não havia muito sentimento festivo entre o casal real. Diana estava então grávida de três meses do príncipe William e sentia-se absolutamente infeliz. Seu relacionamento com o príncipe Charles se deteriorava depressa. O príncipe parecia incapaz de compreender ou não queria compreender o turbilhão na vida de Diana. Ela sofria muito com os enjoos matinais, era atormentada pela sombra de Camilla Parker Bowles e tentava desesperadamente se adaptar à sua nova posição e à sua nova família. Como disse mais tarde a amigos: "Num momento eu não era ninguém, no instante seguinte era a princesa de Gales, mãe, brinquedo da imprensa e membro daquela família. Era demais para uma só pessoa absorver."

Ela suplicara, argumentara e discutira com veemência, no esforço para conquistar a ajuda do príncipe. Tudo em vão. Naquele dia de janeiro, em 1982, seu primeiro ano-novo na família real, ela agora ameaçava acabar com a própria vida. Ele acusou-a de ser alarmista e preparou-se para sair num passeio a cavalo pela propriedade de Sandringham. Diana cumpriu a palavra. Postou-se no alto da escada de madeira e se lançou para a frente rolando até ficar estendida no chão.

A rainha-mãe foi a primeira a chegar ao local. Estava horrorizada, o corpo todo tremendo pelo choque do que acabara de testemunhar. Um médico local foi chamado, enquanto George Pinker, o ginecologista de Diana, vinha de Londres para examinar sua paciente da realeza. O marido ignorou a situação e prosseguiu em seu plano de sair para um passeio a cavalo. Por sorte, Diana não sofreu danos maiores pela queda, embora tenha ficado com diversos hematomas em torno da barriga. Um exame completo revelou que o feto não fora afetado.

O incidente foi uma das muitas crises domésticas na vida do casal real durante aqueles primeiros tempos tumultuados. Em cada um desses momentos, aumentava a distância entre os dois. Como James Gilbey, amigo de Diana, comentou sobre suas tentativas de suicídio: "Eram mensagens de completo desespero. 'Por favor, socorro!'" Nos primeiros anos da vida conjugal, Diana cometeu várias tentativas de suicídio e fez numerosas ameaças. Deve ser enfatizado que não foram tentativas sérias de acabar com a própria vida, mas sim pedidos de socorro.

Em uma ocasião, ela se jogou contra um armário de vidro no palácio de Kensington, enquanto em outra cortou os pulsos com uma lâmina de barbear. Houve também uma ocasião em que se cortou com a lâmina serrilhada de um cortador de limão; e também, durante uma discussão acalorada com o príncipe Charles, pegou um canivete em sua penteadeira e cortou o peito e as coxas. Embora ela estivesse sangrando, o marido escarneceu. Como sempre, achou que Diana simulava seus problemas. A irmã, Jane, que a encontrou pouco depois, viu as dezenas de marcas em seu corpo. Jane ficou horrorizada ao saber a verdade.

Como Diana disse mais tarde a amigos: "Eram pedidos desesperados por socorro. Eu apenas precisava de tempo para me ajustar à minha nova posição." Um amigo que acompanhou a deterioração do relacionamento ressalta o desinteresse do príncipe Charles e sua total falta de respeito por ela, numa ocasião em que Diana precisava muito de ajuda: "A indiferença de Charles levou-a à beira do desespero absoluto, embora ele pudesse mantê-la apaixonada para sempre, se desejasse. Poderia ser um romance que iluminaria o mundo. Embora não o fizesse de propósito, por causa de sua ignorância, criação e ausência de um relacionamento pleno com qualquer pessoa em sua vida, ele incutiu em Diana esse ódio contra si mesma."

Essa é uma avaliação parcial. Nos primeiros dias do casamento, o príncipe Charles tentou, pelo menos por algum tempo, acomodar a esposa na rotina real. O primeiro grande teste de Diana foi uma visita de três dias a Gales, em outubro de 1980. A multidão deixou patente quem era a nova estrela do espetáculo — a princesa de Gales. Charles até se desculpou por não ter esposas suficientes para exibir. Se ele se postava no lado da rua durante um passeio por uma calçada, a multidão protestava coletivamente, pois era sua esposa que todos queriam ver. "Parece que não faço nada além de colher flores hoje em dia", comentou ele. "Conheço meu papel."

Por trás dos sorrisos, no entanto, havia outras preocupações. A primeira visão da princesa, num cais varrido pela chuva, em Gales, foi um choque para os observadores. Era a primeira oportunidade de ver Diana de perto desde a longa lua de mel, e foi como contemplar uma mulher diferente. Ela não estava apenas esguia, mas excessivamente magra.

Ela emagrecera antes do casamento; isso era de se esperar — mas a moça que agora circulava pela multidão, apertando mãos e aceitando flores, parecia quase transparente. Diana estava grávida de dois meses... e sentia-se pior do que parecia. Escolhera as roupas erradas para a chuva torrencial que desabava em cada saída, era atormentada por um terrível enjoo matinal e sufocada pelas multidões que corriam para vê-la.

Diana admite que não foi uma pessoa fácil de se lidar durante aquele batismo de fogo. Muitas vezes se desmanchava em lágrimas enquanto viajavam para os diversos compromissos, e dizia ao marido que não poderia enfrentar as multidões. Não dispunha da energia nem dos recursos para assumir a perspectiva de se encontrar com tantas pessoas. Houve ocasiões, e muitas, em que ansiou em voltar para seu seguro apartamento de solteira, com suas amigas alegres, sem qualquer complicação.

O príncipe Charles se comovia pelo estado da esposa, mas insistia que o espetáculo real tinha de continuar. Como era de se esperar, ele ficou apreensivo quando Diana fez seu primeiro discurso, parte em galês, na prefeitura de Cardiff, ao receber o título de cidadã honorária da cidade. Diana passou nesse teste com louvor, mas descobriu outra banalidade da vida na realeza. Por melhor que se saísse, por mais que se empenhasse, nunca recebia uma palavra de incentivo do marido, da família real ou dos cortesãos. Em sua posição vulnerável e solitária, um pequeno aplauso teria feito maravilhas. "Lembro que ela disse que se esforçava ao máximo e tudo o que precisava era de um tapinha nas costas. Só que isso nunca acontecia", recordou uma amiga. Todos os dias ela lutava contra as ondas de náusea a fim de cumprir os compromissos públicos. Tinha um medo mórbido de decepcionar o marido e a família real, a tal ponto que realizava os deveres oficiais mesmo quando se encontrava visivelmente indisposta. Em duas ocasiões teve de cancelar compromissos, em outras se apresentou pálida, consciente de que assim não ajudava ao marido. Pelo menos depois que a gravidez foi oficialmente anunciada, em 5 de novembro de 1981, Diana pôde falar publicamente sobre seu estado. A exausta princesa comentou: "Há dias em que me sinto horrível. Ninguém me disse que me sentiria assim." Ela confessou sua paixão por sanduíches de bacon e tomate, e passou a telefonar para sua amiga Sarah Ferguson, filha do administrador de polo de Charles, o major Ronald Ferguson. Não foram poucas as vezes em que Sarah Ferguson deixou seu emprego numa galeria de arte em Londres e foi ao palácio de Buckingham para animar a futura mamãe real.

A situação não era melhor em particular. Diana se recusava a tomar qualquer remédio, mais uma vez alegando que não queria ser responsável se o bebê nascesse deformado. Ao mesmo tempo, reconhecia que era agora considerada pelo resto da família real como um "problema". Em jantares formais, em Sandringham ou no castelo de Windsor, ela precisava com frequência sair da mesa para vomitar. Em vez de ir direto para a cama, insistia em voltar, achando que tinha o dever de tentar cumprir suas obrigações.

Se a vida cotidiana era difícil, os deveres oficiais constituíam um pesadelo. A visita a Gales fora um triunfo, mas Diana sentira-se sufocada por sua popularidade, o tamanho das multidões e a proximidade dos repórteres. Ela estava montando um tigre, e não havia como escapar. Durante os primeiros meses, ela tremia só de pensar em cumprir um compromisso oficial sozinha. Sempre que possível, aproximava-se de Charles e permanecia ao seu lado, silenciosa, atenta, mas ainda apavorada. Quando aceitou seu primeiro dever público sozinha, acender as luzes de Natal na Regent Street, no West End de Londres, descobriu-se quase paralisada pelo nervosismo. Ela se sentiu enjoada ao fazer um breve discurso, enunciado bem depressa, sempre no mesmo tom. Ao final da solenidade, experimentou um enorme prazer por voltar ao palácio de Buckingham.

E a situação não melhorava. A moça que só aceitava um papel nas peças da escola se não tivesse nenhuma fala era agora o centro das atenções. Como ela própria confessou, precisou de seis anos para se sentir à vontade no seu papel de estrela. Por sorte para ela, a câmera já se apaixonara pela nova face da família real. Por mais nervosa que ela pudesse se sentir por dentro, o sorriso efusivo e o comportamento sem qualquer afetação eram a delícia de um fotógrafo. Para variar, a câmera mentia, não sobre a beleza que ela demonstrava, mas sim na camuflagem da personalidade vulnerável por trás de sua capacidade de deslumbrar sem nenhum esforço.

Diana achava que era capaz de sorrir em meio à angústia graças às qualidades que herdara da mãe. Quando amigos indagavam como era capaz de exibir um semblante público tão animado, ela respondia: "Tenho a mesma característica de minha mãe. Não importa quão mal a gente esteja se sentindo, sempre se pode oferecer a mais espantosa demonstração de felicidade. Minha mãe é expert nisso, e eu também sou assim. Serve para manter os lobos à distância."

A capacidade de assumir essa personagem sorridente em público era ajudada pela natureza da bulimia, uma doença em que as vítimas podem manter o peso normal do corpo — ao contrário da doença de sua irmã, anorexia nervosa, em que a pessoa emagrece até se tornar pele e osso. Ao mesmo tempo, o saudável estilo de vida de Diana, com exercícios regulares, pouco álcool e sono regulado, proporcionava-lhe a energia para prosseguir em seus deveres reais. Um especialista em distúrbios alimentares explicou: "As pessoas com bulimia não admitem que têm um problema. Há sempre sorrisos, não há dificuldades em suas vidas, e passam a maior parte do tempo tentando agradar os outros. Mas há infelicidade por baixo, pois elas sentem medo de expressar sua raiva."

Ao mesmo tempo. o profundo senso de dever e obrigação de Diana impelia-a a manter os compromissos, para o bem do público. Uma amiga íntima afirmou: "O lado público de Diana era muito diferente do lado particular. As pessoas queriam que uma princesa de contos de fadas aparecesse e as tocasse, transformando tudo em ouro. Todas as suas preocupações seriam esquecidas. Não percebiam que o individual estava sendo crucificado dentro dela." Diana, uma relutante celebridade internacional, tinha de aprender ao vivo. Não houve treinamento, apoio ou conselho do sistema real. Tudo era fragmentado e ao acaso. Os cortesãos de Charles estavam acostumados a tratar com um solteiro de hábitos arraigados e rotina determinada. O casamento mudou tudo isso. Durante os preparativos, houve consternação pela possibilidade de o príncipe Charles não ser capaz de arcar com sua parte nas despesas. "As quantias eram registradas no verso de envelopes, era o caos", recordou um membro de sua assessoria. A empolgação, que pegou a todos de surpresa, continuou por muito tempo depois do casamento. Embora assessores extras tenham sido contratados, a própria Diana se encarregou de responder a muitas das 47 mil cartas de congratulações e a agradecer pelos 10 mil presentes de casamento.

Muitas vezes ela tinha de se beliscar para acreditar na realidade do que lhe acontecia. Num momento limpava assoalhos para ganhar algum dinheiro, no instante seguinte ganhava um par de castiçais de latão do rei e da rainha da Suécia ou se descobria a conversar com o presidente de algum país. Por sorte, sua criação lhe proporcionara o treinamento social para enfrentar essas situações. Ainda bem que era assim, porque a estrutura da família real exige que todos se mantenham dentro de suas respectivas áreas.

Além de assumir seu papel público, a nova princesa tinha duas casas para mobiliar e decorar. O príncipe Charles admirava seu senso de classe e cor e entregou-lhe o fardo da decoração. Diana, no entanto, precisava de ajuda profissional. Ela aceitou a sugestão da mãe, que lhe indicou Dudley Poplak, um discreto decorador de interiores nascido na África do Sul. Ele começou a trabalhar nos apartamentos oito e nove do palácio de Kensington e em Highgrove.

Sua missão principal era acomodar tantos presentes de casamento quanto fosse viável nas novas residências do casal. Um baú de viagem do século XVIII do duque e da duquesa de Wellington, um par de cadeiras georgianas do povo de Bermuda e portões de ferro batido da aldeia vizinha de Tetbury constituem apenas uma amostra da cornucópia de presentes que o casal real recebera.

Durante a maior parte da gravidez, Diana permaneceu no palácio de Buckingham, enquanto carpinteiros e pintores trabalhavam em sua nova residência em Londres. Só cinco semanas antes do nascimento do príncipe William é que o casal real se mudou para o palácio de Kensington, onde também residiam a princesa Margaret, o duque e a duquesa de Gloucester e seus vizinhos imediatos, o príncipe e a princesa Michael de Kent. Àquela altura, Diana se achava no limite de sua resistência. Era constantemente vigiada por fotógrafos e repórteres, e os jornais comentavam cada ação sua. Sem que a princesa soubesse, a rainha já convocara os editores de jornais da Fleet Street ao palácio de Buckingham, onde seu secretário de imprensa solicitou que concedessem um pouco de paz e privacidade a Diana. O pedido foi ignorado.

Em fevereiro, quando Charles e Diana voaram para a ilha de Windermere, nas Bahamas, foram seguidos por fotógrafos de dois tabloides. A princesa, então grávida de cinco meses, foi fotografada a correr pelo mar de biquíni. Ela e Charles ficaram furiosos com a publicação das fotos; refletindo sua indignação, comentava que era "um dos dias mais negros na história do jornalismo britânico". A lua de mel entre a imprensa, a princesa e o palácio acabara de fato.

A obsessão da imprensa por Diana onerou ainda mais os seus recursos mentais e físicos já muito exigidos. A bulimia, o enjoo matinal, a crise do casamento e o ciúme de Camilla conspiravam para tornar sua vida insuportável. O interesse da imprensa pelo nascimento iminente era demais para suportar. Diana decidiu ter um parto induzido, embora seu ginecologista, George Pinker, tivesse declarado numa ocasião: "O nascimento é um processo natural e deve ser tratado como tal." Apesar de consciente do trauma de sua mãe, por ocasião do nascimento de seu irmão John, o instinto dizia a Diana que o bebê estava bem. "Foi bem-preparado", comentou ela para uma amiga, antes de seguir com o príncipe Charles para a ala particular do St Mary's Hospital, em Paddington, na zona oeste de Londres.

O trabalho de parto, como a gravidez, foi aparentemente interminável e difícil. Diana vomitava a todo instante, e em determinado ponto George Pinker e os outros médicos chegaram a considerar uma cesariana de emergência. Durante o trabalho de parto, a temperatura de Diana subiu de forma dramática, o que acarretou preocupações pela saúde do bebê. Ao final, Diana, que tomou uma injeção epidural na base da espinha, foi capaz de dar à luz, graças a seus próprios esforços, sem recorrer a um fórceps ou a uma cesariana.

A alegria foi enorme. Às 21h03 de 21 de junho de 1982, Diana teve o filho e herdeiro que foi a causa de felicidade nacional. Quando a rainha visitou o neto, no dia seguinte, seu comentário foi típico. Olhando para o bebê, ela disse secamente: "Ainda bem que ele não tem orelhas como as do pai." O segundo na linha de sucessão ao trono ainda era oficialmente conhecido como "Bebê Gales". Foram necessários vários dias de discussão antes de se chegar a um nome. O príncipe Charles até admitiu: "Já pensamos em vários nomes. Há algumas divergências a respeito, mas acabaremos chegando a uma conclusão." Charles queria que seu primeiro filho se chamasse Arthur e o segundo Albert, em homenagem ao consorte da rainha Victoria. William e Harry eram as escolhas de Diana, com as preferências do marido sendo usadas como nomes intermediários dos meninos.

Quando chegou o momento, Diana se mostrou igualmente firme sobre a educação dos meninos. O príncipe Charles queria que eles fossem instruídos inicialmente por Mabel Anderson, sua babá na infância, e depois por uma preceptora contratada para educá-los durante os primeiros anos na privacidade do palácio de Kensington. Charles fora criado assim e queria que os filhos seguissem seu exemplo. Diana sugeriu que os filhos fossem para a escola com outros meninos. Ela considerava essencial que os filhos crescessem no mundo exterior e não escondidos no ambiente artificial de um palácio.

Dentro das restrições do protocolo real, Diana vinha tentando criar os filhos da maneira mais normal possível. Sua própria infância era prova suficiente dos danos emocionais que podem surgir quando uma criança é transferida de uma figura paternal para outra. Estava determinada a fazer com que os filhos nunca fossem privados dos carinhos e beijos pelos quais tanto ansiara, junto com seu irmão Charles quando eram pequenos. Embora Barbara Barnes, a babá das crianças de lorde e Lady Glenconner, tenha sido contratada, ficou bem claro que Diana se envolveria intimamente com a criação dos filhos. No começo, ela amamentou os meninos, um assunto que discutiu muitas vezes com a irmã Sarah.

Durante algum tempo, a alegria da maternidade superou o distúrbio alimentar. Carolyn Bartholomew, que a visitou no palácio de Kensington três dias depois do nascimento de William, recordou: "Ela estava emocionada, consigo mesma e com o bebê. Demonstrava um profundo contentamento." O ânimo era contagioso. Por algum tempo, Charles surpreendeu os amigos pelo seu entusiasmo com a rotina dos cuidados infantis. "Eu esperava fazer algumas escavações", disse ele a Harold Haywood, secretário do seu fundo financeiro, numa noite de sexta-feira. "Mas o terreno está tão duro que nem consegui enfiar a pá. Em vez disso, passarei o fim de semana trocando fraldas." À medida que William crescia, vazaram histórias sobre o príncipe se juntando ao filho no banho, de William jogando os sapatos do pai no vaso e dando descarga, ou de Charles abreviando compromissos oficiais para ficar mais tempo com a família.

Houve também histórias mais sinistras: de que Diana sofria de anorexia nervosa; de que o príncipe Charles se preocupava com sua saúde; de que ela começava a exercer uma influência excessiva sobre os amigos e assessores do marido. Na verdade, a princesa sofria ao mesmo tempo de bulimia e de um caso grave de depressão pós-parto. Os acontecimentos do último ano haviam-na deixado mentalmente esgotada, enquanto o físico se exauria em decorrência de sua doença crônica.

O nascimento de William e a consequente reação psicológica fizeram aflorar os sentimentos depressivos que ela acalentava sobre a amizade do marido com Camilla Parker Bowles. Havia lágrimas e telefonemas em pânico quando ele não chegava em casa na hora prevista, noites sem dormir quando Charles viajava. Um amigo recorda a princesa lhe telefonando em lágrimas. Diana ouvira por acaso o marido conversando no celular enquanto tomava banho. Ficou transtornada ao ouvi-lo dizer: "O que quer que aconteça, sempre amarei você."

Ela se mostrava chorosa e nervosa, ansiosa com o bebê. "Ele está bem, Barbara?", perguntava a todo instante à nova babá — ao mesmo tempo em que negligenciava a si mesma. Foi um período de solidão desesperada. A família e os amigos se encontravam agora à margem de sua nova vida. Ao mesmo tempo, sabia que a família real a considerava não apenas um problema, mas também uma ameaça. Todos se preocupavam com a decisão do príncipe Charles de renunciar à caça, além de sua inclinação para o vegetarianismo. Como a família real possui vastas propriedades na Escócia e em Norfolk em que a caça e a pesca constituem uma parte fundamental da administração da terra, eles se preocupavam com o futuro. Diana era culpada pela mudança do marido. Era uma lamentável interpretação errada de sua posição.

Diana achava que não tinha condições de influenciar o comportamento do marido. As mudanças no guarda-roupa de Charles eram uma coisa, as alterações radicais no código tradicional eram outra muito diferente. Na verdade, a conversão de Charles ao vegetarianismo, tão divulgada, pode ser mais atribuída a seu ex-segurança, Paul Officer, que muitas vezes, durante as longas viagens de carro pelo país em sua companhia, defendia as virtudes de uma dieta sem carne.

Ela também começava a perceber qual era a verdadeira situação com a família do marido. Durante uma violenta discussão com Diana, Charles deixou bem clara a posição da família real. Declarou expressamente que seu pai, o duque de Edinburgo, concordara que se o casamento não desse certo, depois de cinco anos, ele poderia retornar a seus hábitos de solteiro. Era irrelevante se esses sentimentos, manifestados no calor da discussão, eram ou não verdadeiros. Eles tiveram o efeito de deixar Diana de guarda em suas relações com a família real.

Em Balmoral, Diana sentiu-se ainda mais deprimida. O tempo não contribuía para reanimá-la. Chovia sem parar. Quando a princesa foi fotografada deixando o castelo, a caminho de Londres, os meios de comunicação tiraram a conclusão precipitada de que ela se sentia entediada com o refúgio da rainha nas terras altas e queria fazer compras. Na verdade, Diana voltou ao palácio de Kensington para tratamento profissional de sua depressão crônica. Ao longo de um certo período, ela foi examinada por diversos psicoterapeutas e psicólogos, que adotaram métodos diferentes para seus diversos problemas. Alguns sugeriram medicamentos, como já ocorrera quando ela estava grávida de William, outros tentaram explorar sua psique.

Um dos primeiros a tratá-la foi o famoso psicoterapeuta junguiano, Dr. Allan McGlashan, um amigo de Laurens van der Post, que tinha um consultório convenientemente perto do palácio de Kensington. Ele ficou intrigado, querendo analisar os sonhos de Diana, e encorajou-a a escrevê-los, antes de discutir as mensagens ocultas que poderiam conter. Mais tarde, Diana disse a amigos que não se sentia convencida por essa forma de tratamento. Em consequência, ele suspendeu suas visitas. Mas seu envolvimento com a família real ainda não acabara. Durante os últimos anos, ele tem discutido muitos problemas confidenciais com o príncipe Charles, que visita regularmente seu consultório, perto da Sloane Street.

Outro médico, David Mitchell, estava mais interessado em discutir e analisar as conversas de Diana com o marido. Ele chegou a visitá-la todas as noites, pedindo que relatasse os acontecimentos do dia. Diana admitiu francamente que os diálogos consistiam mais de lágrimas do que de palavras. Houve outros conselheiros profissionais que trataram da princesa. Embora cada um tivesse suas próprias ideias e teorias, Diana nunca sentiu que qualquer um deles chegasse perto de compreender a verdadeira natureza do turbilhão em seu coração e mente.

No dia 11 de novembro, o médico de Diana, Michael Linnett, comentou sua preocupação pela saúde da princesa com a ex-pianista de West Heath, Lily Snipp. Ela registrou em seu diário: "Diana estava muito bonita e muito magra. (O médico quer que ela engorde — ela não sente apetite.) Perguntei pelo príncipe William — ele dormiu 13 horas ontem à noite! Diana disse que ela e Charles são pais apaixonados, e que seu filho é maravilhoso."

Com uma brutal ironia, quando ela se encontrava nas profundezas do desespero, a maré de publicidade virou-se contra Diana. Ela não era mais a princesa dos contos de fadas, mas sim uma viciada em compras, que esbanjava uma fortuna na busca interminável por roupas novas. Diana foi considerada a responsável pela mudança constante dos empregados reais durante os últimos 18 meses; e foi acusada também de forçar Charles a abandonar os amigos e mudar seus hábitos alimentares e guarda-roupa. Até mesmo o secretário de imprensa da rainha descreveu o relacionamento entre os dois como "turbulento". Numa ocasião em que sinistros pensamentos de suicídio afloravam a todo instante na mente de Diana, o colunista Nigel Dempster descreveu-a como "um monstro". Embora fosse uma grotesca paródia da verdade, Diana sofreu muito com a crítica.

Mais tarde, seu irmão reforçou involuntariamente a impressão de que ela contratava e despedia os empregados ao comentar: "De uma maneira discreta, ela removeu muitos dos parasitas que cercavam Charles." Ele se referia aos amigos bajuladores do príncipe, mas foi interpretado como um comentário sobre a constante mudança de empregados em Highgrove e no palácio de Kensington.

Na realidade, Diana lutava para manter a cabeça acima da superfície, não tinha condições de efetuar um programa de reestruturação radical. Apesar disso, ela arcou com a culpa pelo que os meios de comunicação chamaram alegremente de "Malícia no palácio", descrevendo a princesa como "o rato que ruge". Num momento de exasperação, ela disse a James Whitaker: "Quero que você compreenda que não sou responsável por nenhuma demissão. Não quero demitir ninguém."

A explosão ocorreu depois do pedido de demissão de Edward Adeane, o secretário particular do príncipe e um membro da família que ajudava a guiar a monarquia desde os tempos de George VI.

Na verdade, Diana se dava muito bem com Adeane, que a apresentou a muitas das mulheres que ela aceitou como damas de companhia. Nessa ocasião, Diana era uma entusiástica promotora de romances, tentando unir solteiros renitentes com moças descompromissadas. Quando o devotado valete do príncipe, Stephen Barry, que mais tarde morreu de Aids, pediu demissão, a culpa foi atribuída também a Diana. Ela já esperava por isso, pois o valete lhe falara que pensava em deixar o emprego, enquanto contemplavam o pôr do sol no Mediterrâneo, durante o cruzeiro de lua de mel. O fato é que Stephen Barry, assim como o detetive encarregado da segurança do príncipe, John McLean, e diversos outros servidores de Charles durante seu tempo de solteiro, sabiam que era o momento de se afastarem, agora que ele estava casado. E foi o que fizeram.

Enquanto se empenhava em absorver as realidades do casamento e da vida real, houve momentos naqueles primeiros anos em que Diana sentiu que podia de fato assumir seu papel e dar uma contribuição positiva à família real e à nação em geral. Esses primeiros vislumbres ocorreram em circunstâncias trágicas. Quando a princesa Grace de Mônaco morreu num acidente de automóvel, em setembro de 1982, Diana decidiu comparecer ao funeral. Sentia uma dívida de gratidão com a mulher durante seu primeiro e traumático compromisso público, 18 meses antes, além de experimentar uma empatia com alguém que, como ela, ingressara no mundo da realeza de fora. Inicialmente, ela conversou com o marido sobre seu desejo de ir ao funeral. Charles se mostrou hesitante, e disse que ela teria de pedir a aprovação do secretário particular da rai-

Na página anterior: Diana adolescente junto da balaustrada de ferro em Althorp.

Nas férias de verão, Diana nadava todos os dias na piscina de Park House. Quando seu pai, o falecido conde Spencer, mudou-se para Althorp, uma de suas primeiras providências foi construir uma piscina para os filhos.

À esquerda: Mesmo com uma máscara facial e enrolada numa toalha, a jovem Diana mostra a confiança diante da câmera que se tornou sua marca registrada.

Abaixo: Bem-humoradas, Diana e sua amiga Caroline Harbord-Hammond posam para a câmera numa viagem escolar a Paris.

À esquerda: As crianças Spencer fotografadas pelo pai no jardim em Althorp.

Abaixo: Diana e uma colega da escola com a madrasta de Diana, a condessa Spencer.

Acima: Diana na sala de estar em Althorp, folheando um exemplar da *Illustrated London News* antes de um baile na casa da família Spencer em Althorp.

Na página seguinte: Diana no jardim em Althorp. Ela sonhava em ser bailarina, mas cresceu demais. A corrente de ouro com um "D" foi presente de seus colegas de escola de West Heath.

PRIVATE

Na página anterior: Diana, no auge de sua juventude, posa durante uma descontraída sessão de fotos.

Abaixo, na página anterior: Diana e sua irmã mais velha, Jane, em um momento alegre. A princesa com frequência recorria à irmã quando precisava de conselhos.

À direita: Diana em Althorp. No verão ela praticava balé e sapateado no hall de entrada de mármore.

Abaixo: O Natal em Althorp, em 1979, não foi uma ocasião das mais felizes. O conde Spencer passou as festas no hospital recuperando-se de um derrame. A filha da condessa Spencer, Charlote Legge, está sentada ao lado de Diana.

Acima, na página seguinte: Diana em sua sala de estar no palácio de Kensington após uma sessão de entrevistas para o livro.

Abaixo, na página seguinte: Em 1990, a princesa teve aulas de tiro num centro de treinamento da polícia em Essex.

À direita: Um convite para assistir a uma partida de polo em Cowdray Park, em julho de 1980, foi o início do romance entre Diana e o príncipe de Gales. Ela foi convidada para se hospedar na casa do comandante Robert e de Philippa de Pass, onde Charles era o convidado de honra naquele fim de semana.

Abaixo: O príncipe Charles desfruta um momento de tranquilidade com a amiga Camilla Parker Bowles após uma partida de polo. (*Rex Features*)

7M

Acima: O casamento de Diana e do príncipe de Gales, em julho de 1981, foi como um conto de fadas visto por milhões de pessoas ao redor do mundo. (*Alpha*)

À esquerda: O casal real deixa o hospital, em julho de 1982, com o príncipe William nos braços de Diana.

Páginas anteriores: Essas fotos tiradas por Patrick Demarchelier mostram por que ele era um dos fotógrafos preferidos de Diana. O internacionalmente aclamado fotógrafo francês tinha a habilidade de mostrar o melhor da princesa, tanto em situações formais quanto em informais.

Acima: Diana posa sozinha no Taj Mahal durante a visita do casal à Índia, em 1992. O fato de Diana ter visitado esse monumento ao amor sem o marido gerou muitos comentários por parte da imprensa. (*Ken Goff, Camera Press*)

À esquerda: Diana, em novembro de 1994, em entrevista com Martin Bashir no programa *Panorama*, da BBC. Nessa ocasião, ela expressou seus sentimentos em relação ao seu casamento e sua visão do papel que desempenhava na família real. (*Rex Features*)

Acima: Uma homenagem a Diana e Dodi Fayed na Harrods, loja de departamentos do pai de Dodi.

À direita: Charles, Harry e William olham o tapete de flores e mensagens deixadas em homenagem a Diana no palácio de Kensington, residência de Diana em Londres, onde seu corpo foi velado na noite anterior ao funeral.

Na página seguinte: No caixão de Diana, rosas brancas e um envelope escrito por Harry com a palavra "Mamãe". (*Rex Features*)

MUMMY

nha. Diana enviou-lhe um memorando — a forma usual de comunicação real —, mas ele respondeu com uma negativa, alegando que ela ocupava sua posição há pouco tempo. Diana estava tão determinada que, dessa vez, não aceitou o não como resposta definitiva. Escreveu diretamente para a rainha, que não fez objeções ao pedido. Era a primeira viagem de Diana ao exterior sozinha, representando a família real. Ela voltou com louvores públicos pela maneira distinta com que se comportara no funeral muito tenso, às vezes lamuriento.

Outros desafios surgiram no horizonte. O príncipe William ainda engatinhava quando eles foram convidados pelo governo da Austrália a visitar o país. Houve muita polêmica nos meios de comunicação sobre o modo como Diana desafiou a rainha, a fim de levar o príncipe William em sua primeira grande viagem ao exterior. Na verdade, foi o primeiro-ministro australiano, Malcolm Fraser, o fator fundamental nessa decisão. Ele escreveu para o casal real dizendo que compreendia os problemas com que se defrontava uma jovem família, e convidou-os a levarem o pequeno príncipe. Até esse momento, eles já haviam aceitado a ideia de deixá-lo na Inglaterra durante a viagem de quatro semanas. O gesto atencioso de Fraser permitiu-lhes prolongar a visita, incluindo uma viagem de duas semanas à Nova Zelândia. A permissão da rainha nunca foi solicitada.

Durante a visita, William ficou em Woomargama, uma fazenda de criação de ovelhas de 1.600 hectares, em Nova Gales do Sul, com a babá Barbara Barnes e o pessoal da segurança. Embora os pais só pudessem lhe fazer companhia durante os intervalos ocasionais na programação intensa, pelo menos Diana sabia que o filho se encontrava sob o mesmo céu. A presença de William no país era um tema de conversa útil durante as andanças intermináveis. Diana, em particular, demonstrava o maior prazer em discorrer sobre os progressos do filho.

Essa visita foi um teste de resistência para Diana. Houve poucas ocasiões, desde então, em que ela experimentou um entusiasmo tão grande. Num país de 17 milhões de habitantes, cerca de um milhão percorreu longas distâncias para vê-los, enquanto se deslocavam de uma cidade para outra. Em algumas ocasiões, a recepção beirou o frenesi. Em Brisbane, onde 300 mil pessoas se concentraram no centro da cidade, a histeria foi tão alta quanto a temperatura de 35ºC. Houve momentos em que um ímpeto inesperado da multidão poderia resultar em catástrofe. Ninguém na comitiva real, nem mesmo o príncipe de Gales, jamais experimentara esse tipo de adulação.

Os primeiros dias foram traumáticos. Diana sentia-se exausta da viagem, ansiosa e doente com a bulimia. Depois de seu primeiro compromisso na School of the Air de Alice Springs, ela e sua dama de companhia, Anne Beckwith-Smith, consolaram uma à outra. Por trás das portas fechadas, Diana chorou em exaustão nervosa. Queria William; queria voltar para casa; queria estar em qualquer outro lugar, menos em Alice Springs. Até mesmo Anne, uma mulher madura e prática de 29 anos, ficou arrasada. Aquela primeira semana foi uma provação. Diana fora lançada no fundo do poço e era uma questão de afundar ou nadar. Teve de recorrer à sua profunda determinação interior para continuar.

Enquanto Diana olhava para o marido em busca de uma indicação e orientação, a maneira como a imprensa e o público reagiram ao casal real serviu para afastá-los ainda mais. Como em Gales, as multidões protestavam quando era o príncipe Charles quem se aproximava durante um passeio. A cobertura da imprensa focalizou a princesa; Charles foi relegado a um papel secundário. A mesma coisa aconteceu mais tarde, ainda naquele ano, quando visitaram o Canadá, durante três semanas. Como um antigo servidor da casa real explicou: "Ele nunca esperou esse tipo de reação. Afinal, era o príncipe de Gales. Quando saía do carro, as pessoas protestavam. Foi um choque para seu orgulho, e era inevitável que sentisse inveja. Ao final, era como trabalhar para dois artistas populares. A situação tornou-se muito triste, e esse é um dos motivos pelos quais eles passaram a fazer tudo separados."

Em público, Charles aceitou a inversão da situação de bom grado; em particular, culpava Diana. Ela ressaltou que jamais procurara essa adulação, muito pelo contrário, e sentia-se horrorizada pela atenção da imprensa. Na verdade, para uma mulher que sofria de uma doença diretamente relacionada com a autoimagem, seu rosto sorridente na primeira página dos jornais e nas capas das revistas não ajudava muito.

Em última análise, o sucesso daquela viagem extenuante foi um momento decisivo na vida real de Diana. Ela partiu como uma moça e voltou como uma mulher. Não foi nada como a transformação por que passaria dentro de poucos anos, mas assinalou a lenta ressurreição de seu espírito interior. Por muito tempo, ela ficara sem o controle, incapaz de enfrentar as demandas cotidianas de seu novo papel real. Agora, desenvolvera uma segurança e experiência que lhe permitiam se apresentar ao público. Ainda houve lágrimas e traumas, mas o pior já passara. Pouco a pouco, ela começou a recolher os fios da meada de sua vida. Confinada a uma prisão, sabia que acharia insuportável ouvir as notícias de seu antigo círculo. Nos termos deles, falar sobre férias, jantares e novos empregos parecia irrelevante em comparação com a nova posição de Diana como uma superestrela internacional. Mas para Diana, essa conversa significava liberdade, uma liberdade que ela não podia mais desfrutar.

Ao mesmo tempo, Diana não queria que os amigos a vissem num estado tão aflito e infeliz. Era como um animal todo machucado, querendo lamber as feridas em paz e privacidade. Depois das excursões à Austrália e ao Canadá, ela se sentiu bastante confiante para retomar suas amizades e escreveu diversas cartas indagando como estavam todos, e o que faziam. Uma foi para Adam Russell, com quem ela marcou um encontro, num restaurante italiano em Pimlico.

A mulher que ele viu ali era muito diferente da garota feliz e maliciosa que conhecera nas encostas de esquiagem. Mais confiante, sem dúvida, mas por trás da pose Diana era uma mulher muito solitária e infeliz. "Ela estava esfolada pelas barras de sua gaiola. Na ocasião, ainda não se adaptara à situação", recordou ele.

O maior luxo na vida de Diana era se sentar com torradas e feijões cozidos e assistir à televisão. "Essa é a minha ideia de paraíso", declarou ela ao amigo. O sinal mais patente da nova vida de Diana era a visão de seu segurança da Scotland Yard sentado a uma mesa próxima. Ela levou muito tempo para aceitar essa presença; a proximidade de um policial armado era o lembrete mais forte da gaiola dourada em que se encontrava agora. Era das pequenas coisas que ela sentia saudade, como aqueles momentos bem-aventurados de privacidade em que podia escutar seus compositores prediletos no carro a todo volume. Agora, tinha de considerar os desejos de outras pessoas em todas as ocasiões.

Nos primeiros tempos, ela ainda saía para uma circulada noturna em seu carro, pelo centro de Londres, deixando para trás o segurança armado da Scotland Yard. Em uma ocasião, foi perseguida pelas ruas por um carro cheio de jovens e excitados árabes. Mais tarde, era mais provável que ela dirigisse até uma de suas praias prediletas na costa meridional, a fim de sentir o vento em seus cabelos, a maresia entrar pelas narinas. Ela adorava ficar junto da água, fosse o rio Dee ou o mar. Era o lugar em que gostava de pensar, de entrar em comunhão consigo mesma.

A presença de um segurança era um lembrete constante do véu invisível que a separava de sua família e amigos. Era a percepção de que se tornara um possível alvo para um terrorista anônimo ou um louco desconhecido. A sangrenta tentativa de sequestro da princesa Anne na Mall, a poucos metros do palácio de Buckingham, e o bem-sucedido arrombamento do quarto da rainha por um desempregado, Michael Fagan, eram provas incontestáveis do constante perigo com que a família real se defrontava. Diana era tipicamente indiferente a essa permanente ameaça. Foi ao quartel-general dos Serviços Aéreos Especiais, em Hereford, onde fez um curso intensivo "assustador", aprendendo as técnicas básicas para enfrentar um possível ataque terrorista ou uma tentativa de sequestro. Bombas de clarão e fumaça foram lançadas contra seu carro por "inimigos", a fim de que o treinamento fosse tão realista quanto possível. Em outra ocasião, ela foi a Lippits Hill, em Loughton, Essex, onde agentes da Polícia Metropolitana recebem treinamento em armas. Aprendeu ali a manejar um revólver Smith and Wesson de calibre .38 e uma pistola-metralhadora Heckler and Koch, que eram as armas-padrão do esquadrão de proteção real.

Ela já aceitara a ideia de uma sombra eterna; descobriu que seus seguranças, em vez de serem uma ameaça, eram muito mais sensatos do que muitos dos cortesãos que a cercavam. Agentes de polícia como o sargento Allan Peters e o inspetor Graham Smith tornaram-se figuras paternais, contornando situações difíceis e afastando súditos mais afoitos com um gracejo ou uma ordem ríspida. Eles também despertavam os instintos maternais de Diana. Ela se lembrava de seus aniversários, mandava bilhetes de desculpas para as esposas quando eles tinham de acompanhá-la em viagens ao exterior, e providenciava para que fossem alimentados quando saía com eles do palácio de Kensington. Quando Graham Smith teve câncer, ela convidou-o e à esposa para férias em Necker, no Caribe, e também para um cruzeiro pelo Mediterrâneo, a bordo do iate do magnata grego John Latsis. Sua afeição por esse popular policial era tão grande que ela promoveu um jantar em sua homenagem, com a presença de sua família, depois que ele se recuperou.

Quando Diana jantava com amigos no San Lorenzo, seu restaurante predileto, um de seus seguranças, o inspetor Ken Wharfe, muitas vezes sentava à mesa também, ao final da refeição, e alegrava os comensais com suas piadas. Talvez ela reservasse suas lembranças mais afetuosas para o sargento Barry Mannakee, que se tornou seu segurança numa ocasião em que ela se sentia perdida e sozinha no mundo da realeza. Ele sentiu a perplexidade de Diana e tornou-se um ombro em que ela podia se apoiar, e às vezes até chorar, durante aquele período angustiante. O vínculo afetuoso que se desenvolveu entre os dois não passou despercebido do príncipe Charles nem dos colegas de Mannakee. Pouco antes do casamento do duque e da duquesa de York, em julho de 1986, ele foi transferido para outras funções, para grande tristeza de Diana. Na primavera seguinte, morreu em circunstâncias trágicas, num desastre de motocicleta.

Durante grande parte desse capítulo inicial e infeliz na vida de Diana na família real, ela excluíra os que antes lhe eram próximos e queridos, embora o príncipe Charles ainda se encontrasse com seus antigos amigos, em particular os Parker Bowles e os Palmer-Tomkinson. O príncipe e a princesa compareceram à festa de inauguração da nova residência dos Parker Bowles, quando eles se mudaram de Bolehyde Manor para Middlewich House, a vinte quilômetros de Highgrove. Charles encontrava-se regularmente com Camilla, quando ia caçar raposas. No palácio de Kensington e em Highgrove, o casal recebia pouco, tão raramente até, que o mordomo, Allan Fisher, descreveu o trabalho para os Gales como "maçante". Era uma dieta escassa: um jantar anual para os amigos de polo de Charles, uma noite só para homens, ou um almoço ocasional com amigas como Catherine Soames, Lady Sarah Armstrong-Jones e a então Sarah Ferguson.

As viagens, as novas residências, o bebê e a doença de Diana cobraram um pesado tributo. Em seu desespero, ela consultou Penny Thornton, uma astróloga que lhe foi apresentada por Sarah Ferguson. Diana admitiu para Penny que não conseguia suportar a pressão de sua posição por muito mais tempo, e que precisava deixar o sistema. "Um dia você terá permissão para sair", disse-lhe Penny, confirmando a opinião prevalente de Diana de que nunca se tornaria uma rainha.

O clima em 1984 não foi ajudado pelo fato de ela engravidar de novo, do príncipe Harry. Mais uma vez, Diana sofreu bastante com os enjoos matinais, embora não fossem tão ruins quanto da primeira vez. Quando voltou de um compromisso sozinha na Noruega, Diana ainda se encontrava nos primeiros estágios da gravidez. Ela e o falecido Victor Chapman, o ex-secretário de imprensa assistente da rainha, se revezaram para usar o banheiro no voo de volta à Inglaterra. Ele estava de ressaca, enquanto Diana sentia-se enjoada. Foi durante esses meses de espera que ela sentiu no fundo do coração que o marido andava se encontrando de novo com Camilla. Os sinais pareciam evidentes. Telefonemas tarde da noite, ausências não explicadas e outras mudanças mínimas, mas significativas, na rotina normal do príncipe. Ironicamente, durante esse período Charles e Diana desfrutaram o momento mais feliz da vida conjugal. Os meses amenos do verão, antes do nascimento de Harry, foram uma época de contentamento e devoção mútua. Mas uma nuvem de tempestade pairava no horizonte. Diana sabia que Charles estava ansioso para que ela tivesse uma menina. Um exame já demonstrara que seria um menino. Foi um segredo que ela guardou até o momento em que o bebê nasceu, às 16h20 de um sábado, 15 de setembro, na ala Lindo, no St. Mary's Hospital. A reação de Charles finalmente fechou as portas para qualquer amor que Diana ainda pudesse sentir por ele. "Ora, é um menino, e ainda por cima ruivo!", exclamou ele. A cor dos cabelos era da família Spencer. Com esse comentário, ele saiu para jogar polo. Desse momento em diante, como Diana disse a amigos: "Alguma coisa dentro de mim morreu." Foi uma reação que assinalou o início do fim do casamento.

5 “Querido, vou desaparecer”

ERA UM PEDIDO DE ROTINA da rainha para a nora, a princesa de Gales. A semana da corrida de Royal Ascot se aproximava, e ela se achava no processo de elaborar a lista de convidados para a festa tradicional no castelo de Windsor. A princesa não gostaria de recomendar duas moças solteiras, de boa família, que fossem hóspedes aceitáveis? Diana indicou os nomes de duas amigas, Susie Fenwick e Sarah Ferguson, a filha do administrador de polo do príncipe Charles, o major Ronald Ferguson.

Sarah, uma ruiva esfuziante, conhecida por todos como "Fergie", conhecera Diana durante os primeiros dias do romance dela com o príncipe Charles, quando fora assisti-lo jogar polo em Cowdray Park, perto da casa da mãe de Sarah, Susie Barrantes, em Sussex. Primas em quarto grau pelo casamento, as moças sabiam da existência uma da outra há muito mais tempo e tinham diversos amigos em comum. Não demorou muito para que se tornassem grandes amigas. Sarah foi convidada ao casamento de Diana e recebeu a amiga real em seu apartamento, perto de Clapham Junction, em Londres.

Em um dos coquetéis oferecidos por Sarah em sua casa, em Lavender Gardens, Diana conheceu Paddy McNally, um empresário de carros de corrida, que teve um romance irregular e um final infeliz com Fergie. Foi Paddy quem, num dia de julho de 1985, largou

Sarah na entrada particular do castelo de Windsor, onde ela foi recebida por um lacaio, e depois conduzida a seu quarto por uma das damas de companhia da rainha. Na mesinha de cabeceira havia um cartão, com o emblema da rainha, indicando o horário das refeições e os lugares à mesa, além de um bilhete informando como os diversos convidados seriam transportados ao hipódromo, em carruagens abertas ou limusines pretas Daimler. Embora sua família convivesse com a realeza há anos, Sarah sentia-se compreensivelmente nervosa. Chegou pontualmente à Sala de Estar Verde para os drinques antes do almoço e depois se descobriu sentada ao lado do príncipe Andrew, que estava de licença de seus deveres como piloto na Marinha Real.

Os dois descobriram pontos de contato no mesmo instante. Andrew provocou-a, tentando fazer com que comesse profiteroles de chocolate. Ela recusou, batendo de leve em seu ombro, com um sorriso, e alegando uma de suas intermináveis dietas como desculpa. "Há sempre um início insignificante, pois tudo tem de começar por algum lugar", comentou Andrew na entrevista do noivado, oito meses depois. Atribuiu-se a Diana o papel de cupido desse romance real, mas a verdade é que ela nem notou a centelha romântica entre o cunhado e uma de suas melhores amigas. Afinal, Sarah estava envolvida num relacionamento sério com Paddy McNally, enquanto Andrew ainda sentia alguma atração por Katherine "Koo" Stark, uma atriz americana que despertara considerável interesse dos meios de comunicação por atuar em filmes de *soft-porn*.

Diana ficou favoravelmente impressionada quando conheceu Koo, durante seu romance com Andrew. A princesa conhecera Andrew desde a infância, e sempre percebera que por trás da máscara impetuosa e precipitada havia uma pessoa muito mais sensível e solitária do que ele ou sua família queriam admitir. Charles sentiu alguma inveja quando o irmão serviu com distinção, como piloto de helicóptero, na Guerra das Malvinas. Embora Andrew voltasse dessa campanha com maior maturidade, nem mesmo os seus melhores amigos o descreveriam como um homem de grande ambição. Nos momentos de folga, ele ficava feliz em assistir a desenhos animados e vídeos na TV, vaguear pelos diversos apartamentos reais, conversar com o pessoal da cozinha, ou assistir a Diana fazendo seus exercícios de balé no palácio de Kensington. Diana constatara como Koo Stark, gentil, discreta e totalmente devotada, proporcionara àquele homem um tanto solitário a afeição e amizade que ele procurava. Assim, quando Andrew começou a sair com Sarah, a princesa não se intrometeu. Limitou-se a dizer à amiga: "Estou aqui, se precisar de mim." À medida que o romance se desenvolveu, Diana teve o maior prazer em atender aos pedidos de Andrew para que ele e Sarah passassem fins de semana em Highgrove. Como disse a madrasta de Sarah, Susan Ferguson: "As coisas foram se tornando cada vez melhores entre os dois, com o passar das semanas. Nunca havia essa história de romperam ou continuam o namoro. Não havia qualquer complicação, porque eles se davam muito bem. Era a melhor coisa na situação, um caso de amor franco. É claro que tudo teria sido mais difícil, nos primeiros estágios, se Sarah não tivesse a princesa de Gales como amiga. Ela facilitava os encontros de Sarah com Andrew. É preciso lembrar que era muito difícil para ele, em sua posição, se encontrar com mulheres."

Como aconteceu com o romance de Diana, os eventos começaram a assumir um impulso próprio. A rainha convidou Sarah a se hospedar em Sandringham em janeiro de 1986; pouco depois, Charles e Diana levaram-na para esquiar em Klosters, na Suíça. Diana emprestou a Sarah um casaco xadrez preto e branco, quando visitaram o príncipe Andrew a bordo do navio em que ele servia, o HMS *Brazen,* atracado no porto de Londres. Diana orientou Sarah em sua primeira aparição em público com membros da família real. Em comparação com a amiga, Diana parecia a artista experiente na frente das câmeras. Desabrochara numa beldade sofisticada, cujo senso inato de classe era aclamado no mundo inteiro.

Com os traumas do parto, a formação de um lar e o desenvolvimento do casamento para trás, parecia aos estranhos que Diana finalmente assumira o seu papel na família real. Afinal, ela ainda se regozijava com os aplausos por sua primeira aparição na televisão desde o noivado. Poucas semanas antes, ela e o príncipe Charles haviam sido entrevistados no palácio de Kensington pelo jornalista veterano Sir Alastair Burnet. Diana estava satisfeita por ter respondido às perguntas com objetividade e calma, um fato que não passara despercebido de outros membros da família real. Ao mesmo tempo, ainda se comentava sua performance improvisada no palco da Royal Opera House, em Covent Garden, com o astro do balé Wayne Sleep. Eles coreografaram secretamente um número para a canção de Billy Joel, *Uptown Girl,* usando a sala de estar de Diana no palácio de Kensington como estúdio de ensaio. O príncipe foi assistir ao espetáculo de gala do camarote real, na mais absoluta ignorância do plano da esposa.

Dois números antes do final, ela deixou o camarote e foi pôr um vestido prateado de seda, antes que Wayne a chamasse ao palco. A plateia deixou escapar um murmúrio coletivo de espanto quando os dois apresentaram o número. As cortinas foram abertas oito vezes pelos aplausos, e Diana até fez uma reverência para o camarote real. Em público, o príncipe Charles confessou-se "completamente maravilhado" com a performance de Diana; em particular, ele manifestou sua veemente desaprovação ao comportamento da esposa. Fora uma atitude pouco digna, de mau gosto, exibicionista.

Essa reação totalmente negativa era o que ela passara a esperar. Não importava o que fizesse, por mais que tentasse, cada vez que tentava expressar alguma coisa de si mesma o marido tratava de reprimir seu espírito. Era um desgaste profundo. Durante os preparativos para o casamento de Sarah e Andrew, houve evidências adicionais da indiferença do príncipe Charles pela esposa, quando voaram para Vancouver, a fim de inaugurar a gigantesca Expo. Antes da viagem houve novos comentários sobre a doença de Diana e o que os tabloides sensacionalistas gostavam de chamar de corpo "fino como um lápis". Rumores de que Diana aproveitara as férias de verão em Balmoral para fazer uma operação plástica no nariz circularam. Sua aparência física mudara tanto durante os últimos quatro anos que a cirurgia plástica parecia ser a única explicação plausível. Mas distúrbios alimentares crônicos, como bulimia e anorexia, produzem mudanças fisiológicas, e foi isso o que aconteceu com a princesa. Diana teve sorte por não ter sofrido perda dos cabelos, erupções na pele e problemas dentários, em decorrência de deixar seu corpo à míngua de vitaminas e minerais essenciais.

A discussão sobre sua dieta ressurgiu quando ela desmaiou durante uma visita ao estande da Califórnia, por ocasião da inauguração da Expo. Ao longo de sua bulimia crônica, Diana sempre conseguira comer seu café da manhã. Antes dessa visita, ela passara dias sem comer, apenas mordiscando uma barra de chocolate Kit Kat, durante o voo para a costa do Pacífico do Canadá. Diana se sentia muito mal enquanto visitava diversos estandes. Ao final, passou o braço pelos ombros do marido e sussurrou: "Querido, acho que vou desaparecer." E no instante seguinte ela começou a deslizar para o chão. Sua dama de companhia, Anne Beckwith-Smith, e o subsecretário particular do casal, David Roycroft, levaram-na para uma sala particular, onde ela se recuperou.

Diana não encontrou qualquer simpatia quando voltou para junto do marido. Irritado, ele disse em tom brusco que, se ela queria desmaiar, que o fizesse em particular. Ao chegarem à suíte de cobertura que ocupavam no hotel Pan Pacific, Diana perdeu o controle e chorou por muito tempo. Estava exausta, não comera, sentia-se angustiada com a indiferença do marido. Era o que passara a esperar, mas a desaprovação de Charles ainda a magoava.

Enquanto o restante da comitiva aconselhava que seria mais sensato a princesa faltar ao jantar oficial naquela noite e aproveitar para dormir um pouco, Charles insistiu que ela se sentasse ao seu lado à mesa principal, alegando que sua ausência criaria um drama desnecessário. Àquela altura, Diana já compreendera que precisava de ajuda para seu problema, mas sabia que aquele não era o momento nem o lugar para expressar esses temores. Em vez disso, concordou que o médico da comitiva receitasse um medicamento para ajudá-la a aguentar a noite. Diana conseguiu concluir essa etapa da viagem. Ao chegarem ao Japão, no entanto, Diana estava pálida, nervosa, visivelmente indisposta. Seu ânimo não foi ajudado ao descobrir, quando retornou ao palácio de Kensington, pouco antes do casamento real, que Barry Mannakee fora transferido para outras funções. Ele era o único em seu círculo imediato a quem Diana podia confidenciar suas preocupações com o isolamento, a doença e a posição como uma forasteira na família real. Com seu afastamento, ela se sentiu ainda mais solitária.

Sob alguns aspectos, a chegada da duquesa de York tornou sua vida menos tolerável. A nova duquesa se lançou em seu papel como um labrador excitado. Em sua primeira estada em Balmoral, uma experiência de férias que deixava Diana esgotada e desanimada, a duquesa pareceu não se incomodar com coisa alguma. Saiu para passear a cavalo com a rainha, andou de carruagem com o duque de Edimburgo e fez questão de passar algum tempo com a rainha-mãe. A duquesa sempre tivera uma personalidade de camaleão, adaptando-se com facilidade aos desejos dos outros. Fez isso quando se envolveu com a turma de Verbier, os amigos abastados, sofisticados e muito sarcásticos de seu ex-namorado, Paddy McNally, e tornou a fazê-lo quando se ajustou à vida na família real.

Apenas um pouco mais velha que Diana, mas infinitamente mais experiente nas coisas do mundo, a duquesa demonstrou entusiasmo onde Diana exibia desânimo, uma jovialidade exuberante em comparação com os silêncios consternados da outra, uma energia ilimitada contra a doença constante da princesa. Fergie foi um sucesso imediato na família; Diana ainda era encarada como uma estranha enigmática que se mantinha distante. Quando Fergie chegou, como uma lufada de ar fresco, o príncipe Charles não demorou a fazer a comparação. "Por que você não pode ser mais como Fergie?", indagou ele. Era uma mudança no refrão habitual, de compará-la com sua amada avó, a rainha-mãe, mas a mensagem era a mesma.

Diana ficou bastante confusa. Seu rosto ornamentava a capa de um milhão de revistas e o público lhe entoava louvores, mas o marido e sua família quase nunca lhe ofereciam uma palavra de estímulo, congratulações ou conselho. Assim, não era de admirar que Diana, que na ocasião não tinha a menor noção de seu próprio valor, aceitasse a opinião da família real de que deveria se esforçar para ser mais parecida com a concunhada. Esse ponto foi reforçado quando o príncipe e a princesa de Gales foram a Majorca, como hóspedes do rei Juan Carlos, da Espanha, no palácio Marivent. Embora o público achasse que fora Diana quem planejara essas férias, a fim de escapar aos rigores de Balmoral, a ideia da viagem foi do príncipe Charles. Houve até alguns rumores românticos ridículos, ligando Diana a Juan Carlos. Na verdade, o rei era muito mais ligado a Charles do que à princesa, que o achava um tanto *playboy* para o seu gosto. Nessas primeiras férias, Diana sofreu um bocado. Passou a maior parte da semana se sentindo mal, enquanto Charles era festejado pelos anfitriões. A notícia não demorou a chegar ao conhecimento do resto da família real. Mais uma vez, Diana era o problema; mais uma vez, seu marido indagou: "Por que você não pode ser mais como Fergie?"

Enquanto a completa ausência de apoio e o clima de desaprovação e crítica minavam a autoconfiança de Diana, o problema foi reforçado pelas expectativas da sociedade em relação à família real. Essencialmente, os homens da família real são julgados pelo que dizem, as mulheres por sua aparência. À medida em que sua beleza natural desabrochava, Diana era definida por sua aparência, não por suas ações. Durante um longo tempo, Diana aceitou esse papel de companheira dócil do marido articulado, um verdadeiro cruzado. O astrólogo da princesa, Felix Lyle, comentou: "Uma das piores coisas que aconteceu com a princesa foi o fato de ter sido colocada num pedestal, o que não lhe permitia se desenvolver na direção que desejava, mas sim na que a obrigava a se preocupar com sua imagem e perfeição."

Diana era enaltecida pelo simples fato de existir. Por ser, não por fazer. Como disse um de seus conselheiros informais: "O sistema real esperava apenas que ela fosse uma mulher que só se interessasse por roupas e em ser uma esposa obediente. Se essa é a maneira pela qual se é definida, não há muito o que louvar, a não ser a escolha das roupas. Se as roupas fossem em grande parte escolhidas por outras pessoas, então, não havia nada para elogiar. Não lhe deixaram nada de elogiável para fazer." A duquesa de York, aquela jovem exuberante, independente e dinâmica, era encarada pelo príncipe Charles, sua família e a imprensa como uma nova presença agradável e um exemplo apropriado para a princesa de Gales. O mundo inteiro parecia estimular Diana a seguir os passos de Fergie.

O primeiro sinal de mudança em seu comportamento ocorreu na despedida de solteiro do príncipe Andrew, quando a princesa de Gales e Sarah Ferguson vestiram-se como policiais, numa vã tentativa de entrar na festa. Em vez disso, elas foram tomar champanhe e suco de laranja na boate Annabel's, antes de voltarem ao palácio de Buckingham, onde pararam o carro de Andrew na entrada, quando ele chegava em casa. Tecnicamente, a fantasia de policial é crime, um ponto que não foi ignorado por diversos parlamentares críticos. Durante algum tempo, esse clima esfuziante prevaleceu na família real. Quando o duque e a duquesa ofereceram uma festa no castelo de Windsor, em agradecimento a todos que haviam ajudado a organizar o casamento, foi Fergie quem encorajou as pessoas a pularem vestidas na piscina. Houve numerosos jantares alegres, e uma festa de discoteca na sala Waterloo, no castelo de Windsor, no Natal. Fergie até convenceu Diana a acompanhá-la numa versão improvisada do cancã.

Foi apenas um ensaio para a primeira performance pública das duas, quando voaram para Klosters, acompanhando os maridos, a fim de passarem uma semana esquiando. No primeiro dia, todos se postaram diante das câmeras, para a tradicional sessão fotográfica. Esse espetáculo anual é um tanto ridículo, quando noventa fotógrafos carregando escadas e equipamentos espalham-se pela neve, procurando as melhores posições. Diana e Sarah reagiram da mesma forma, encenando um número de cabaré no gelo, com um falso conflito, empurrando uma a outra, até que o príncipe Charles protestou: "Vamos, parem com isso!" Até esse momento, o senso de humor de Diana só fora percebido em lampejos, invariavelmente amortecidos por uma máscara de rubor e silêncios contrafeitos. Por isso, alguns fotógrafos se espantaram quando, por acaso, encontraram a princesa num café em Klosters, naquela mesma tarde. Ela apontou para uma medalha enorme em seu blusão, e gracejou:

"Concedi a mim mesma por serviços prestados a meu país, porque ninguém mais me daria." Era um comentário que falava muito sobre a sua insegurança latente. O clima de frivolidade continuou, com brigas de travesseiro no chalé em Wolfgang, embora seria errado caracterizar o clima dessas férias como o de uma excursão de colegiais. Como um hóspede real comentou: "Era divertido, mas dentro de limites razoáveis. É preciso medir as coisas quando a realeza está presente, em particular o príncipe Charles. O ambiente é um tanto formal e pode ser um pouco tenso."

Em uma ocasião, Charles, Andrew e Sarah ficaram assistindo a um vídeo no chalé, enquanto Diana saía para uma boate local, onde dançou com Peter Greenall, da família da cerveja, e conversou com um ex-etoniano, Philip Dunne, um dos amigos de infância de Sarah. O príncipe Charles pedira à duquesa, que sempre teve um volumoso caderninho de endereços, antes mesmo de ingressar no mundo real, que convidasse dois homens solteiros para acompanhá-los nas férias. Ele queria ter certeza de que a esposa e outras convidadas, que não esquiavam muito bem, tivessem companhia. A duquesa escolhera Dunne, que trabalhava num banco comercial e mais tarde foi descrito como "sósia do Super-Homem", e David Waterhouse, então um capitão na Cavalaria da Guarda. Enquanto a maioria do grupo saía para as pistas mais difíceis, os dois homens acompanhavam Catherine Soames, ex-esposa do parlamentar conservador Nicholas Soames, e Diana nas encostas menos exigentes. Deram-se muito bem. Diana descobriu que Waterhouse era um homem de muito bom humor, com uma personalidade magnética. Philip era "bastante doce", mas não mais do que isso. Na verdade, Diana era muito mais amiga da irmã dele, Millie, que na ocasião trabalhava na Capital Radio, dirigindo a campanha "Ajude uma criança de Londres".

Ironicamente, foi Dunne quem se tornou o foco das atenções quando, naquele verão, o abalado casamento do príncipe e da princesa de Gales foi analisado mais a fundo. Começou com outro convite inocente, desta vez dos pais de Philip, Henrietta e Thomas Dunne, o então governador real de Herefordshire, em Gatley Park.

Os Dunne se ausentaram para uma caçada no fim de semana e ofereceram com prazer sua casa para que o filho e seus convidados ali se hospedassem. Os companheiros de esqui estavam presentes, assim como alguns outros amigos. Esses amigos foram convenientemente esquecidos quando um colunista noticiou, de forma insinuante, que Diana ficara a sós com Dunne na casa dos pais dele.

A preocupação pública com o casamento do príncipe e da princesa de Gales era acompanhada por uma crescente irritação pelo comportamento dos membros mais jovens da família real. O clima descontraído de hedonismo, que todos apreciavam nos primeiros anos da vida real de Fergie, começava agora a incomodar. Diana foi advertida antes por sua astróloga, Penny Thornton. Durante uma visita, na primavera de 1987, ela disse à princesa que teria de pagar por tudo o que fizesse nos próximos meses. O comportamento jovial nas encostas de esqui foi seguido, em abril, por críticas quando perceberam Diana rindo enquanto assistia a uma parada de jovens oficiais em Sandhurst. Mais tarde ela explicou que seu riso nervoso fora causado pelos gracejos do comandante e também por sua ansiedade pelo pequeno discurso que teria de fazer. Infelizmente, os danos estavam feitos. Dois meses depois, em Royal Ascot, ela foi submetida de novo a uma inspeção crítica. Os fotógrafos registraram o momento em que Diana e Sarah cutucaram a amiga Lulu Blacker no traseiro com seus guarda-chuvas.

O mundo, atento, manifestou em coro sua desaprovação. "É frivolidade demais", protestou o *Daily Express,* enquanto outros comentaristas acusavam as jovens de terem se comportado como atrizes numa novela. Muito se disse sobre o comportamento de Diana no casamento do filho do duque de Beaufort, o marquês de Worcester, com a atriz Tracy Ward. Registrou-se que o príncipe Charles saiu cedo, enquanto ela dançava até de madrugada com diversos parceiros, inclusive o proprietário de uma galeria de arte, David Ker, o *marchand* Gerry Farrell e Philip Dunne. A maneira como ela dançava, com extremo vigor, despertou muitos comentários, embora quase ninguém falasse que Charles passara a maior parte da noite absorvido numa conversa particular com Camilla Parker Bowles.

O nome de Philip Dunne tornou a aparecer quando o indicaram, de forma equivocada, como o companheiro de Diana num show de David Bowie, no estádio de Wembley. Na verdade, foi David Waterhouse quem fotografaram a conversar com ela, enquanto o homem sentado ao seu lado, o visconde Linley, foi convenientemente cortado da foto. Diana chorou muito quando viu a foto nos jornais de segunda-feira. Ela sabia do interesse da imprensa por seus amigos do sexo masculino e por isso se irritou consigo mesma por permitir que David Waterhouse sentasse tão perto. Foi uma lição salutar, agravada pelo fato de que ela, como admitiu, exagerara ao usar uma calça de couro para ir ao show. Mais uma vez, Diana tentava se comportar como Fergie, mas os cortesãos do palácio de Buckingham acharam que seu traje não era apropriado para uma futura rainha.

O pior ainda estava para acontecer. No dia 22 de setembro, o príncipe Charles voou para Balmoral, enquanto Diana e os filhos permaneciam no palácio de Kensington. Os dois não se veriam por mais de um mês. A tensão era evidente. Cada vez que deixava o palácio de Kensington, Diana sabia que era seguida por fotógrafos, na esperança de captarem-na num momento desprevenido. Ela, Julia Samuel e David Waterhouse foram fotografados no momento em que saíam de um cinema no West End. Waterhouse não ajudou a amenizar a situação, ao passar com o carro por uma área de pedestres e sair em disparada pela noite. Em outra ocasião, um cinegrafista independente alegou ter filmado a princesa empenhada em brincadeiras de mau gosto, em companhia de David Waterhouse e outros amigos, ao saírem da casa de Kate Menzies. Na mesma ocasião, outros fotógrafos se distraíam na Escócia. Lady Tryon, conhecida como "Kanga", uma das confidentes de Charles no seu tempo de solteiro, foi fotografada a seu lado. Contudo, ninguém na imprensa mencionou o nome de Camilla Parker Bowles, que era também uma das convidadas.

Embora o público desconhecesse o fato, a princesa sabia muito bem que Camilla passava cada vez mais tempo em companhia do príncipe Charles. Um sentimento de injustiça a consumia. Sempre que a surpreendiam com um homem solteiro, por mais inocentes que fossem as circunstâncias, os jornais noticiavam em manchete, enquanto a amizade de seu marido com Camilla não despertava estranheza em ninguém. Como Philip Dunne, David Waterhouse e mais tarde James Gilbey e o capitão James Hewitt descobriram, a um grande custo, os encontros com a princesa de Gales geram um alto preço em publicidade e atenção pessoal indesejável.

A crise no relacionamento do príncipe e da princesa de Gales tornou-se alvo de comentários não apenas dos tabloides sensacionalistas, mas também dos jornais sérios, de emissoras de rádio e televisão, e até da imprensa internacional. Dessa vez, o palácio resolveu enfrentar a tempestade de notícias. Jimmy Savile, que muitas vezes atuou como um influente intermediário nos círculos reais, ofereceu seus serviços. Em outubro, quando as especulações sobre o casamento dos Gales alcançou um nível febril, ele sugeriu ao distante casal real que seria um bom exercício de relações públicas se visitassem Dyfed, no sul de Gales, arrasada por uma inundação. Ele alegou que serviria para dissipar em parte as intrigas maldosas.

A curta viagem não foi um sucesso. O clima foi fixado no momento em que Diana se encontrou com o marido, na base Northolt da RAF, para um voo rápido até Swansea. Numa cena testemunhada por diversas pessoas, o afastamento do casal ficou mais do que evidente. Diana já se sentia nervosa antes de ver o marido, mas se achava despreparada para a hostilidade de Charles, quando embarcou no jato BAe 146, da Esquadrilha da Rainha. Quando ela tentou explicar que sofria muito com os jornalistas, que seguiam cada movimento seu, o príncipe se mostrou completamente indiferente. "Ora, qual é o problema?", murmurou ele, em tom resignado, quando Diana falou sobre as dificuldades de cumprir seus deveres públicos num clima como aquele. Ele se recusou a escutar e ignorou sua presença durante a maior parte do voo. Mais tarde, Diana disse a amigos: "Foi horrível. Eu estava clamando por socorro." A distância no relacionamento foi enfatizada quando, ao final da visita, eles seguiram para cantos opostos do país.

Era tempo de a princesa efetuar uma avaliação da situação. Ela se lembra muito bem da ocasião, quando deixou a claustrofobia do palácio de Kensington, com suas câmeras espiãs, cortesãos vigilantes e muros de prisão, seguindo para sua praia predileta, na costa de Dorset. Andando sozinha pela areia, Diana compreendeu que qualquer esperança que pudesse ter acalentado de uma reconciliação com o marido estava acabada. A indiferença hostil de Charles tornava completamente irrealista a perspectiva de começar de novo. Ela tentara se ajustar a tudo o que o príncipe queria, mas seus esforços em imitar o comportamento da duquesa de York, por quem o príncipe Charles tinha tanta admiração, resultaram num desastre total. Não contribuíram para aproximá-la de Charles e serviram apenas para fazer um escárnio de sua imagem pública. A princesa, por outro lado, sentia-se contrafeita com o mundo de frivolidade superficial simbolizado pela duquesa de York. Diana sabia, no fundo de seu coração, que para sobreviver precisava redescobrir a verdadeira Diana Spencer, a moça cuja personalidade fora esquecida durante sete anos, até que submergisse por completo. Era tempo de enfrentar os fatos de sua vida. Por um longo período, não assumira o controle, submetendo-se docilmente aos desejos do marido, da família real e da imprensa. Naquelas caminhadas longas e solitárias, ela começou a aceitar os desafios de sua posição e destino. Agora era o momento de começar a acreditar em si mesma.

6 "Minha vida mudou de rumo"

A PRINCESA DE GALES estava tomada por autocomiseração. As férias esquiando haviam sido arruinadas por uma gripe forte, que a deixara de cama por dias. No início da tarde de 10 de março de 1988, a figura toda desgrenhada da duquesa de York apareceu em seu quarto, no isolado chalé alugado em Wolfgang, perto da cidadezinha de Klosters. Fergie, que na ocasião estava grávida da princesa Beatrice, esquiava pela pista Christobel quando sofreu uma queda inesperada e caiu de costas, de forma vergonhosa, num córrego da montanha.

Fergie foi examinada por um médico local, e depois, pálida e abalada, levada ao chalé. Enquanto as duas conversavam, ouviram um helicóptero passar por perto. Foram dominadas pelo presságio de que ocorrera uma avalanche que atingira alguém do grupo. As duas estavam bastante aflitas quando, pouco depois, o secretário de imprensa do príncipe Charles, Philip Mackie, entrou no chalé. Ele não sabia que havia alguém lá em cima, e as moças ouviram-no dizer: "Houve um acidente." Depois que ele concluiu o telefonema, elas gritaram lá de cima, indagando o que acontecera. Mackie, um antigo editor-assistente do *Edinburgh Evening News*, tentou se esquivar às perguntas, dizendo apenas: "Contaremos tudo depois." Dessa vez, Diana não se deixou intimidar por um cortesão do palácio e exigiu que ele informasse qual era o problema. Mackie contou que houvera um acidente nas encostas e que alguém do grupo morrera.

Pelo que pareceu uma eternidade, a princesa e a concunhada ficaram sentadas no alto da escada, mal se atrevendo a respirar, muito menos se mexer, enquanto aguardavam ansiosas por mais notícias. Minutos depois, alguém ligou para informar que a vítima era um homem. Mais um pouco e o príncipe Charles telefonou, chocado e consternado, e informou a Philip Mackie que ele estava bem, mas o major Hugh Lindsay, um ex-camarista da rainha, morrera no acidente. Todos começaram a tremer, mostrando os primeiros sinais de desespero. Enquanto a duquesa chorava, Diana, com o estômago embrulhado pela emoção, achou que era melhor cuidar dos aspectos práticos da situação, antes que o pleno impacto da tragédia tomasse conta de todos. Ela então arrumou a mala de Hugh, enquanto Fergie recebia seu passaporte, para entregar ao inspetor Tony Parker, o segurança de Charles. A princesa guardou na mala, com todo o cuidado, o anel de sinete de Hugh, o relógio e a peruca preta crespa que ele usara na noite anterior para sua hilariante imitação de Al Jolson.

Diana levou a mala pronta para baixo e meteu-a por baixo da cama de Tony Parker a fim de que estivesse à mão quando fossem embora. O chalé ficou na maior confusão naquela noite, com um fluxo interminável de visitantes. Um inspetor suíço apareceu para indagar sobre as circunstâncias da morte, que ocorrera quando uma avalanche atingira o grupo, ao descerem esquiando pela Wang, uma encosta famosa, quase perpendicular, que costuma tirar algumas vidas durante a temporada. Outro visitante foi Charles Palmer-Tomkinson, cuja esposa, Patti, estava sendo submetida a uma operação de sete horas nas pernas, por causa dos ferimentos que sofrera na avalanche. Diana estava mais preocupada com a disposição do príncipe Charles de voltar às encostas no dia seguinte. O príncipe ainda não se convencera de que deveriam interromper as férias, mas Diana acabou prevalecendo. Diana percebeu que ele sofria de choque e não podia naquele momento terrível avaliar a enormidade da tragédia. Dessa vez, Diana sentiu-se no comando absoluto de uma situação muito difícil. Na verdade, foi ela quem decidiu, dizendo ao marido que tinham a obrigação de retornar à Inglaterra com o corpo de Hugh. Diana argumentou que era o mínimo que podiam fazer por sua esposa Sarah, uma funcionária das mais populares da assessoria de imprensa do palácio de Buckingham, que casara há apenas poucos meses e agora esperava o primeiro filho.

No dia seguinte, o grupo voltou à base Northolt da RAF, nos arredores de Londres, onde Sarah, grávida de seis meses, observou o caixão do marido ser retirado do avião, com as devidas honras militares. Enquanto o grupo real cercava Sarah, Diana se lembra de ter pensado: "Nunca se sabe o que se vai passar nos próximos dias." Seu instinto provara ser angustiosamente verdadeiro. Sarah passou os dias seguintes com Diana e sua irmã, Jane, em Highgrove, enquanto tentava assimilar a morte de Hugh. Havia lágrimas do amanhecer ao anoitecer, com Sarah falando a Diana sobre Hugh, o quanto ele significava para ela. Sua perda era ainda mais difícil de aceitar porque a morte ocorrera no exterior.

A tragédia teve um efeito profundo sobre Diana. Ensinou-lhe que não apenas podia lidar com uma crise, mas também que podia assumir o controle e tomar decisões de peso, mesmo com a oposição do marido. Klosters foi o início do lento processo de despertar para as qualidades e possibilidades que havia dentro dela.

Um telefonema incisivo de sua amiga Carolyn Bartholomew abriu outra janela para o seu interior. Há algum tempo que Carolyn se preocupava com a bulimia de Diana e descobrira horrorizada que a privação crônica de minerais vitais, como crômio, zinco e potássio, pode levar a depressão e cansaço. Ela ligou para Diana, exigindo que ela procurasse um médico. Diana não tinha a menor vontade de discutir seus problemas com um especialista. Carolyn deu-lhe um ultimato. Ou Diana procurava um médico, ou ela revelaria ao mundo a doença da princesa, que até aquele momento conseguira manter o assunto em segredo. Diana falou com o médico da família Spencer, que recomendou o Dr. Maurice Lipsedge, um especialista em distúrbios alimentares que trabalha no Guy's Hospital, no centro de Londres. A partir do momento em que ele entrou em sua sala de estar no palácio de Kensington, Diana sentiu que se tratava de um homem compreensivo, em quem poderia confiar. O médico não perdeu tempo com cortesias sociais e foi logo perguntando quantas vezes ela tentara cometer suicídio. Embora assustada com a brusca indagação, Diana deu uma resposta franca: "Quatro ou cinco vezes."

Ele fez outras perguntas, durante cerca de duas horas, antes de declarar que poderia ajudá-la a se recuperar num instante. Mais do que isso, sentia-se bastante confiante para afirmar, em termos categóricos, que se ela conseguisse manter os alimentos no estômago, em apenas seis meses seria uma nova pessoa. O Dr. Lipsedge concluiu que o problema não era da princesa, mas sim de seu marido. Visitou-a todas as semanas, durante uns poucos meses subsequentes. Estimulou-a a ler livros sobre a sua doença. Embora tivesse de lê-los em segredo, para que nem o marido, nem seus assessores vissem, Diana experimentava um regozijo interior a cada página que virava. "Eu sou assim, eu sou assim, e não sou a única", disse a Carolyn, descrevendo o que pensava.

O diagnóstico do médico reforçou ainda mais sua autoestima, que começava a desabrochar. Precisava de toda ajuda que pudesse obter. Mesmo enquanto iniciava o longo caminho para a recuperação, o marido escarnecia de seus esforços. Às refeições ele a observava comer e comentava: "Não vai vomitar depois, não é? Que desperdício."

A previsão do Dr. Lipsedge provou ser correta. Depois de seis meses, a melhora era perceptível. Diana contou que tinha a sensação de que renascera. Antes de iniciar o tratamento, ela vomitava regularmente quatro vezes por dia. Depois, isso se reduziu a uma vez a cada três semanas. Contudo, quando estava com a família real, em Balmoral, Sandringham ou Windsor, as tensões e pressões desencadeavam uma recorrência mais grave. O mesmo acontecia em Highgrove, a casa de campo do casal, que Diana considerava território de Charles, onde ele recebia os amigos, como Andrew e Camilla Parker Bowles, e membros de sua assessoria. Desde o começo, ela detestou a casa georgiana, e a passagem do tempo só contribuiu para exacerbar seus sentimentos. Cada fim de semana que passava ali com o marido acarretava ansiedade, seguida pouco depois por um ataque de bulimia.

Ao mesmo tempo em que decidiu finalmente lutar contra a bulimia, Diana resolveu também confrontar a mulher por quem sentira tanta ansiedade e raiva. Aconteceu quando ela e o príncipe Charles compareceram à festa pelos 40 anos da irmã de Camilla Parker Bowles, Annabel Elliot, realizado em Ham Common, perto de Richmond Park. Havia uma suposição tácita entre os quarenta convidados de que Diana não apareceria. Por isso, houve um *frisson* de surpresa quando ela entrou. Depois do jantar, Diana, que conversava com outros convidados numa sala no segundo andar, notou a ausência de seu marido e de Camilla Parker Bowles. Ela desceu e encontrou o marido, Camilla e outros convidados conversando. A princesa pediu aos outros que se retirassem, pois tinha algo importante para dizer a Camilla.

Todos atenderam o pedido e houve um silêncio carregado de expectativa. Seguiu-se uma conversa firme em que Diana expressou todos os seus sentimentos sobre o que acreditava ser a natureza da amizade entre seu marido e Camilla. Há muito ela se preocupava com a influência da "turma de Highgrove" sobre seu marido. Quando se encontrava na residência em Gloucestershire, Diana frequentemente apertava o botão de rediscar no telefone do príncipe. A ligação sempre era para Middlewich House, a residência de Wiltshire dos Parker Bowles. Ela também estava a par da correspondência regular entre seu marido e a Sra. Parker Bowles. Os encontros entre os membros da turma de Highgrove e o príncipe Charles, durante a caça à raposa ou como hóspedes em Balmoral e Sandringham, apenas alimentavam as suspeitas de Diana.

Durante aquela conversa, sete anos de raiva, ciúme e frustração acumulados afloraram. A experiência resultou numa profunda mudança na atitude de Diana. Embora ainda experimentasse um tremendo ressentimento contra o marido, Camilla e a turma de Highgrove, essa não era mais uma paixão desgastante em sua vida.

Foi nessa época que ela se tornou grande amiga de Mara e Lorenzo Berni, que dirigiam o restaurante San Lorenzo, na elegante Beauchamp Place, em Knightsbridge. Mara, que tinha a reputação de ser uma típica mãe italiana, costumava conversar com os clientes sobre seus signos, o significado de seus nomes e a importância dos planetas. Embora Diana frequentasse o restaurante há alguns anos, Mara e Lorenzo só entraram de fato em sua vida algum tempo depois. Ela esperava por uma convidada para o almoço quando Mara, que tende a ser protetora e atenciosa com os clientes prediletos, aproximou-se da mesa e se sentou. Pondo a mão sobre o pulso de Diana, Mara disse que compreendia tudo aquilo por que ela passava. Diana reagiu com ceticismo e pediu-lhe que justificasse sua declaração. Em poucas palavras, Mara descreveu a vida solitária e triste de Diana, as mudanças por que ela passava e o caminho que seguiria. Diana ficou paralisada, atônita com as profundas observações sobre a natureza de sua vida, o que pensava ter conseguido disfarçar do mundo exterior.

Diana fez uma porção de perguntas a Mara sobre seu futuro, se encontraria a felicidade, se poderia escapar do sistema real. Dali por diante, o San Lorenzo tornou-se muito mais do que um restaurante, passou a ser um refúgio seguro da vida turbulenta no palácio de Kensington. Mara e Lorenzo tornaram-se conselheiros que a confortavam, que escutavam a princesa discorrer sobre suas muitas aflições. O amigo comum, James Gilbey, comentou: "Mara e Lorenzo são extremamente sintonizados, muito perceptivos, e compreenderam a infelicidade e frustração em Diana. E ajudaram-na a enfrentar sua situação." O casal estimulou o interesse de Diana por astrologia, cartas do tarô e outros reinos da metafísica alternativa, como a clarividência e a hipnose. O que é mais ou menos uma tradição na família real. O autor John Dale diz que remonta aos tempos da rainha Vitória o que ele chama de "linhagem psíquica da família real". Ao longo dos anos, alega Dale, muitos membros da família real, inclusive a rainha-mãe, a rainha e o príncipe Philip, têm comparecido a sessões espíritas e outras investigações sobre o paranormal. Mais ou menos nessa ocasião, a princesa foi apresentada à astróloga Debbie Frank, que consultou ao longo dos anos. A técnica de Debbie Frank é suave, combinando o aconselhamento geral com a análise do presente e do futuro, na medida em que se relacionam com a conjunção de planetas apropriada à data e hora de nascimento de Diana. Nascida sob o signo de Câncer, Diana possui muitas qualidades típicas desse signo: protetora, obstinada, com uma boa sintonia emocional e aconchegante.

Quando começou a investigar as possibilidades do mundo espiritual, Diana se achava muito aberta, quase até demais, a acreditar em alguma coisa. Sentia-se tão desorientada em seu mundo que se agarrava a qualquer predição, da maneira como um náufrago se segura a um destroço. À medida que a confiança em si mesma aumentou, ela passou a considerar esses métodos de autoanálise e previsão como instrumentos e guias, em vez de um colete salva-vidas para não afundar. Diana achava a astrologia interessante, às vezes relevante e tranquilizadora, mas nunca a motivação dominante de sua vida. Como comentou sua amiga Angela Serota: "Aprender sobre o nosso crescimento interior é a parte mais importante da vida. Esta é a próxima jornada de Diana."

Esse interesse foi um degrau fundamental em seu caminho para o autoconhecimento. Sua visão com a mente aberta das filosofias além da corrente principal do pensamento ocidental refletia a posição do príncipe Charles. Assim como o príncipe e outros membros da família real recorriam à medicina alternativa e crenças holísticas, Diana explorou, de forma independente, os métodos alternativos de considerar o mundo. A astrologia é um desses campos de investigação. Durante a maior parte de sua vida adulta, Diana permitiu-se ser controlada por outros, em particular pelo marido. Sua verdadeira natureza passou tanto tempo submersa que era necessário um certo período para que reaflorasse. Sua viagem de autodescoberta não foi um caminho suave. Para cada dia que se sentia em paz consigo mesma, havia semanas de depressão, ansiedade e dúvida. Durante esses períodos sombrios, o aconselhamento do terapeuta Stephen Twigg foi crucial, e a princesa reconhecia a dívida que tinha com ele. Twigg começou a visitar o palácio de Kensington em dezembro de 1988, para fazer massagens relaxantes. Depois de um treinamento na massagem sueca e de *deep tissue,* ele desenvolveu uma filosofia coerente para a saúde, que liga a mente e o corpo na busca do bem-estar, como na medicina chinesa.

Seu reconhecimento a Stephen Twigg não surpreendeu a baronesa Falkender, ex-assessora política do primeiro-ministro trabalhista Harold Wilson, que foi paciente dele por algum tempo, depois que teve câncer no seio. Diz ela: "Ele deve tê-la ajudado muito, assim como me ajudou. É uma personalidade extraordinária. Ao mesmo tempo em que é excepcional na massagem terapêutica, ele também tem uma filosofia de vida completa, que é desafiadora e ajuda a pessoa a encontrar seu próprio caminho. Faz com que a gente se sinta confiante e relaxada, o que proporciona uma vida nova."

Durante suas consultas a Diana, que duravam cerca de uma hora, ele analisava tudo, de complementos vitamínicos ao significado do universo, enquanto se empenhava em fazer com que os pacientes compreendessem a si mesmos e entrassem em harmonia com seus componentes físicos, mentais e espirituais. Foi por sua sugestão que Diana experimentou complementos vitamínicos, usou processos de desintoxicação e passou a seguir a dieta Hay, que é um sistema alimentar que se baseia na manutenção dos carboidratos e proteínas separados, num padrão definido. Como faz com todos os seus pacientes, ele discutia os processos pelos quais os indivíduos afirmam suas características positivas e analisava as situações ameaçadoras em suas vidas — por exemplo, as visitas de Diana a Balmoral, que a faziam se sentir tão vulnerável e excluída. "Lembre-se de que não é tanto você que tem dificuldades com a família real, mas sim o inverso", disse ele a Diana.

Como Twigg disse: "Pessoas como Diana mostram a todos nós que não importa quanto você tem ou com que privilégios nasceu, seu mundo ainda pode ser limitado pela infelicidade e a saúde deficiente. É preciso tomar coragem para reconhecer as limitações, confrontá-las e mudar sua vida."

Ela experimentou outras técnicas, inclusive a hipnoterapia, com Roderick Lane, e a aromaterapia, uma arte antiga, que envolve o uso de óleos aromáticos para reduzir a tensão, promover a saúde física e a serenidade da mente. "Tem um profundo efeito relaxante", disse Sue Beechey, de Yorkshire, que vem praticando essa arte há vinte anos. Ela produzia os óleos pessoalmente, em sua clínica em Chelsea, levando-os ao palácio de Kensington. Diana muitas vezes combinava isso com uma sessão de acupuntura, uma arte curativa chinesa em que agulhas são usadas para perfurar a pele em pontos determinados, a fim de restaurar o equilíbrio da "energia chi", que é essencial para a boa saúde. As agulhas estimulam linhas de energia invisíveis, chamadas meridianos, que se estendem por baixo da pele. Era efetuada por Oonagg Toffolo, uma enfermeira do condado de Sligo, na Irlanda, que visitava Diana no palácio de Kensington, e tratou também do príncipe William. Como Jane Fonda e Shirley MacLaine, a princesa de Gales também tinha fé no poder curativo dos cristais.

Ela se mantinha em boa forma física com exercícios diários de natação no palácio de Buckingham, assim como aulas de ginástica e o trabalho ocasional com o City Ballet de Londres, do qual era patrona. Diana também tinha um instrutor particular que a treinava nas sutilezas do tai chi chuan, uma técnica de meditação de movimentos lentos, muito popular no Extremo Oriente. Os movimentos são graciosos e contínuos, seguem um padrão determinado, permitindo que a pessoa harmonize mente, corpo e espírito. Ela o apreciava ainda mais por causa de seu amor permanente ao balé. Essa gentil meditação física era correspondida pela paz interior que ela encontrava através da meditação serena e da oração, muitas vezes com Oonagh Toffolo, cuja fé católica foi influenciada por seu trabalho na Índia e no Extremo Oriente.

Embora ainda lesse ficção romântica, de autores como Danielle Steel, que lhe enviava exemplares autografados de seus últimos livros, Diana sentia-se atraída por obras sobre a filosofia holística, cura e saúde mental. Com bastante frequência, pela manhã, ela explorava o pensamento do filósofo búlgaro Mikhail Ivanov. Era uma meditação tranquila num dia movimentado. Ela apreciava muito um exemplar encadernado em couro azul de *O profeta*, do filósofo libanês Khalil Gibran, que lhe foi dado por Adrian Ward-Jackson, a quem ela ajudou a cuidar, quando ele morria de Aids.

Suas preocupações naquela época não tinham muito a ver com o marido, cujo interesse pela medicina holística, arquitetura e filosofia era amplamente reconhecido. Em uma ocasião, quando a viu lendo um livro chamado *Esperança diante da morte*, durante as férias, o príncipe lhe perguntou bruscamente por que desperdiçava seu tempo com essas questões. Mas Diana não sentia mais medo em assumir seus sentimentos, nem de confrontar as emoções desagradáveis e perturbadoras de outros ao se aproximarem da morte, ou até, diga-se de passagem, de perceber o humor e alegria em situações de intenso pesar. Seu amor pela música de coral, "porque atinge as profundezas", era um testemunho eloquente de seu espírito reflexivo sério. Se estivesse numa ilha deserta, suas três primeiras opções seriam a Missa em Dó de Mozart e os *réquiens* de Fauré e Verdi.

Ao longo dos anos, o aconselhamento, as amizades e as terapias holísticas permitiram-lhe recuperar sua personalidade, que sempre fora abafada pelo marido, pelo sistema real e pelas expectativas do público para sua princesa de contos de fadas. A mulher por trás da máscara não era uma coisinha caprichosa e inconsequente, nem uma visão de sagrada perfeição. Era, na verdade, uma pessoa muito mais quieta, introvertida e retraída do que muitos gostariam de acreditar. Como disse Carolyn Bartholomew: "Ela jamais gostou da imprensa, embora de um modo geral a tenham tratado bem. Sempre se sentiu inibida na presença dos repórteres."

À medida que amadurecia, as mudanças físicas se tornaram perceptíveis. Quando pediu a Sam McKnight que cortasse seus cabelos mais curtos, num estilo esportivo, foi uma declaração pública da maneira como se sentia diferente. Sua voz também era um barômetro do modo como amadureceu. Ao falar nos "tempos sombrios", a voz é monótona e baixa, quase se desvanecendo para o nada, como se arrancasse pensamentos de um canto escuro do coração, que só visitava com apreensão. Quando se sentia "centrada", no comando de si mesma, a voz se tornava animada, transbordando de alegria. Ao visitar Diana pela primeira vez, no palácio de Kensington, em setembro de 1989, Oonagh Toffolo observou que a princesa era tímida, nunca a fitava nos olhos. Mais tarde, ela afirmou: "Ao longo dos dois últimos anos ela entrou em contato com sua própria natureza e descobriu uma nova confiança e um sentimento de libertação como jamais conhecera antes." Essa observação foi confirmada por outros. Um amigo que conheceu Diana em 1989 comentou: "Minha impressão inicial foi de uma pessoa muito tímida e retraída. Ela baixava a cabeça, mal me fitava ao falar. Diana irradiava tanta tristeza e vulnerabilidade que senti vontade de abraçá-la. Seu amadurecimento foi enorme desde essa época. Ela tem agora um propósito na vida, não é mais a alma perdida daquele primeiro encontro."

A disposição de Diana em assumir causas desafiadoras e difíceis, como a da Aids, eram um reflexo de sua confiança recém descoberta. À medida que seus interesses se transferiam para o mundo da saúde, ela constatava que dispunha de menos tempo para os diversos patrocínios, e em alguns momentos isso teve resultados constrangedores. Por exemplo, Diana teve uma reunião com executivos de uma companhia de balé, que lhe disseram que gostariam que ela devotasse mais tempo à sua causa. Diana comentou depois: "Há coisas mais importantes na vida do que o balé, há pessoas morrendo nas ruas." No inverno de 1991 e 1992, ela fez sete visitas particulares a albergues para os sem-teto, muitas em companhia do cardeal Basil Hume, o chefe da igreja católica romana na Inglaterra e em Gales, que dirige um fundo de ajuda aos desabrigados. Numa dessas visitas, em janeiro desse ano, Diana e o cardeal Hume passaram quase duas horas com meninos de rua, num albergue na margem sul do Tamisa. Alguns adolescentes, vários com problemas de álcool e tóxicos, receberam-na com perguntas agressivamente hostis; outros apenas se surpreenderam por a princesa se dar ao trabalho de visitá-los numa noite fria de sábado.

Durante a conversa, um escocês embriagado entrou na sala. "Ei, você é linda!", exclamou ele, a voz engrolada, sem saber com quem falava. Informado da identidade da princesa, ele não se perturbou. "Não importa quem ela seja, ainda acho que é linda", disse ele. O cardeal Hume ficou constrangido, mas Diana achou graça do incidente, à vontade entre aqueles jovens. Apesar desses lapsos de comportamento, ela se sentia tranquila nessas ocasiões, muito mais do que quando se encontrava com a família real e seus cortesãos. Em Royal Ascot, em 1991, ela presenciou as corridas em apenas dois dos cinco dias, antes de cumprir outros compromissos. No passado, gostava do desfile anual de moda e cavalos em Ascot, mas passou a achar que era um espetáculo frívolo. Como disse a amigos: "Não gosto mais das ocasiões glamourosas. Sinto-me contrariada. Prefiro sempre estar fazendo alguma coisa útil."

Ironicamente, foi o amor do príncipe Charles ao polo que proporcionou a Diana uma compreensão maior do seu próprio valor. O príncipe fraturou o braço direito durante uma partida em Cirencester, em junho de 1990. Foi levado a um hospital local, mas o braço, mesmo depois de semanas de descanso e recuperação, não reagiu ao tratamento. Os médicos aconselharam uma segunda operação. Os amigos Charles e Patti Palmer-Tomkinson recomendaram o hospital universitário em Nottingham.

Embora fosse um hospital integrado ao Serviço Nacional de Saúde, o príncipe foi instalado numa suíte particular, recém-decorada. Levou do palácio de Kensington seu mordomo, Michael Fawcett, e seu cozinheiro particular. Durante as visitas ao marido, Diana passava bastante tempo com outros pacientes, em particular na unidade de tratamento intensivo. A princesa confortou Dean Woodward, que estava em coma, depois de um acidente de carro; quando ele se recuperou, Diana foi visitá-lo na casa de sua família. Era um gesto espontâneo, mas Diana ficou horrorizada quando a notícia dessas visitas secretas foram divulgadas ao público, depois que a família vendeu a pauta a jornais nacionais.

Um incidente significativo para Diana ocorreu nesse mesmo hospital, longe das câmeras, dos dignitários sorridentes e do público vigilante. O drama começara três dias antes, num quintal em Balderton, uma aldeia perto de Newark, quando a dona de casa Freda Hickling sofreu um colapso, com hemorragia cerebral. Quando Diana a viu pela primeira vez, por trás das telas na unidade de tratamento intensivo, ela estava ligada a um sistema de manutenção da vida. O marido, Peter, sentava ao lado da esposa, segurando sua mão. Diana, que visitava pacientes no hospital, já fora informada por um diretor que havia pouca esperança de recuperação naquele caso. Diana pediu a Peter para se juntar a ele. Durante as duas horas seguintes, ela sentou ali, de mãos dadas com Peter e Freda Hickling, até que o médico comunicou a Peter que sua esposa morrera. Diana foi com Peter, o enteado dele, Neil, e sua namorada, Sue, para uma sala. Sue, chocada demais por ter visto Freda presa a um sistema de manutenção da vida, não reconheceu Diana a princípio, pensando vagamente que era alguém da televisão. "Pode me chamar de Diana", disse a princesa. Ela conversou sobre questões corriqueiras, como o tamanho do hospital, o braço fraturado de seu marido, e fez perguntas a Neil sobre seu trabalho com silvicultura. Diana acabou decidindo que Peter precisava de uma boa dose de gim e pediu a seu segurança que fosse buscar. Como ele demorou a voltar, a própria princesa foi providenciar.

Peter, um ex-servidor público municipal de 53 anos, recordou: "Ela tentava nos animar. Para alguém que não sabia nada a nosso respeito, era uma verdadeira profissional em controlar as pessoas e tomar decisões rápidas. Diana fez um grande trabalho em manter Neil calmo. Quando fomos embora, ele já conversava com Diana como se a tivesse conhecido por toda a sua vida. Deu-lhe até um beijo no rosto ao descermos a escada."

Seus sentimentos foram endossados pelo enteado, Neil, que disse: "Ela se mostrou uma pessoa muito interessada e compreensiva, alguém em quem se podia confiar. Compreendia a morte e o sofrimento."

Enquanto Neil e Peter providenciavam o funeral, foram surpreendidos e comovidos ao receberem uma carta da princesa, em papel timbrado do palácio de Kensington. Remetida em 4 de setembro de 1990, a carta dizia:

"4 de setembro de 1990

Querido Peter,

Tenho pensado muito em você e em Neil durante os últimos dias — não posso imaginar o que estão passando, a dor e o desespero.

Ambos foram extraordinariamente corajosos no sábado, mas tenho me preocupado com o que vocês terão de enfrentar agora.

Queria que soubessem que sempre me lembro de vocês em meus pensamentos e orações, e espero que me perdoem por incluir algo que acredito poder lhes proporcionar algum conforto.

Apresento minhas condolências e minha sincera simpatia por pessoas tão especiais.

Com amor,

Diana"

Era outro evento crucial para uma mulher que por tanto tempo acreditara que não tinha o menor valor, com pouca coisa a oferecer ao mundo, além de sua noção de classe. A vida na família real fora diretamente responsável por criar essa confusão. Como seu amigo James Gilbey afirmou: "Quando ela foi ao Paquistão, no ano passado, espantou-se ao constatar que cinco milhões de pessoas apareceram para vê-la. Uma batalha extraordinária é travada na mente de Diana. 'Como é possível que todas essas pessoas queiram me ver, e depois chego em casa à noite e levo uma vida insignificante? Ninguém diz que fiz um bom trabalho.' Ela tem essa incrível dicotomia em sua mente. Conta com toda essa adulação no mundo exterior, e leva uma extraordinária vida vazia em casa. Não há ninguém nem nada em casa, no sentido de que ninguém lhe diz coisas boas... à exceção dos filhos, é claro. Dentro de casa ela se sente num mundo estranho."

As pequenas coisas significavam muito para Diana. Ela não procurava o louvor, mas se as pessoas lhe agradecessem por ajudar num compromisso público, um dever de rotina se transformava num momento muito especial. Anos antes, ela não acreditava nos aplausos que recebia; agora sentia-se muito mais à vontade ao aceitar uma palavra gentil ou um gesto cordial. Se ela fizesse uma diferença, considerava que ganhara o dia. Diana conversava com líderes da igreja, inclusive o arcebispo de Canterbury e diversos bispos eminentes sobre o desabrochar dessa sua profunda necessidade de ajudar os doentes e agonizantes. "Em qualquer lugar em que vejo o sofrimento, é lá que quero estar, fazendo o que puder", disse ela.

As visitas a hospitais especializados, como Stoke Mandeville ou o hospital infantil Great Ormond Street, não constituíam um dever, mas sim algo bastante satisfatório. Como Barbara Bush, a primeira-dama dos Estados Unidos, descobriu ao acompanhar a princesa numa visita à enfermaria de Aids do Middlesex Hospital, em julho de 1991, não há nada de sentimental na atitude de Diana em relação aos doentes. Quando um paciente desatou a chorar, durante a conversa com a princesa, Diana deu-lhe um abraço espontâneo. Foi um momento comovente, que afetou a primeira-dama americana e outras pessoas presentes. Embora tenha falado mais tarde sobre a necessidade de oferecer carinho às vítimas da Aids, aquele momento foi uma realização pessoal para Diana. Ao abraçar o paciente, era a sua própria personalidade que se manifestava, sem se conformar ao papel de princesa.

Seu envolvimento nos cuidados com as vítimas da Aids inicialmente foi alvo de hostilidade, traduzida de forma regular em cartas anônimas, mas era parte de seu desejo ajudar as vítimas esquecidas pela sociedade. Seu trabalho com leprosos, viciados em drogas, desabrigados e crianças vítimas de abusos sexuais a mantinha em contato com problemas e questões que não tinham uma solução fácil. Como disse sua amiga Angela Serota: "Ela passou a se preocupar com a Aids porque constatou que nada se fazia para ajudar esse grupo de pessoas. É um erro pensar que ela só está interessada na Aids e na questão da Aids. Diana se preocupa com os doentes e as doenças."

A Aids é uma doença que não apenas exige um aconselhamento hábil e sensível, mas também a coragem de enfrentar os tabus que envolvem uma doença sem cura conhecida. Diana assumiu os problemas pessoais e sociais gerados pela Aids com franqueza e compaixão. Como disse seu irmão Charles: "Tem sido bom para ela defender uma causa realmente difícil. Qualquer pessoa pode se dedicar a uma obra de caridade comum, mas é preciso ter uma preocupação sincera e ser capaz de dar muito de si para arcar com algo que as outras pessoas nem sonham em tocar." Ele testemunhou essas qualidades quando pediu a um amigo americano, que estava morrendo de Aids, para ser um dos padrinhos de sua filha, Kitty. O voo de Nova York deixou o amigo exausto, e ele se sentia compreensivelmente nervoso por estar na presença da realeza. "Diana percebeu logo qual era o problema. Aproximou-se dele, começou a conversar, da melhor maneira cristã. Queria saber se ele estava bem, se aguentaria todas as tarefas do dia. A preocupação de Diana foi muito importante para ele", recordou Charles.

Foi sua preocupação com um amigo que em 1991 a envolveu no que talvez tenha sido o período mais emocional de sua vida até aquele momento. Durante cinco meses, ela ajudou secretamente a cuidar de Adrian Ward-Jackson, que descobrira que sofria de Aids. Foi uma época de riso, alegria e profundo pesar, enquanto Adrian, uma figura proeminente no mundo da arte, balé e ópera, sucumbia pouco a pouco à doença. Um homem de grande carisma e energia, Adrian a princípio teve dificuldade para aceitar seu destino, quando foi diagnosticado, em meados da década de 1980, que estava com o HIV positivo. Seu trabalho como vice-presidente do Fundo de Crise da Aids, onde conhecera a princesa, tornara-o plenamente consciente da realidade da doença. Foi em 1987 que deu a notícia à sua grande amiga, Angela Serota, que foi bailarina do Royal Ballet até que uma lesão na perna interrompeu sua carreira e, mais tarde, se tornou uma proeminente promotora de dança e balé. Durante muito tempo, Angela, uma mulher de serenidade e pragmatismo, cuidou de Adrian, sempre com o apoio de suas duas filhas adolescentes.

Ele estava bastante bem para receber o título de CBE (Comandante da Ordem do Império Britânico) no palácio de Buckingham, em março de 1991, por seu trabalho pelas artes — foi diretor do Royal Ballet, presidente da Sociedade de Artes Contemporâneas e diretor da Associação do Museu do Teatro. Foi no almoço de comemoração, na Tate Gallery, que Angela conheceu a princesa. O estado de Adrian se deteriorou em abril de 1991, e ele ficou confinado a seu apartamento em Mayfair, recebendo cuidados de Angela de forma quase constante. Foi desse momento em diante que Diana passou a fazer visitas regulares, uma vez até levando os filhos. Angela e a princesa começaram a forjar um vínculo de apoio, enquanto cuidavam do amigo. Angela recordou: "Achei que ela era de uma beleza excepcional, de uma maneira muito profunda. Diana possui um espírito interior que brilha intensamente, embora haja também um sentimento de infelicidade inequívoco. Lembro que adorava o fato de que ela nunca queria que eu fosse formal."

Quando Diana levou os meninos para visitar os amigos, um reflexo de sua firme convicção de que o papel de mãe era criá-los de uma maneira que os preparasse para todos os aspectos da vida e da morte, Angela achou que William era um menino muito mais velho e mais sensível para a sua idade. "Ele tinha uma visão amadurecida da doença, uma perspectiva que demonstrava percepção do amor e obrigação."

A princípio, Angela mantinha-se em segundo plano, deixando Diana sozinha no quarto de Adrian, onde eles conversavam sobre amigos em comum e outros aspectos da vida. Muitas vezes ela levava para Angela, a quem chama de "Dame A", flores ou um presente similar. Angela recordou: "Adrian gostava de ouvi-la falar sobre seu trabalho cotidiano, e também adorava o lado social da vida. Ela o fazia rir, mas havia sempre o grau perfeito de compreensão, devoção e solicitude. Esse é o ponto principal em Diana, ela não é apenas uma figura decorativa, flutuando numa nuvem de perfume." O ânimo na Mount Street era invariavelmente alegre, com o senso de felicidade que compreende o sofrimento. Como Angela afirmou: "Não vejo a morte como triste ou deprimente. Era uma grande jornada que ele estava iniciando. A princesa sintonizava com esse espírito. Ela também gostava de se expressar, era uma experiência intensa. Ao mesmo tempo, Adrian sentia-se revigorado pela qualidade curativa de sua presença." Angela lia diversas obras de São Francisco de Assis, Khalil Gibran e a Bíblia, além de frequentemente aplicar em Adrian tratamentos de aromaterapia. Um ponto alto foi um telefonema da Madre Teresa de Calcutá, que também mandou um medalhão por intermédio de amigos indianos. No funeral de Adrian, entregaram a Diana uma carta de Madre Teresa, dizendo o quanto se sentia ansiosa em conhecê-la quando ela visitasse a Índia. Infelizmente Madre Teresa estava doente na ocasião e por isso a princesa fez uma viagem especial a Roma, onde ela se recuperava. O bilhete afetuoso significou muito para a princesa.

Quando não podia ir até lá, Diana sempre telefonava para o apartamento a fim de se informar sobre o estado de saúde do amigo. No seu aniversário de 30 anos usou uma pulseira de ouro que Adrian lhe dera como sinal de sua afeição e solidariedade. Apesar de tudo, a decisão firme e antiga de Diana, de estar com Adrian no momento em que ele morresse, quase foi frustrada. Em agosto, seu estado se agravou, e os médicos aconselharam a remoção para um quarto particular no hospital St. Mary's, em Paddington, onde poderia ser tratado de forma mais eficaz. Diana partira num cruzeiro de férias pelo Mediterrâneo com a família, a bordo do iate do milionário grego John Latsis. Foram feitos planos para levá-la do iate de helicóptero, até um avião particular, a fim de que pudesse estar ao lado do amigo no final. Antes de viajar, Diana visitou Adrian no apartamento. "Ficarei esperando por você", disse ele. Com essas palavras gravadas em seu coração, Diana voou para a Itália, contando as horas até seu retorno.

Assim que desembarcou do jato real, ela seguiu direto para o hospital. Angela recordou: "De repente soou uma batida na porta. Era Diana. Abracei-a e puxei-a para dentro do quarto, para que visse Adrian. Ela ainda vestia uma blusa de malha, exibia seu bronzeado. Foi maravilhoso para Adrian vê-la assim."

Ela voltou ao palácio de Kensington, mas tornou a aparecer no dia seguinte, levando diversos presentes. Seu cozinheiro, Mervyn Wycherley, aprontara uma enorme cesta de piquenique para Angela, e o príncipe William entrou no quarto quase escondido por um enorme buquê de jasmins das estufas de Highgrove. A decisão de Diana de levar William fora cuidadosamente calculada. Àquela altura, Adrian já não tomava mais qualquer medicamento e sentia-se muito em paz consigo mesmo. "Diana não teria levado o filho se a aparência de Adrian fosse horrível", garantiu Angela. Na volta para casa, William pediu à mãe: "Se Adrian começar a morrer enquanto eu estiver na escola, quero que me avise, para poder ir ao hospital."

Mais uma vez, o dever real chamou e Diana teve de acompanhar a rainha e o resto da família durante o retiro anual em Balmoral. Ela partiu sob a condição de ser chamada no instante em que o estado de Adrian piorasse, tendo verificado antes que levaria sete horas na viagem de carro da Escócia a Londres.

Na segunda-feira, 19 de agosto, ele começou a definhar. O cônego Roger Greenacre já ministrara a extrema-unção, mas ao cair da noite as enfermeiras ficaram tão alarmadas com o estado de Adrian que acordaram Angela de um cochilo e lhe disseram que era melhor telefonar para Diana. O último voo para Londres já partira, e por isso Diana tentou contratar um avião particular. Não havia nenhum disponível. Ela decidiu seguir de carro pelos mil quilômetros de Balmoral a Londres, acompanhada por seu segurança. Depois de viajar noite afora, a princesa chegou ao hospital às quatro horas da madrugada. Manteve uma vigília por horas, segurando a mão de Adrian e afagando seu rosto. Uma vigília similar foi mantida ao longo da terça e quarta-feiras. "Partilhamos tudo. Ao final, foi uma longa marcha", recordou Angela. Não é de admirar que Diana se sentisse esgotada na manhã de quarta-feira. Estava no corredor, tirando um cochilo, quando as campainhas de alarme soaram num quarto que ficava quatro portas além. Uma mãe que acabara de se submeter a uma operação cardíaca tivera um novo ataque, agora fatal. Infelizmente, os filhos e a família da mulher se encontravam no quarto na ocasião. Enquanto médicos e enfermeiras acorriam com equipamentos eletrônicos, Diana ficou confortando os parentes transtornados. Para eles, era a dor da incredulidade. Num momento a mãe estava conversando, no instante seguinte estava morta. Diana lhes fez companhia por muito tempo, até deixarem o hospital. Ao se despedirem, o filho mais velho disse a Diana: "Deus levou nossa mãe, mas pôs um anjo em seu lugar."

A notícia vazou na quinta-feira, e alguns fotógrafos foram esperar por Diana na frente do hospital. "As pessoas acharam que Diana só apareceu no final. É claro que não foi assim. Partilhamos tudo", disse Angela. O fim chegou na quinta-feira, 23 de agosto. Assim que Adrian morreu, Angela foi telefonar para Diana. Antes mesmo que ela pudesse dizer qualquer coisa, a princesa declarou: "Já estou a caminho." Ela chegou pouco depois, fizeram juntas a Oração do Senhor, e depois Diana deixou os amigos a sós pela última vez. "Não conheço qualquer outra pessoa que teria pensado em mim primeiro", comentou Angela. O lado protetor de Diana acabou prevalecendo. Ela arrumou uma cama para a amiga, ajeitou-a ali e deu um beijo de boa-noite.

Enquanto ela dormia, Diana concluiu que seria melhor se Angela fosse se encontrar com sua família, de férias na França. Arrumou uma mala para a amiga, telefonou para o marido em Montpellier, avisando que Angela voaria para lá assim que acordasse. Depois, Diana subiu para dar uma olhada na maternidade, onde seus filhos haviam nascido. Diana sentia que era importante ver a vida, além da morte, a fim de tentar equilibrar o profundo sentimento de perda com um sentimento de renascimento. Naqueles últimos meses, Diana aprendera muito sobre si mesma, refletindo o novo começo que fizera na vida.

Era ainda mais satisfatório porque, pela primeira vez, não se curvara à pressão da família real. Sabia que deixara Balmoral sem solicitar a permissão da rainha, e nos últimos dias houvera muita insistência para que voltasse imediatamente. A família achava que uma visita simbólica seria suficiente e parecia apreensiva com sua demonstração de lealdade e devoção, que ia muito além do tradicional chamado do dever. O marido nunca tivera muita consideração pelos interesses de Diana e estava contrariado por todo o tempo que ela passara cuidando do amigo. Não podiam entender que ela assumira uma obrigação com Adrian Ward-Jackson, uma obrigação que se dispusera a cumprir a todo o custo. Diana não podia desmerecer a confiança que ele lhe concedera. Naquele momento crítico, ela sentiu que sua lealdade aos amigos era tão importante quanto o dever com a família real. Como ela comentou para Angela: "Vocês dois precisam de mim. É um estranho sentimento, ser querida apenas pelo que sou. Por que eu?"

A princesa foi o anjo da guarda de Angela no funeral de Adrian, segurando sua mão durante todo o tempo. No serviço memorial, ela precisava do ombro da amiga para chorar. Só que isso não aconteceu. As duas até tentaram sentar juntas, mas os cortesãos do palácio de Buckingham não permitiram. O serviço na igreja de St. Paul, em Knightsbridge, foi uma ocasião formal, a família real tinha de sentar nos bancos do lado direito, enquanto a família e amigos do falecido ficavam à esquerda. No sofrimento, como em tantas outras coisas na vida de Diana, a mão pesada do protocolo real impedia-a de passar por aquele momento muito particular da maneira como gostaria. Durante o serviço, a dor de Diana foi patente, enquanto lamentava o homem cujo caminho para a morte lhe proporcionara tanta fé em si mesma.

A princesa não sentia mais que precisava disfarçar seus verdadeiros sentimentos do mundo. Podia ser ela própria, em vez de se esconder por trás de uma máscara. Os meses cuidando de Adrian reformularam as prioridades em sua vida. Como ela escreveu para Angela, pouco depois: "Alcancei uma profundeza interior que nunca imaginei que fosse possível. Minha perspectiva da vida mudou de rumo, tornou-se mais positiva e equilibrada."

7 “Eu não me meto em suas vidas”

A PRINCESA DE GALES ALMOÇAVA com uma amiga no San Lorenzo quando a conversa foi interrompida por seu segurança. Ele deu a notícia de que seu filho mais velho, o príncipe William, envolvera-se num acidente no colégio interno particular onde estudava. Os detalhes eram poucos, mas já se sabia que o príncipe sofrera um golpe grave na cabeça ao brincar com um colega com um taco de golfe no recreio do colégio Ludgrove, em Berkshire. Enquanto ela deixava o restaurante apressada, o príncipe Charles seguia de carro de Highgrove para o hospital Royal Berkshire, em Reading, para onde William fora levado, a fim de fazer alguns exames.

Enquanto o príncipe William fazia uma tomografia para se avaliar os danos à cabeça, os médicos do Royal Berkshire aconselharam os pais a transferi-lo para o hospital infantil Great Ormond Street, no centro de Londres. O comboio partiu a toda a velocidade pela autoestrada M4, Diana viajando com o filho na ambulância, enquanto o príncipe Charles seguia atrás em seu carro. Enquanto William, que se mostrou “alegre e tagarela” durante a viagem, era preparado para a cirurgia, o neurocirurgião Richard Hayward, o médico da rainha, Dr. Anthony Dawson, e diversos outros médicos cercavam os pais, a fim de explicarem a situação. Em várias conversas, eles foram informados de que o filho sofrera uma fratura com afundamento do crânio e precisava de uma operação imediata sob anestesia geral. Eles deixaram claro que havia um potencial de riscos graves, embora relativamente reduzido, tanto na operação quanto a possibilidade de o príncipe ter sofrido alguma lesão cerebral no acidente.

Convencido de que o filho se encontrava em mãos seguras, o príncipe Charles deixou o hospital a fim de assistir a uma apresentação da *Tosca* de Puccini no Covent Garden, onde seria anfitrião de uma dúzia de autoridades da Comunidade Europeia, inclusive o comissário do Meio Ambiente, que viera de Bruxelas. Enquanto isso, o príncipe William, segurando a mão da mãe, foi levado de maca à sala de cirurgia, onde foi submetido a uma operação de mais de uma hora. Diana aguardou ansiosa numa sala próxima, até que Richard Hayward entrou para comunicar que seu filho estava bem. Ela comentou mais tarde que foi uma das horas mais longas de sua vida. Enquanto ela permanecia com William no quarto, o pai embarcava no trem real para uma viagem noturna até o norte de Yorkshire onde participaria de uma conferência ecológica.

Diana ficou segurando a mão do filho e observando as enfermeiras — que entravam no quarto a intervalos de vinte minutos — verificarem a pressão e os reflexos do paciente e iluminarem seus olhos com uma pequena lanterna. Como fora explicado aos pais de William, uma rápida elevação da pressão, que pode ser fatal, é o mais temido efeito colateral de uma operação de lesão na cabeça. Por isso, os exames regulares foram suspensos por volta de três horas da madrugada, quando o alarme de incêndio rompeu o silêncio noturno.

Na manhã seguinte, Diana, exausta e nervosa, ficou extremamente preocupada com as notícias dos jornais, que analisavam a possibilidade de William sofrer de epilepsia. Era apenas uma entre diversas preocupações. Ao conversar sobre o problema com uma amiga, ela comentou: "É preciso sempre apoiar os filhos, tanto nos maus quanto nos bons momentos." Diana não foi a única a chegar a essa conclusão. Enquanto o príncipe Charles vagueava por Yorkshire Dales em sua missão verde, uma falange de psicólogos, observadores reais e mães indignadas condenavam seu comportamento. "Que tipo de pai é você?", indagou uma manchete do jornal *The Sun*.

A decisão de Charles de pôr o dever acima da família pode ter sido um choque para o público em geral, mas não foi uma surpresa para a esposa. Na verdade, ela aceitou a decisão do marido de ir à ópera como algo corriqueiro. Para ela, tratava-se de mais um exemplo de um padrão, em vez de uma aberração. Uma amiga que falou com Diana minutos depois de William sair da sala de cirurgia comentou: "Se fosse um incidente isolado, teria sido inacreditável. Ela não se surpreendeu. Apenas confirmou tudo o que pensava a respeito do príncipe e reforçou a impressão de que ele tinha dificuldade para se relacionar com os filhos. Ela não recebeu qualquer apoio, nenhuma palavra de carinho, nenhuma demonstração de afeto, absolutamente nada."

Essa opinião foi reiterada por James Gilbey, amigo de Diana: "A reação dela ao acidente de William foi de horror e incredulidade. O fato é que o menino escapou por um triz. Ela não pode entender o comportamento do marido e por isso trata de apagá-lo. Diana pensa da seguinte forma: 'Sei onde está minha lealdade: com meu filho.'"

Quando o príncipe tomou conhecimento da ira do público, sua reação mais uma vez não surpreendeu a esposa: Charles tratou de culpá-la. Ele acusou-a de fomentar uma "confusão ridícula" sobre a gravidade da lesão, e simulou inocência quanto à possibilidade de o futuro herdeiro do trono ter sofrido uma lesão cerebral. A rainha, que fora informada pelo príncipe Charles, ficou surpresa e um tanto chocada quando Diana lhe comunicou que o neto se recuperava bem, mas a operação não fora insignificante.

Vários dias depois do acidente, em junho de 1991, William já se recuperara o suficiente para permitir que a princesa cumprisse o compromisso de visitar o hospital comunitário de Marlowe. No momento em que ela se retirava, um velho na multidão desmaiou, com um ataque de angina. Diana se adiantou para ajudar, em vez de deixar que outros cuidassem do problema. Quando o príncipe viu a cobertura dos meios de comunicação à atitude da esposa, acusou-a de se comportar como uma mártir. Sua reação azeda era um exemplo típico do abismo cada vez maior entre os dois e deu substância ao comentário de Diana sobre o interesse da imprensa por seu décimo aniversário de casamento no mês seguinte. À sua maneira indiferente, ela indagou: "O que há para celebrar?"

A maneira dramaticamente diferente pela qual o casal reagiu ao acidente de William ressaltou para o público o que as pessoas do círculo imediato já sabiam há algum tempo, que o casamento de contos de fadas entre o príncipe de Gales e Lady Diana Spencer já acabara, a não ser em termos nominais. O esfacelamento do casamento e o quase colapso do relacionamento profissional eram causa de tristeza para muitos de seus amigos. Essa união tão comentada, que começou com grandes esperanças, alcançou um impasse de recriminações mútuas e indiferença. A princesa disse a amigos que espiritualmente seu casamento terminou no dia em que o príncipe Harry nasceu, em 1984. O casal, que dormia em quartos separados em sua casa há anos, parou de partilhar os mesmos aposentos durante uma visita oficial a Portugal, em 1987. Não é de admirar que ela tenha achado um artigo da revista *Tatler,* que formulou a indagação "O príncipe Charles é sensual demais para o seu próprio bem?", absolutamente hilariante, por causa de sua ironia involuntária.

A antipatia mútua era tão intensa na época que os amigos observaram que Diana achava inquietante e perturbadora a mera presença do marido. O príncipe Charles, por sua vez, via a esposa com indiferença, quase com aversão. Quando um jornal dominical relatou como o príncipe deliberadamente a ignorara num concerto no palácio de Buckingham para celebrar os 90 anos da rainha-mãe, Diana comentou para amigos que achava um tanto estranha a surpresa da imprensa: "Ele me ignora em toda parte e já faz isso há bastante tempo. Simplesmente me descarta." Ela jamais cogitaria, por exemplo, fazer qualquer comentário sobre os interesses especiais do marido, como a arquitetura, o meio ambiente ou a agricultura. A experiência amarga lhe mostrara que qualquer sugestão seria recebida com um desdém maldisfarçado. "Ele faz com que Diana se sinta intelectualmente insegura e inferior e a todo instante reitera essa mensagem", comentou um amigo. Quando Charles levou a esposa para assistir *Uma mulher sem importância*, ao comemorar seu 43º aniversário, a ironia não passou despercebida dos amigos.

Um homem de considerável charme e humor, o príncipe Charles também possui a capacidade infalível de excluir os que discordam dele. Já aconteceu com um trio de secretários particulares que o contestaram com muita frequência, numerosos outros cortesãos e assessores, além da esposa. A mãe de Diana experimentou essa característica implacável, além da natureza obstinada de Charles, por ocasião do batizado do príncipe Harry. Quando o príncipe se queixou à ela de que sua filha lhe dera um menino de cabelos ruivos, a Sra. Shand Kydd, uma mulher de firme integridade, declarou que ele deveria se sentir grato pelo fato de seu segundo filho ter nascido saudável. Desse momento em diante, o príncipe de Gales excluiu a sogra de sua vida. A experiência a fez se sentir muito mais simpática ao apuro da filha.

A divisão entre o casal real era agora ampla demais para ser disfarçada pelo bem da imagem pública. Numa quinta-feira antes do Natal de 1991, Diana deveria viajar a Plymouth, a fim de cumprir um raro compromisso público conjunto. Estivera com o príncipe Edward até meia-noite num concerto de Mozart, mas na manhã seguinte cancelou a visita, alegando que estava gripada. Embora tenha se sentido mal depois do concerto, a perspectiva de passar o dia em companhia do marido tornou-a ainda mais favorável a passar o dia de cama.

A constante corda bamba em que os cortesãos deviam andar, entre a vida pública e a privada do casal real, foi demonstrada quando a princesa de Gales recebeu a informação da morte de seu pai, em 29 de março de 1992, no momento em que estava de férias, esquiando, em Lech, na Áustria. Ela se preparou para voar de volta sozinha, deixando o príncipe Charles com os meninos. Como ele insistiu em ir também, Diana ressaltou que era um pouco tarde para que começasse a bancar o marido dedicado. Em seu sofrimento, não queria ser parte de um esquema de relações públicas do palácio. Dessa vez, Diana manteve-se firme em sua posição. Sentada em seu quarto no hotel, ouviu a argumentação dele e dos secretários particular e de imprensa de Charles. Eles insistiram que deveriam voltar juntos em prol da imagem pública. Diana recusou. Ao final, telefonaram para a rainha, que se encontrava no castelo de Windsor, pedindo-lhe que arbitrasse a disputa cada vez mais amarga. A princesa submeteu-se à decisão da rainha de que deveriam voltar juntos. No aeroporto, foram recebidos pelos jornalistas, que ressaltaram o fato de que o príncipe proporcionava todo seu apoio na hora de necessidade de Diana. A realidade foi outra: assim que o casal real chegou ao palácio de Kensington, o príncipe Charles logo partiu para Highgrove, deixando Diana a chorar sozinha. Dois dias depois, Diana seguiu para o funeral de carro, enquanto Charles ia de helicóptero. O amigo a quem Diana relatou essa história comentou: "Ele só voou de volta com ela por causa de sua imagem pública. Diana achou que, no momento em que sofria com a morte de seu pai, poderiam pelo menos lhe conceder a oportunidade de se comportar como desejava em vez de fazer toda aquela encenação."

Uma amiga íntima disse: "Ela parece temer a presença de Charles. Os dias em que se sente mais feliz é quando ele está na Escócia. Quando Charles está no palácio de Kensington, ela se sente absolutamente desorientada, quase como uma criança. Perde todo o terreno que conquistou quando está sozinha."

As mudanças em Diana são até mesmo físicas. Sua fala, normalmente rápida, vigorosa e incisiva, degenera no mesmo instante na presença de Charles. Torna-se monossilábica e monótona, impregnada por um cansaço inefável. É o mesmo tom que domina sua fala quando comenta o divórcio dos pais e o que chama de "tempos sombrios", o período de sua vida na família real até o final da década de 1980, quando se viu emocionalmente sufocada pelo sistema real.

Na presença do marido, ela volta a ser a garota que era dez anos antes. Ri sem motivo, começa a roer as unhas — um hábito que abandonou há bastante tempo — e assume a expressão assustada de uma corça nervosa. A tensão em casa, quando estão juntos, é palpável. Como Oonagh Toffolo observou: "É uma atmosfera diferente no palácio de Kensington quando o príncipe está. O clima é tenso, ela se torna tensa. Não tem a liberdade que gostaria quando o marido está presente. É muito triste testemunhar a estagnação ali." Outro visitante frequente diz simplesmente que é "O Hospício".

Quando o príncipe Charles voltou para casa, depois de uma visita particular à França, há pouco tempo, Diana sentiu sua presença tão opressiva que literalmente fugiu do palácio de Kensington. Telefonou para uma amiga, que lamentava a morte recente de uma pessoa amada. Percebeu que a amiga chorava e foi logo dizendo: "Fique calma. Já estou indo para aí." A amiga recordou: "Ela não demorou a chegar, visivelmente transtornada. E me disse: 'Estou aqui por você, mas também por mim. Meu marido apareceu em casa e eu tinha de escapar.' Estava muito abalada."

Na medida em que era viável, eles levavam vidas separadas, juntando forças apenas para manter uma fachada de união. Esses encontros serviam apenas para oferecer ao público um vislumbre de suas existências isoladas. No ano passado, na decisão do campeonato inglês de futebol, em Wembley, eles sentaram lado a lado, mas não trocaram uma só palavra ou olhar durante os noventa minutos da partida. Um pouco mais tarde, o príncipe Charles errou o rosto da esposa e acabou beijando-a no pescoço ao final de uma partida de polo, durante uma viagem à Índia. Até mesmo o papel timbrado que usavam, com um "C" e "D" entrelaçados, foi descartado em favor de timbres individuais.

Quando Diana se encontrava no palácio de Kensington, ele estava em Highgrove, Birkhall ou na propriedade de Balmoral. Em Highgrove, ela dormia na cama enorme, de quatro colunas, no quarto principal; ele ficava numa cama de latão que tomou emprestada do príncipe William, porque achava sua largura extra mais confortável depois de ter fraturado o braço direito numa partida de polo. Até mesmo essas disposições para dormir em separado provocaram a discórdia conjugal. Quando o príncipe William pediu a cama de volta, o pai recusou. "Às vezes não sei quem é o bebê nesta família", comentou Diana, em tom cáustico. Os dias em que ela o chamava afetuosamente de "Hubcap" pertenciam ao passado. Como observou James Gilbey: "Suas vidas se passam em total isolamento. Não é um casal que conversa ternamente todas as noites e um pergunta ao outro o que fez durante o dia. Isso simplesmente não acontece."

Durante um almoço com uma amiga íntima, que era também mãe de três crianças, Diana relatou um incidente que ressaltava não apenas o estado atual de seu relacionamento com o marido, mas também a natureza protetora de seu filho William. Diana disse à amiga que a semana em que o palácio de Buckingham decidiu anunciar a separação do duque e duquesa de York foi muito penosa para ela, como era de se prever. Perdera uma companheira cordial e sabia que agora as atenções públicas voltariam a se concentrar em seu casamento. O marido, no entanto, parecia indiferente à repercussão da separação. Passara uma semana visitando diversas mansões imponentes, recolhendo material para um livro sobre paisagismo que estava escrevendo. Ao voltar ao palácio de Kensington, ele não entendeu por que a esposa se sentia tensa, um tanto deprimida. Descartou como irrelevante o afastamento da duquesa de York e se lançou, como sempre, a uma avaliação desaprovadora do comportamento público de Diana, em particular sua visita a Madre Teresa, em Roma. Até mesmo sua assessoria, agora já acostumada com essas altercações, ficou consternada por essa atitude. Todos sentiram alguma compreensão quando Diana disse ao marido que teria de reconsiderar sua posição, se ele não mudasse de atitude em relação a ela e ao trabalho que vinha realizando. Em lágrimas, ela subiu para tomar um banho. Enquanto ela recuperava o controle, o príncipe William enfiou uma porção de lenços de papel por baixo da porta do banheiro, e disse: "Detesto ver você triste."

Diana era atormentada todos os dias, por todos os meios, pelo dilema de sua posição, sempre dividida entre o senso de dever com a rainha e a nação e o desejo de encontrar a felicidade pela qual tanto ansiava. Para encontrar a felicidade, porém, ela deveria se divorciar; se houvesse o divórcio, inevitavelmente perderia as crianças, pelas quais vivia e que lhe proporcionavam tanta alegria. Ao mesmo tempo, ela enfrentava a rejeição pelo público, que desconhecia a realidade solitária de sua vida e aceitava a sua imagem sorridente como o único fato. Era um círculo vicioso cruel, com intermináveis variações, que ela sempre discutia com os amigos e conselheiros.

Os amigos viram o casamento se deteriorar ao longo dos três últimos anos a um ponto em que havia uma guerra sem quartel. Em casa, os campos de batalha eram os filhos e a amizade de Charles com Camilla Parker Bowles. Oficialmente, a briga afeta suas funções públicas, como o príncipe e a princesa de Gales. Ela nada lhe dava, ele oferecia ainda menos. Diana reservava uma frase para as confrontações mais amargas: "Não se esqueça de que sou a mãe dos seus filhos." Essa granada em particular explodia durante as discussões por causa de Camilla Parker Bowles.

Os cortesãos eram apanhados volta e meia no fogo cruzado. Quando o príncipe Charles se recuperava da condenação pública por seu comportamento na ocasião em que o príncipe William sofreu uma fratura no crânio, seu secretário particular, o comandante Richard Aylard, tentou reparar a situação. Num memorando escrito a mão, implorou ao príncipe que se apresentasse em público na companhia dos filhos com mais frequência, a fim de que pelo menos pudessem considerá-lo como um pai responsável. Ao final, ele escreveu uma única palavra, em letras maiúsculas, sublinhada com tinta vermelha: "TENTE."

A manobra funcionou por algum tempo. O príncipe Charles foi visto levando o príncipe Harry para a escola de Wetherby, foi fotografado andando a cavalo e de bicicleta com os filhos, na propriedade de Sandringham. Mas o modesto sucesso de relações públicas de Richard Aylard foi considerado como uma cínica hipocrisia pela princesa de Gales, que conhecia a realidade cotidiana do envolvimento de Charles com os filhos. James Gilbey explicou: "Ela acha que ele é um péssimo pai, um pai egoísta, os filhos devem se ligar ao que ele está fazendo. Ele nunca adia, cancela ou muda qualquer coisa que decidiu em benefício dos filhos. É um reflexo da maneira como ele foi criado, e a história se repete. É por isso que Diana fica tão triste quando ele é fotografado andando a cavalo com os filhos em Sandringham. Quando conversei com ela a respeito, Diana estava literalmente contendo sua raiva porque achava que a foto indicaria que ele era um bom pai, enquanto só ela conhece a verdadeira história."

Superprotetora como acontece nas famílias em que só há uma figura parental, Diana enchia William e Harry de amor, carinhos e afeição. Os filhos constituíam um ponto de estabilidade e sanidade em seu mundo conturbado. Ela os amava de forma incondicional e absoluta, empenhando-se com a maior determinação para que não sofressem o mesmo tipo de infância por que passou.

Foi Diana quem escolheu suas escolas e roupas, planejou seus passeios. Organizou seus deveres públicos pelos horários dos filhos. Bastava um olhar pelas páginas de sua agenda oficial para se perceber isso: as datas dos eventos escolares, do início e fim do ano letivo, das excursões, tudo assinalado em tinta verde. Os filhos estavam em primeiro lugar e acima de tudo em sua vida. Assim, enquanto Charles mandava um criado à escola de Ludgrove para entregar a William um cesto com ameixas de Highgrove, Diana encontrava tempo para aplaudi-lo quando ele jogava no time de futebol da escola. Embora os meninos aceitassem a ausência de Charles, havia ocasiões, como não podia deixar de ser, em que se mostravam ansiosos em ver o pai. Durante sua convalescença, depois de fraturar o braço direito, Charles passou muito tempo na Escócia, para grande consternação do príncipe William. Diana comunicou ao marido que o filho estava sentido, e Charles passou a enviar ao filho faxes escritos a mão sobre suas atividades.

A amizade de Diana com o capitão James Hewitt, que provocou tantos comentários na imprensa, desenvolveu-se exatamente porque ele era uma figura popular de "tio" para os meninos. Hewitt, um excelente jogador de polo, com o senso de humor lacônico e a reserva reminiscente dos ídolos de matinês da década de 1930, ensinou a William e Harry a arte da equitação durante suas visitas a Highgrove e ajudou Diana a superar sua relutância em voltar a montar. É um homem de grande charme que ofereceu uma companhia simpática e compreensiva a Diana, numa ocasião em que ela precisava de um ombro para se apoiar por causa da negligência do marido. Durante a amizade entre os dois, ela ajudou-o a escolher algumas de suas roupas e lhe deu uns poucos presentes de bom gosto. Visitou a família de Hewitt em Devon em diversas ocasiões, onde ficava conversando com os pais dele enquanto o capitão andava a cavalo com William e Harry. A princesa achava esses fins de semana uma trégua relaxante em sua vida frenética.

Embora a amizade tenha murchado de forma considerável, durante um longo tempo Hewitt foi uma figura importante na vida de Diana. A distância que agora separava o casal real era demonstrada pelo fato de terem recrutado batalhões rivais de amigos em seu apoio. Assim, Diana expressava seus ressentimentos contra o marido para uma falange unida de amigos, que incluíam sua ex-colega de apartamento Carolyn Bartholomew, Angela Serota, Catherine Soames, o duque e a duquesa de Devonshire, Lúcia Flecha de Lima, mulher do embaixador brasileiro, sua irmã Jane, que morava a poucos metros do apartamento de Diana, e Mara e Lorenzo Berni. Havia alguns outros amigos, como Julia Samuel, Julia Dodd-Noble, David Waterhouse e o famoso ator Terence Stamp, com quem ela se encontrava para almoçar no apartamento dele em Londres, que eram amigos sociais, em contraste com os *confidantes,* aos quais ela pedia conselhos em seu eterno dilema.

O príncipe Charles, por sua vez, contava com Andrew e Camilla Parker Bowles, que residiam convenientemente perto de Highgrove, em Middlewich House, a irmã de Camilla, Annabel e seu marido, Simon Elliot, os amigos de esquiagem Charles e Patti Palmer-Tomkinson, o parlamentar conservador Nicholas Soames, o escritor e filósofo Laurens van der Post, Lady Susan Hussey, uma antiga dama de companhia da rainha, lorde e Lady Tryon, além do casal holandês Hugh e Emilie van Cutsem, que há pouco tempo tinham comprado Anmer Hall, perto de Sandringham.

Diana se referia a eles, desdenhosamente, como "a turma de Highgrove". Eles cortejavam seu marido e a adulavam, apoiando integralmente a visão que Charles tinha do casamento, filhos e sua vida real. Em consequência, as amizades naufragaram, à medida que se deterioraram as relações entre o príncipe e a princesa. Diana já descrevera Emilie van Cutsem, uma ex-campeã de golfe, como sua melhor amiga. Foi ela quem primeiro informou Lady Diana Spencer da amizade entre o príncipe Charles e Camilla Parker Bowles. Como é inevitável, as suspeitas afloraram com a maior facilidade. Quando os Van Cutsem ofereceram um jantar ao príncipe Charles e seu círculo, num restaurante de Covent Garden, pouco antes do Natal de 1991, a princesa desconfiou que a data fora escolhida porque ela já assumira um compromisso há algum tempo naquele dia e não poderia, assim, comparecer.

A semana do trigésimo aniversário da princesa de Gales proporcionou evidências indiscutíveis da maneira como os amigos se tornaram envolvidos na rivalidade entre o casal real. No dia em que uma pesquisa nacional de opinião pública revelou que Diana era a pessoa mais popular da família real, ela recebeu uma bofetada pública quando uma matéria de primeira página no *Daily Mail* informou que a princesa rejeitara o oferecimento do marido de uma festa de aniversário em Highgrove. A implicação evidente, ilustrada por citações de amigos do príncipe, era a de que Diana se comportava de forma irracional. Quando o príncipe Charles primeiro sugeriu uma festa, a guerra do Golfo se encontrava em pleno andamento; Diana achava que planejar uma festa seria uma atitude frívola numa ocasião em que havia soldados britânicos empenhados em combates. Além disso, como seus amigos sabiam, uma festa em Highgrove com a presença do círculo de Charles não era a sua ideia de diversão.

A implicação do artigo no jornal era a de que o príncipe Charles queixara-se da esposa para amigos, que decidiram tomar uma atitude por conta própria. Embora o marido alegasse inocência, isso lançou uma sombra sobre o aniversário de Diana, que o celebrou de forma discreta, com a irmã Jane e os filhos de ambas. Foi uma corrosão particular significativa das relações entre o casal real.

A publicidade adversa resultante forçou uma *reaproximação* pública temporária do casal. O príncipe Charles alterou sua agenda para poder comparecer com a esposa em diversos compromissos públicos, inclusive um concerto no Royal Albert Hall, além da decisão de passar juntos pelo menos uma parte do décimo aniversário de casamento, a fim de apaziguar a imprensa. Foi uma manobra artificial e perdurou apenas por umas poucas semanas, até a trégua ser rompida. A separação total, simbolizada pela presença da hostil turma de Highgrove, estava praticamente formalizada. Mas os amigos de Charles não eram o único motivo pelo qual Diana detestava sua casa de campo. Ela se referia a suas viagens à casa em Gloucestershire como "um retorno à prisão" e raramente convidava sua família ou amigos. Como disse James Gilbey, amigo de Diana: "Ela não gosta de Highgrove, inclusive porque Camilla mora ali perto. Independente de qualquer esforço que aplique na casa, está convencida de que nunca a sentirá como seu lar."

Diana experimentou uma pequena satisfação quando um jornal dominical relatou em detalhes as idas e vindas de Camilla, até informando sobre o carro Ford sem qualquer identificação que o príncipe usava para percorrer os vinte quilômetros até Middlewich House. Isso foi confirmado por um ex-policial que fazia a segurança em Highgrove, Andrew Jacques, que vendeu sua história a um jornal nacional. "A Sra. Parker Bowles, sem a menor dúvida, é uma presença muito maior na vida do príncipe em Highgrove do que a princesa Di", declarou ele, uma opinião endossada por muitos dos amigos de Diana.

Mas quem era aquela mulher que tanto provocava o ressentimento de Diana? Desde o momento em que fotos de Camilla caíram da agenda do príncipe Charles durante a lua de mel, a princesa de Gales acalentara todos os tipos de suspeita, ressentimento e ciúme contra a mulher que Charles amou e perdeu no tempo de solteiro. Camilla é de uma vigorosa família do condado com numerosas raízes na aristocracia. É filha do major Bruce Shand, um próspero mercador de vinho, mestre dos cães de caça a raposas, vice-governador real de East Sussex. Seu irmão é o aventureiro escritor Mark Shand, que já namorou Bianca Jagger e a modelo Marie Helvin, e agora é casado com Clio Goldsmith, sobrinha do milionário do comércio de comestíveis. Camilla tem parentesco com Lady Elspeth Howe, mulher do ex-ministro das Finanças britânico e construtor milionário, lorde Ashcombe. Sua bisavó foi Alice Keppel, durante muitos anos a amante de Edward VII. Ela era casada com um oficial do Exército, e disse numa ocasião que seu trabalho era "primeiro fazer uma reverência... e depois pular na cama".

Em seu tempo de solteiro, Andrew Parker Bowles, parente dos condes de Derby e Cadogan e do duque de Marlborough, era um elegante e popular acompanhante entre as debutantes da sociedade. Antes de seu casamento na capela da Guarda, em julho de 1973, o charmoso oficial de cavalaria era companheiro da princesa Anne e da neta de Sir Winston Churchill, Charlotte. Mais tarde, se tornou brigadeiro e diretor do corpo real de veterinária do Exército, além de detentor do título insólito de "Bastão de Prata no Serviço da Rainha". Foi nessa condição que ele organizou o desfile de comemoração pela Mall, nos 90 anos da rainha-mãe.

Charles conheceu Camilla em 1972, quando servia na Marinha e saía com seu amigo de polo, Andrew Parker Bowles, então um capitão na cavalaria da guarda. Sentiu-se no mesmo instante fascinado por aquela jovem animada e atraente que partilhava sua paixão pela caça e pelo polo. Segundo a biógrafa do príncipe, Penny Junor, ele se apaixonou perdidamente por Camilla. "Ela também estava apaixonada e teria casado sem a menor hesitação. Infelizmente, ele nunca a pediu em casamento. Protelou e hesitou, incapaz de resistir ao charme de outras mulheres, até que Camilla desistiu. Só depois que ela se afastou de forma irremediável é que o príncipe compreendeu o que perdera."

Mais tarde, com seus 50 anos, mãe de dois filhos adolescentes — o príncipe Charles é padrinho do mais velho, Tom —, Camilla era considerada pelo público na posição de confidente real.

Diana muitas vezes falou de suas preocupações sobre Camilla para o amigo James Gilbey. Ele proporcionava um ouvido simpático, enquanto Diana despejava seus sentimentos de raiva e angústia em relação a Camilla. Gilbey diz que ela era incapaz de esquecer o antigo relacionamento de Camilla com o príncipe Charles. "Como consequência, seu casamento é uma farsa. Toda a perspectiva de

Camilla a deixa angustiada. Posso compreender. Afinal, o que aquela mulher está fazendo em sua casa? É isso o que ela considera a grande injustiça da situação."

Gilbey, um executivo do comércio de automóveis, conhecia Diana desde os 17 anos, mas tornou-se muito mais chegado a ela depois que se encontraram numa festa oferecida por Julia Samuel. Conversaram noite afora sobre suas respectivas vidas amorosas — ele sobre um romance fracassado, ela sobre seu casamento em deterioração. No verão de 1989, a princesa se preocupava em reconquistar o marido e forçá-lo a romper com a turma de Highgrove. Gilbey recordou: "Um tremendo orgulho estava em jogo. O sentimento de rejeição de Diana, pelo marido e pelo sistema real, era evidente."

Na ocasião, ela era pressionada por sua própria família e pela família real a tentar começar de novo. Diana até concordou que ter outro filho poderia ser uma solução para o problema. Contudo, seu ramo de oliveira foi recebido com a indiferença que mais tarde caracterizou as relações entre os dois. Às vezes, as ondas de raiva, frustração, orgulho ferido e sentimento de rejeição ameaçavam sufocá-la. Quando o príncipe Charles convalescia do braço direito fraturado numa partida de polo, em 1990, passava os dias em Highgrove ou Balmoral, onde Camilla Parker Bowles era uma visitante regular. Diana permaneceu no palácio de Kensington, indesejada, desamada e humilhada. Ela descarregou seus sentimentos para Gilbey: "James, não aguento mais. Se deixar que isso me domine, ficarei ainda mais transtornada. Por isso, o que tenho de fazer agora é me concentrar em meu trabalho, sair e fazer coisas. Se parar para pensar, acabarei enlouquecendo."

Como uma amiga em comum, que acompanhou o gradativo afastamento do casal real, comentou: "Não se pode culpar Diana pela raiva que devia sentir, considerando-se que o marido parecia ter uma antiga amizade com outra mulher. O casamento se deteriorou a tal ponto que não dava para querer reconquistá-lo. É tarde demais."

No início dos anos 1990, a autoconfiança renovada de Diana, a mudança de prioridades e um aconselhamento hábil combinaram para atenuar a raiva que ela sentia de Camilla. À medida que o casamento desmoronava, ela passou a encarar Camilla menos como uma figura ameaçadora e mais como um meio útil de manter o marido fora de sua vida. Mesmo assim, havia ocasiões em que ela ainda ficava profundamente magoada com a indiferença do marido. Quando Camilla e seu marido acompanharam o príncipe Charles em férias na Turquia, pouco antes do acidente no polo, Diana não se queixou. Também suportou, embora contrariada, os convites regulares a Camilla para visitar Balmoral e Sandringham. Quando Charles voou para a Itália em 1991, em férias rápidas, os amigos de Diana não deixaram de notar que Camilla se encontrava numa *villa* próxima. Durante raras férias de verão em família, quando o príncipe, a princesa e seus filhos se juntaram a outros convidados no iate de um milionário grego, Diana notou que o marido se mantinha em contato constante com Camilla pelo telefone.

Elas se encontravam socialmente de vez em quando, mas não havia qualquer demonstração de amizade falsa entre essas duas mulheres, encerradas num eterno triângulo de rivalidade. Nos compromissos sociais, elas tomavam o cuidado de se evitarem. Diana desenvolveu uma técnica para localizar Camilla em público tão depressa quanto possível e depois, dependendo de seu ânimo, ela observava Charles quando ele olhava na direção da outra, ou apenas desviava sua atenção. "É um jogo mórbido", disse um amigo. Dias antes do concerto beneficente na catedral de Salisbury, Diana soube que Camilla estaria presente. Ela descarregou sua frustração em conversas com amigos; assim, no dia do evento, a princesa pôde observar o contato visual entre seu marido e Camilla com um discreto divertimento.

Em dezembro de 1991, todos os anos de emoções acumuladas afloraram, no serviço memorial por Leonora Knatchbull, a filha de seis anos de lorde e Lady Romsey, que morreu tragicamente de câncer. Ao deixar o serviço, no palácio de St. James, Diana foi fotografada em lágrimas. Chorava de pesar, mas também de raiva. Diana sentia-se furiosa por Camilla Parker Bowles, que pouco conhecia os Romsey, ter comparecido a um serviço íntimo da família e uns poucos amigos. Diana apresentou seu protesto ao marido, com veemência, durante a viagem de volta ao palácio de Kensington, na limusine com motorista. Ao chegarem a Kensington, a princesa sentia-se tão furiosa que ignorou a festa de Natal dos criados, em pleno andamento, e foi para sua sala de estar a fim de recuperar o controle. Diplomaticamente, Peter Westmacott, o subsecretário particular dos Gales, mandou o segurança paternal de Diana, Ken Wharfe, para acalmá-la.

O incidente no serviço memorial fez aflorar o ressentimento de Diana pelo tratamento que recebia do sistema real e a farsa da vida no palácio de Kensington. Pouco depois, ela manifestou essa raiva e frustração numa conversa com uma amiga íntima. Deixou claro que seu dever a impelia a cumprir suas obrigações como princesa de Gales, mas a vida particular difícil a levava a considerar a sério a possibilidade de deixar a família real.

Em meio aos destroços do relacionamento, ainda havia amigos que achavam que a raiva e o ciúme de Diana contra o marido refletiam o seu desejo mais profundo de reconquistá-lo. Esses observadores estavam em minoria. A maioria era pessimista em relação ao futuro. Oonagh Toffolo comentou: "Eu ainda tinha grandes esperanças até um ano atrás, agora não tenho a menor esperança. Seria preciso um milagre. É uma pena que essas duas pessoas, com tanta coisa a dar ao mundo, não possam fazer isso juntas."

Uma conclusão similar foi alcançada por uma amiga que conversou a fundo com Diana sobre seus problemas. Ela disse: "Se ele fizesse seu trabalho direito nos primeiros dias e demonstrasse a preocupação apropriada com a esposa, teriam muito mais base para uma reconciliação. Agora, no entanto, chegaram a um ponto sem volta."

As palavras "não há esperança" eram repetidas com frequência quando amigos conversam sobre a vida conjugal dos Gales. Como disse uma das maiores amigas de Diana: "Ela superou todos os desafios que lhe foram apresentados na vida real e transformou sua vida pública numa arte refinada. Mas o problema fundamental é que ela não está realizada como uma mulher porque não tem um relacionamento com o marido." O conflito e a suspeita permanentes na vida particular não podiam deixar de afetar a vida pública dos dois. Em termos nominais, o príncipe e a princesa operavam em sociedade, mas na realidade atuavam de forma independente, um tanto como diretores executivos de companhias rivais. Como disse um ex-empregado da casa de Gales: "Logo se aprende a escolher de que lado você está... o dele ou o dela. Não há posição intermediária. Existe uma linha mágica que os empregados só podem cruzar uma ou duas vezes. Se cruzar com frequência, vai cair fora. Não é uma base para uma carreira estável."

Sentimentos similares são expressos pelo pequeno exército de executivos que passavam pelo palácio de Kensington. Em 1992, David Archibald, diretor financeiro do príncipe Charles, pediu demissão abruptamente. Os funcionários dos dois escritórios acharam que o motivo principal fora a conclusão de Archibald de que era muito difícil trabalhar no clima de ciúme e desconfiança mútua entre os dois escritórios antagônicos. Como sempre, o príncipe de Gales, que já fora descrito como "o pior chefe da Inglaterra", atribuiu a culpa a sua esposa. Archibald tinha bons motivos para jogar a toalha. Mais tarde, a rivalidade entre Charles e Diana passaria a variar do mesquinho ao patético. O primeiro sinal público ocorreu quando ambos fizeram discursos importantes, Charles sobre educação, Diana sobre a Aids, no mesmo dia. Era inevitável que um roubasse a ideia do outro. Esse comportamento era parte de um ciclo persistente. Quando o casal voltou de uma visita conjunta ao Canadá, em 1991, a princesa escreveu diversas cartas de agradecimento às várias organizações beneficentes e agências do governo que haviam promovido a viagem. Quando foram entregues a seu marido para que acrescentasse seus próprios sentimentos, ele verificou cada carta, riscando as referências a "nós" e substituindo por "eu" antes de se dispor a assinar.

Não se tratava de uma ocorrência excepcional. Em janeiro de 1992, quando o príncipe enviou um buquê de flores a Madre Teresa de Calcutá, que se recuperava de um problema no coração, determinou a seu secretário particular, Richard Aylard, que providenciasse para que fosse entregue apenas em seu nome, não em conjunto. Não tinha grande importância. Diana acertara um encontro especial, pegando um avião para ir ao hospital em Roma, a fim de visitar a mulher que tanto admirava. Durante uma reunião preparatória para a visita conjunta à Índia, em fevereiro de 1992, muitos achavam que Diana deveria se concentrar na promoção das questões do planejamento familiar. "Acho que mudaremos seu perfil da Aids para o planejamento familiar", sugeriu um diplomata, impressionado com o desempenho de Diana no Paquistão.

Quando foi informado da proposta, o príncipe Charles protestou que queria tratar dessa questão em particular. Dessa vez, Diana disse à assessoria para ignorar o "garoto mimado". Como disse uma de suas amigas íntimas: "É tempo de ele começar a considerá-la como um trunfo, não como uma ameaça, e aceitá-la como parceira em condições de igualdade. No momento, a posição de Diana dentro da organização é muito solitária."

As consultas entre o casal eram invariavelmente hostis, ocorrendo num clima de recriminação mútua. Era tão insólito haver uma conversa calma sobre os problemas que Diana, acostumada à sua brusca indiferença, ficou espantada quando o príncipe a procurou para falar sobre um relatório confidencial a respeito dos abusos do nome real por parte de empregados. Havia a preocupação de que o nome real e o papel timbrado real estivessem sendo usados para se obter descontos em roupas, ingressos de teatro e outras vantagens. Embora o assunto exigisse um tratamento delicado, o aspecto mais surpreendente do episódio foi a ligação entre o príncipe e a princesa.

Apesar de as relações normais de trabalho serem contaminadas por um clima de intriga e ressentimento competitivo, Diana ainda tinha um senso de responsabilidade em relação ao marido. Quando retornou a seus deveres públicos em 1991, depois de uma prolongada recuperação do braço fraturado, ele tencionava fazer uma bizarra "declaração", diante das intensas especulações sobre a lesão. O príncipe instruiu sua assessoria a procurar um braço postiço, com um gancho na extremidade, a fim de poder se apresentar em público como um Capitão Gancho da vida real. Diana foi consultada por assessores veteranos, preocupados com a possibilidade de o príncipe bancar o tolo. Ela sugeriu que fosse providenciado o braço postiço, mas que o extraviassem convenientemente, pouco antes de Charles comparecer a uma conferência médica na Harley Street, no centro de Londres. Charles ficou irritado com o subterfúgio, mas seus assessores sentiram-se aliviados pelo fato de que sua dignidade fora preservada, graças à intervenção oportuna de Diana.

Seria um erro presumir que a competição entre o príncipe e a princesa de Gales era travada em termos de igualdade. A princesa podia atrair mais atenção da imprensa e do público, mas dentro do palácio ela dependia da receita do Ducado da Cornualha, controlada por seu marido, para financiar seu escritório particular, ao mesmo tempo em que sua posição inferior na hierarquia real significava que Charles sempre dava a última palavra. Tudo, de sua presença nas reuniões de planejamento à organização das viagens conjuntas ao exterior e à estrutura do escritório, era decidido, em última instância, pelo príncipe de Gales. Quando ela sugeriu a criação de um "Fundo da Princesa de Gales", a fim de levantar recursos para suas diversas obras de caridade, o marido recusou-se a sequer analisar a ideia, sabendo que isso desviaria glória e dinheiro do seu próprio Fundo do Príncipe para beneficência.

Durante a crise do Golfo, a princesa e sua cunhada, a princesa real, tiveram a ideia de visitar os soldados britânicos estacionados no teatro de operações na Arábia Saudita. As duas planejaram voar juntas até lá, e sentiam-se um tanto ansiosas em viajar pelo deserto em tanques, a fim de se encontrarem com os homens de cáqui. Mas houve uma intervenção do secretário particular da rainha, Sir Robert Fellowes. O plano foi arquivado, pois se considerou que seria mais apropriado que a família real fosse representada por um membro superior. Assim, o príncipe Charles voou para o Golfo enquanto se designava à princesa de Gales a missão secundária de ir à Alemanha para se encontrar com as esposas e famílias de soldados.

As constantes provocações no relacionamento de trabalho eram acompanhadas por um manto de sigilo que os escritórios em litígio lançaram sobre as operações rivais. Diana teve de recorrer a toda a sua astúcia para arrancar informações do escritório do marido, antes de voar para o Paquistão, em sua primeira grande viagem solo ao exterior, em 1991. Ela deveria fazer uma escala em Omã, onde o príncipe Charles tentava cortejar o sultão a financiar uma faculdade de arquitetura. Curiosa por natureza, Diana queria saber mais a respeito, mas compreendeu que uma consulta direta ao príncipe Charles ou a seus principais assessores receberia uma resposta vaga. Em vez disso, ela escreveu um curto memorando ao secretário particular do príncipe, o comandante Richard Aylard, indagando inocentemente se havia informações de que precisaria para a curta escala em Omã. Como ela viajava em caráter oficial, o príncipe foi obrigado a revelar suas intenções.

Nesse ambiente de sombria desconfiança, o sigilo era um companheiro necessário e constante. Cautela era a palavra de ordem de Diana. Havia muitos olhos e ouvidos, além das câmeras da polícia, para captar o som de uma voz alteada em raiva ou a presença de um visitante desconhecido. As línguas ficavam à solta, e as histórias circulavam com uma eficiência espantosa. Foi por isso que Diana, quando estudava o seu problema de bulimia, escondia os livros sobre o assunto de olhos bisbilhoteiros. Não ousava levar para casa as gravações de suas leituras astrológicas, nem ler a revista satírica *Private Eye,* com sua versão maliciosamente acurada de seu marido, a fim de não provocar comentários desfavoráveis. O telefone era sua linha vital, e passava horas conversando com os amigos. "Desculpe o barulho, mas eu tentava pôr minha tiara", disse ela a uma amiga desconcertada.

Diana era uma refém da fortuna, uma cativa de sua imagem pública, limitada por suas circunstâncias na posição singular de princesa de Gales e prisioneira de sua vida cotidiana. Os amigos diziam que ela era "prisioneira de guerra". Na verdade, a claustrofobia da vida real servia apenas para exacerbar seu medo genuíno de espaços fechados. Isso ficou patente em 1991, quando ela foi ao Hospital Nacional para um exame, porque seus médicos receavam que pudesse ter uma estria cervical, um tumor benigno que muitas vezes envolve os nervos por baixo da omoplata. Como muitos pacientes, ao se ver dentro do aparelho de exame, Diana entrou em pânico e precisou ser acalmada com um tranquilizante. Isso significou que um procedimento que deveria durar 15 minutos se prolongou por duas horas.

Ela agora enviava velas perfumadas em vez de cartas em agradecimento aos que forneciam produtos e serviços, a fim de evitar que bilhetes bem-intencionados caíssem em mãos erradas. Mais uma vez, antes de ir esquiar na Áustria em 1992, em companhia dos filhos e dos amigos Catherine Soames e David Linley, ela teve um momento de hesitação, sem saber se deveria ou não convidar o major David Waterhouse. Confortara-o por ocasião do funeral de sua mãe, em janeiro, e achava que as férias poderiam ajudá-lo a atenuar o sofrimento pela perda. Contudo, Diana, que já fora vista várias vezes em sua companhia, preocupou-se com a possibilidade de uma interpretação errada de sua presença e uma investigação meticulosa da vida de Waterhouse em decorrência disso. Ele não foi convidado. Os filhos lhe proporcionavam imensa alegria, mas ela sabia também que constituíam seu passaporte para o mundo exterior. Podia levá-los ao teatro, ao cinema e ao parque sem despertar comentários adversos da imprensa. Mas também havia desvantagens. Quando levou o príncipe Harry e alguns amigos para assistirem a Jason Donovan no musical *Joseph and the Amazing Technicolor Dreamcoat*, a princesa teve de montar guarda diante do banheiro dos homens, à espera dos meninos.

Ela tinha de conduzir sua vida social com extrema cautela. Enquanto o marido sempre fora capaz de levar despercebido sua vida particular, Diana sabia que viraria manchete cada vez que fosse vista em companhia de um homem descompromissado, por mais inocente que fosse a situação. Era uma coisa que a deixava ressentida. Aconteceu quando ela visitou James Gilbey, jantando em seu apartamento em Knighstbridge, e também quando passou o fim de semana na casa de campo dos pais de Philip Dunne. Não havia trégua. Diana teve de cancelar um almoço com seu amigo Terence Stamp, porque foi informada de que o apartamento dele na Albany estava sendo vigiado por fotógrafos.

Os inimigos internos de Diana eram os cortesãos, que vigiavam e julgavam cada movimento seu. Se Diana era a atual estrela do espetáculo de Windsor, então os cortesãos mais antigos eram os produtores que pairavam nos bastidores, esperando para criticá-la a cada deslize. Quando passou três dias com a mãe na Itália, Diana foi levada a todos os lugares por Antonio Pezzo, um belo membro da família que foi o anfitrião. Na despedida, ela impulsivamente deu-lhe um beijo no rosto. Foi censurada por esse gesto, assim como também foi repreendida por elogiar a maneira como o primeiro-ministro John Major se comportara durante a crise do Golfo. Era uma reação humana à difícil posição dele como um primeiro-ministro recente, mas o secretário particular da rainha, Sir Robert Fellowes, achou que era bastante política para merecer um comentário desfavorável.

A menor violação do comportamento real era recebida com protestos. Depois da estreia de um filme, Diana compareceu a uma festa em que conversou por um longo tempo com Liza Minnelli. Na manhã seguinte, disseram-lhe que não era conveniente comparecer a tais eventos. O resultado foi feliz, no entanto. Diana adorou a conversa com a estrela de Hollywood, que lhe falou sobre sua vida difícil, e comentou que sempre que se sentia muito desanimada pensava na princesa, e isso a ajudava a suportar tudo. Foi uma conversa comovente e franca entre duas mulheres que haviam sofrido muito na vida e constituiu a base de uma amizade à distância.

Por tudo isso, não era de admirar que a princesa, confiante por natureza, confiasse em poucos na organização real. Ela abria sua correspondência quando voltava do exercício de natação matinal no palácio de Buckingham, a fim de tomar conhecimento direto do que o público em geral estava pensando. Dessa forma, não precisava depender do filtro cauteloso de sua assessoria. Essa política proporcionou vários efeitos secundários satisfatórios. Uma carta de um pai cujo filho morria de Aids deixou-a particularmente comovida. O último pedido do rapaz, antes de morrer, era conhecer a princesa de Gales. O pai escreveu para Diana em junho de 1991, mas com pouca esperança de êxito. Depois de ler sua súplica, Diana acertou pessoalmente para que o filho fosse levado a um hospital de Aids em

Londres, dirigido pelo Lighthouse Trust, que ela deveria visitar. O gesto atencioso de Diana fez com que se concretizasse o último desejo do jovem agonizante. Se a carta fosse processada da maneira habitual, a família provavelmente receberia uma resposta afável, mas neutra, de uma dama de companhia.

Tamanha era a falta de confiança de Diana nessas ajudantes reais tradicionais, cujas funções eram acompanhá-la em compromissos públicos e cuidar das tarefas administrativas, que pouco a pouco elas foram sendo afastadas. Ela passou a usar sua irmã mais velha, Sarah, nesses serviços, levando-a para Budapeste, na Hungria, durante uma visita oficial, em março de 1992. Diana também recorreu ao que chamava de seus "dias de ausência", em que se mantinha isolada. Uma amiga comentou: "Ela teve muitos conflitos com suas damas de companhia, em particular com Anne Beckwith-Smith (sua antiga secretária particular). Achava que elas a reprimiam, mostravam-se protetoras demais, sintonizadas demais com o sistema."

Em vez disso, ela preferia consultar pessoas que estavam na tangência do sistema. Volta e meia telefonava para o general Sir Christopher Airey, em sua casa em Devon, pedindo conselhos. Airey, que foi abruptamente dispensado do cargo de secretário particular do príncipe Charles em 1991, conhecia bastante as engrenagens do sistema para orientá-la de forma sensata. Por algum tempo, Jimmy Savile ajudou-a a amenizar sua imagem pública, enquanto Terence Stamp lhe ofereceu uma orientação geral sobre a maneira de fazer discursos. Ela também confiava num círculo de conselheiros extraoficiais, que preferiam permanecer anônimos, para analisar ideias e problemas. Eles deram o refinamento necessário a seus discursos, aconselharam-na sobre problemas delicados e alertaram para possíveis dificuldades de publicidade.

Diana era atraída para o pessoal de fora porque se sentia alienada do sistema real. Como disse James Gilbey: "Diana se dá muito melhor com gente de fora do que com os homens da organização, que têm o compromisso de preservar um sistema que ela considera superado. Assim, há um conflito natural. Eles tentam manter uma coisa da qual ela quer escapar." O astrólogo de Diana, Felix Lyle, comentou: "Ela tem um espírito elevado e um otimismo que podem ser derrotados com a maior facilidade. Dominada pelas pessoas de personalidade forte, ela ainda não possui suficiente autoconfiança para enfrentar o sistema."

Era uma opinião endossada por outro amigo, que disse: "Toda a estrutura real a deixou apavorada. Não lhe proporcionaram confiança nem apoio." À medida que sua confiança se desenvolveu, Diana passou a acreditar que não poderia realizar seu verdadeiro potencial dentro das restrições reais. Ela disse a amigos: "Dentro do sistema, fui tratada de uma maneira muito diferente, como se não passasse de uma aberração. E achava que não era boa o bastante. Agora, graças a Deus, acho que é ótimo ser diferente."

Diana tinha levado uma confusa vida dupla, em que era celebrada pelo público, mas observada com um silêncio desconfiado e muitas vezes ciumento pelo marido e sua família. O mundo considerava que ela sacudira a poeira da imagem ultrapassada da casa de Windsor, mas dentro da família real, criada nos valores do controle, da distância e do formalismo, ela era encarada como uma forasteira e um problema. Ela era emotiva, gentilmente irreverente, espontânea. Para uma instituição formal e rígida, com um enorme cartaz de "Não me toque" pendurado na coroa, a princesa de Gales era uma ameaça. A experiência ensinou-a a não confiar nem confidenciar a membros da família real. Ela compreendia que os vínculos de sangue prevalecem. Em decorrência, mantinha uma distância intencional dos parentes do marido, contornando os problemas, evitando confrontações e se encerrando em sua torre de marfim. Foi como uma faca de dois gumes, na medida em que ela não conseguiu criar laços, que são essenciais num mundo fechado, infectado pela política familiar e burocrática. Tinha poucos aliados dentro da família real. "Eu não me meto em suas vidas, e eles não se metem na minha", disse ela.

Assim, embora amasse a Escócia e tivesse crescido em Norfolk, ela achava que o clima em Balmoral e Sandringham esgotava seu espírito e sua vitalidade. Era durante essas férias familiares, quando sua bulimia se encontrava no pior estado, que Diana tentava qualquer artimanha para escapar por uns poucos dias. Vivia a realidade por trás da impressão pública de inabalável união que a monarquia irradiava. Sabia que a corte contemporânea, em particular, não é muito diferente dos reinados anteriores, em divergências, hostilidades e lutas internas.

No coração da família real estava o trio implacável, formado pela rainha-mãe e suas duas filhas, a rainha e a princesa Margaret. Como o autor Douglas Keay ressaltou, em seu perceptivo perfil da rainha: "Contrarie uma e estará contrariando todas." As relações de Diana com essas três personagens centrais eram irregulares. Ela tinha muito tempo para a princesa Margaret, uma vizinha no palácio de Kensington, a quem reconhecia como tendo lhe prestado a maior ajuda no ajustamento ao rarefeito mundo real. "Sempre adorei Margo. Amo-a demais, e ela tem sido maravilhosa comigo desde o primeiro dia", disse Diana.

O relacionamento era muito menos cordial com a rainha-mãe. Diana considerava a sua residência em Londres, Clarence House, como a fonte de todos os comentários negativos a seu respeito e de sua mãe. Mantinha uma distância desconfiada dessa figura matriarcal, descrevendo as ocasiões sociais presididas pela rainha-mãe como rígidas e excessivamente formais. Afinal, foi a avó de Diana, dama de companhia da rainha-mãe, quem testemunhou no tribunal sobre a incapacidade da filha de cuidar de seus quatro filhos. Sua opinião foi aceita pelo juiz, e a hostilidade e a amargura ainda eram intensas dentro da dividida família Spencer. Ao mesmo tempo, a rainha-mãe, desfavoravelmente predisposta contra Diana e sua mãe, exercia uma enorme influência sobre o príncipe de Gales. Era uma sociedade de adoração mútua, da qual Diana era excluída. "A rainha-mãe mete uma cunha entre Diana e os outros. Por isso, ela arruma todas as desculpas para evitá-la", comentou uma amiga.

O relacionamento de Diana com a rainha era muito mais amistoso. Contudo, era regido pelo fato de Diana ser casada com seu filho mais velho e futuro monarca. Nos primeiros dias, Diana tinha pavor da sogra. Cumpria os rituais formais — fazer uma reverência profunda cada vez que se encontravam — mas afora isso se mantinha à distância. Durante os raros e um tanto constrangedores *tête-à-têtes* sobre a deterioração do casamento dos Gales, a rainha manifestou sua opinião de que a persistente bulimia de Diana era uma causa, não um sintoma, de suas dificuldades.

A rainha também insinuou que a instabilidade do casamento do filho era uma consideração predominante em quaisquer pensamentos que ela pudesse ter de abdicação. É claro que isso não agradou ao príncipe Charles, que se recusou a falar com a mãe por vários dias depois de seu comunicado no Natal de 1991, quando ela manifestou sua intenção de servir à nação e à comunidade Britânica "por mais alguns anos". Para um homem que demonstrava a maior reverência pela mãe, esse silêncio era um sinal inequívoco de sua raiva. Mais uma vez, ele culpou a princesa de Gales. Passando pelos corredores de Sandringham, o príncipe queixou-se a qualquer um que quisesse escutar sobre a situação de seu casamento. Diana ressaltou-lhe que ele já abdicara de suas responsabilidades reais ao permitir que os irmãos, príncipes Andrew e Edward, assumissem como conselheiros de Estado, os "substitutos" oficiais da soberana, quando ela se encontrava em missão oficial no exterior. Se o príncipe demonstrava tanta indiferença com esses deveres constitucionais nominais, indagou ela, docemente, por que a mãe deveria lhe ceder o cargo?

No início dos anos 1990, sem dúvida, a rainha e a nora desenvolveram um relacionamento mais descontraído e cordial. Numa festa no jardim, em 1991, a princesa sentia-se bastante confiante para ensaiar um pequeno gracejo sobre o chapéu preto da rainha. Elogiou-a pela escolha, comentando que seria muito útil em funerais. Numa veia mais séria, elas vinham tendo conversas confidenciais sobre o estado de espírito de seu filho mais velho. Às vezes, a rainha considerava que o rumo da vida de Charles estava desviado e que seu comportamento era estranho e inconstante. Não escapou à sua atenção que ele se sentisse tão infeliz com seu destino quanto a esposa.

Embora Diana achasse que a monarquia, como estava organizada no momento, era uma instituição naufragando, sentia um profundo respeito pela maneira como a rainha tinha se conduzido nos últimos quarenta anos. Na verdade, por mais que quisesse deixar o marido, Diana tinha enfatizado para ela: "Nunca vou decepcioná-la." Quando Diana se preparava para ir a uma festa no jardim, numa tarde sufocante de julho, em 1991, uma amiga ofereceu-lhe um leque para levar. Diana recusou, dizendo: "Não posso aceitar. Minha sogra ficará de pé ali, com bolsa, luvas, meias e sapatos." Foi um sentimento expresso em tom de admiração pelo controle absoluto da soberana em todas as circunstâncias, por mais difíceis que fossem.

Ao mesmo tempo, a princesa teve de se ajustar a outras correntes cruzadas na família. Embora Diana mantivesse um relacionamento cordial com o príncipe Philip, que considerava um solitário, compreendia que seu marido se sentia intimidado pelo pai. Ela aceitava que o relacionamento dele com o filho mais velho fosse "difícil, muito difícil". Charles ansiava ser afagado pelo pai, enquanto o príncipe Philip gostaria que o filho o consultasse com mais frequência e pelo menos reconhecesse sua contribuição ao debate público. Irritava o príncipe Philip, por exemplo, o fato de ter iniciado a discussão sobre o meio ambiente, mas ter sido o príncipe Charles quem obteve a audiência.

Como ocorria com o sogro, Diana mantinha um relacionamento distante mas cordial com sua cunhada, a princesa real. Diana compreendia os problemas que uma mulher enfrenta dentro da organização e sentia a maior admiração por sua independência e seus empreendimentos, em particular por conta do Fundo Salvem as Crianças, do qual era presidente. Embora seus filhos brincassem juntos, Diana nunca pensaria em fazer confidências à princesa real nem convidá-la para almoçar. Sentia-se satisfeita quando a via nas reuniões de família, mas não ia além disso. A imprensa fez o maior estardalhaço por ocasião do batizado do príncipe Harry, quando a decisão de Diana de não escolher Anne como madrinha foi considerada um sinal de relações rancorosas. A princesa não foi convidada apenas porque já era tia dos meninos e seu papel como madrinha seria uma duplicação. Como acontece com toda a família real, sempre haverá uma divisão entre as duas princesas. Diana era uma pessoa de fora, por hábito e inclinação; Anne nascera no sistema. De vez em quando, a princesa real demonstrava para quem ia sua lealdade suprema. Uma confrontação em Balmoral, em 1991, revelou o isolamento das duas plebeias, a princesa de Gales e a duquesa de York.

Essa confrontação, ao final de uma tarde quente de agosto, quando a família comia um churrasco no jardim do castelo de Balmoral, fez aflorar as tensões e conflitos nascentes em suas fileiras. Havia preocupação por um incidente em que Diana e Fergie disputaram uma corrida pelas estradas particulares de Balmoral, no Daimler da família-mãe e num veículo da propriedade com tração nas quatro rodas. A discussão tornou-se muito mais pessoal, focando-se principalmente na duquesa de York, que acabou se retirando, furiosa. Diana explicou, em defesa de Fergie, que era muito difícil se casar na família real, e que a duquesa sentia uma dificuldade ainda maior por ser confinada pelas restrições. Persuadiu a rainha sobre a necessidade de conceder à duquesa uma maior liberdade de movimentos, pois ela se encontrava no limite de sua resistência. Isso foi confirmado pouco depois por Fergie, que disse a amigos que 1991 seria o último ano em que iria para Balmoral. Ela cumpriu a palavra. Oito meses depois foi anunciada a separação do duque e da duquesa de York.

Era um nítido contraste com as primeiras férias de Fergie no refúgio de verão da rainha, cinco anos antes, quando ela impressionara a família real por seu entusiasmo e vigor. Ao longo dos anos, Diana observou, muitas vezes com simpatia, a concunhada ser atacada pela imprensa e sufocada pelo sistema real; seu espírito sendo reprimido pouco a pouco. Em algumas ocasiões, o comportamento turbulento da duquesa de York se assemelhava nem tanto à vida imitando a arte, mas sim à vida imitando a sátira. Na medida em que suas roupas, seus instintos maternais e seus amigos mal-escolhidos sofriam críticas cáusticas, a duquesa de York voltou-se para um grupo variado de clarividentes, leitores de cartas de tarô, astrólogos e outros adivinhos, em busca de ajuda para encontrar um caminho através do labirinto real. Foi apresentada a alguns por seu amigo Steve Wyatt, filho adotivo de um bilionário do petróleo texano, mas muitos descobriu por si mesma. Suas frequentes visitas a Madame Vasso, uma espiritualista que curava mentes e corpos perturbados ao sentá-los sob uma pirâmide azul de plástico, eram típicas das influências sobre essa mulher cada vez mais irrequieta e infeliz.

Houve dias em que ela mandou ler sua sorte e analisar seus trânsitos astrológicos a intervalos de poucas horas. Tentava levar sua vida pelas predições deles, seu espírito volúvel se agarrando a cada fragmento de conforto em suas palavras. Embora Diana, como muitas outras pessoas da família real, fosse interessada e atraída pela perspectiva da "Nova Era", não se deixava dominar por qualquer profecia.

A duquesa, no entanto, deixava-se aprisionar, discutindo as conclusões com os amigos na maior seriedade. O resultado foi que, no ano de 1991, a duquesa fez o papel de Iago para o Otelo de Diana. Era uma voz insistente no ouvido de Diana, sussurrando, persuadindo e suplicando, ao mesmo tempo prevendo o desastre e a tragédia para a família real e exortando a princesa de Gales a escapar da instituição real. Não é exagero afirmar que mal se passou uma semana, durante aquele ano, sem que a duquesa de York discutisse o último presságio com sua concunhada, amigos e conselheiros. Em maio de 1991, quando o casamento do príncipe e da princesa de Gales foi submetido a uma renovada inspeção, os "fantasmas" de Fergie — como os amigos os chamavam — previram que o príncipe Andrew em breve se tornaria rei e ela seria a rainha.

Embora o duque se mostrasse animado com a perspectiva, a esposa foi ficando cada vez mais desiludida com seu papel. Para uma mulher acostumada a viajar de avião como outras pessoas andam de táxi, a claustrofobia do mundo real era mais do que podia suportar. Em agosto, seus adivinhos previram um problema envolvendo um carro real, em setembro disseram que um iminente nascimento real criaria uma crise. Datas específicas foram mencionadas, mas mesmo depois que passaram sem que nada acontecesse, a duquesa continuou a manter a fé em seus oráculos. Em novembro, falou-se de uma morte na família. Quando Diana se preparava para passar o Natal em Sandringham, com a família real, foi advertida pela duquesa de que haveria uma briga entre ela e o príncipe Charles. Ele tentaria abandoná-la, mas a rainha o impediria.

Em meio a esses presságios sinistros, havia também súplicas, argumentos e persuasões quase diários para que a princesa deixasse a família real junto com Fergie. O convite devia ser uma perspectiva tentadora para uma mulher numa situação insuportável, mas Diana passara a confiar em seu próprio julgamento.

Em março de 1992, a duquesa decidiu se separar formalmente do marido e deixar a família real. A princesa assistiu ao fim amargo do casamento de sua amiga com alarme e tristeza. Sabia por experiência própria com que rapidez os cortesãos da rainha podiam se virar contra ela. Eles atacaram com veemência a duquesa e citaram vários incidentes em que ela tentara se aproveitar das associações reais. Até alegaram, falsamente, que a duquesa contratara uma agência de relações públicas para providenciar a cobertura de seu afastamento da família real. Como disse um correspondente da BBC: "As facas foram desembainhadas contra a duquesa no palácio de Buckingham." Era uma prévia do que Diana teria de suportar se decidisse seguir pelo mesmo caminho.

8 "Fiz o melhor que podia"

Poucos dias antes de a rainha celebrar o 40º aniversário de sua ascensão ao trono, o duque e a duquesa de York seguiram de carro do palácio de Buckingham para Sandringham, a fim de falar com a soberana. Naquela desolada quarta-feira, ao final de janeiro, o casal real discutiu formalmente uma questão que os atormentava há muitos meses: seu casamento. Haviam concordado que, depois de cinco anos de vida conjugal, seria mais sensato que se separassem. A duquesa, como já foi analisado antes, tornara-se cada vez mais desiludida com sua vida na família real e deprimida com as críticas incessantes e perniciosas tanto dentro quanto fora do palácio sem qualquer perspectiva de diminuição. A gota d'água foi a rumorosa discussão pela imprensa de seu relacionamento com Steve Wyatt, com manchetes provocadas pelo roubo de fotografias tiradas quando a duquesa, Wyatt e muitas outras pessoas passavam férias no Marrocos.

Durante a reunião em Sandringham, o casal concordou com a sugestão da rainha de que deviam ter um período de "esfriamento" de dois meses, o que lhes proporcionaria tempo para refletirem sobre a situação. Por isso, a duquesa assumiu apenas uns poucos compromissos oficiais, passando o resto do tempo com sua família, em Sunninghill Park, ou discutindo suas opções com advogados, membros da família real, inclusive a princesa de Gales e a princesa real e amigos mais próximos.

Uma das primeiras pessoas a tomar conhecimento da notícia foi o príncipe de Gales, que na ocasião se encontrava na propriedade de Norfolk. Ele conversou com a duquesa sobre suas próprias dificuldades conjugais, enfatizando que sua posição constitucional, como herdeiro direto do trono, tornava quase inconcebível qualquer pensamento de separação de Diana. Numa censura retumbante, a duquesa respondeu: "Pelo menos eu estou sendo autêntica." Era um sentimento que se encontrava no fundo do dilema com que se defrontava a princesa de Gales e atingia as próprias fundações da moderna monarquia.

A instabilidade crônica do casamento do príncipe e da princesa de Gales e o fim do casamento do duque e da duquesa de York eram muito mais que uma tragédia pessoal. Era um sinal do fracasso de uma experiência necessária, nascida de circunstâncias históricas alteradas. Quando George V concedeu permissão para que seu filho, o duque de York, se casasse com uma plebeia, Lady Elizabeth Bowes-Lyon, estava reconhecendo a realidade de que a Primeira Guerra Mundial ceifara as monarquias europeias e acabara com o suprimento apropriado de noivas e noivos reais. Começou a transição de uma "casta real", em que a realeza só se casava com a realeza, para uma classe dentro da sociedade. Mas a introdução de plebeus, por mais bem-nascidos que fossem, na árvore hanoveriana tem sido um desastre. Afora os casamentos da atual rainha e da rainha-mãe, todas as outras uniões significativas entre realeza e plebeus terminaram em divórcio; a princesa Margaret e Anthony Armstrong-Jones, a princesa Anne e o capitão Mark Phillips, o duque e a duquesa de York, e o príncipe e a princesa de Gales. Não há solução óbvia para o problema.

Essa situação é apenas um reflexo da mudança da sociedade ou coloca um enorme ponto de interrogação na maneira como a família real se relaciona com as pessoas de fora? Quando Lady Diana Spencer se casou com o príncipe Charles, também se casou com uma família arraigada na tradição e tão contente em seu isolamento quanto qualquer tribo obscura de alguma ilha dos mares do sul. Embora suas idiossincrasias ajudassem a protegê-la do mundo exterior, também tornavam praticamente impossível a tarefa de qualquer pessoa de fora que nela ingressasse sem conhecer as regras tácitas do jogo. A família real é um testemunho da máxima do dramaturgo Alan Bennett: "Cada família tem um segredo, e o segredo é ser diferente de qualquer outra família." A rainha e sua irmã, a princesa Margaret, foram a última geração imunizada contra a realidade. Desde cedo elas viveram em palácios, distantes do mundo exterior. A gaiola dourada foi seu lar e sua vida. Um passeio pelas ruas, uma tarde a fazer compras sozinha, a espera em filas, o esforço para equilibrar o orçamento: essas liberdades, mesmo que duvidosas, nunca foram parte de sua vida. Apesar de todos os privilégios, dos pelotões de criados, de carros com motoristas, de iates e aviões particulares, elas foram prisioneiras das expectativas da sociedade e fantoches do sistema. Dever, obrigação e sacrifício eram esperados e assumidos como fundamentos de suas vidas, a própria essência da Coroa. A busca da felicidade pessoal, como a princesa Margaret descobriu ao tentar se casar com um homem divorciado, o capitão Peter Townsend, tem sido sacrificada no altar da monarquia e de sua ética moral.

A rainha, preparada para o papel, desempenhou essas funções tradicionais e esperadas da Coroa muito bem, a tal ponto que deixa um marco inatingível para seu sucessor. O molde, porém, foi deliberadamente quebrado. Como disse Lady Elizabeth Longford, amiga e biógrafa da rainha, uma das realizações fundamentais de seu reinado foi educar os filhos no mundo real. Isso significa que seus filhos pertencem a uma geração híbrida, desfrutando um gosto de liberdade, mas ainda ancorados ao mundo de castelos e do protocolo real. As ações, em particular do príncipe de Gales, demonstram o perigo de permitir que os futuros soberanos respirem, até mesmo por pouco tempo, o ar da liberdade. Ao contrário de seus antecessores, a dúvida, a incerteza e o questionamento foram acrescentados à sua fé herdada e à aceitação das tradições reais.

Passam a entrar nessa equação as expectativas e valores de plebeus que ingressaram na família. O que se provou ser um obstáculo impossível de superar. Lorde Snowdon e o capitão Mark Phillips foram os primeiros a cair, embora tivessem suas carreiras, fotografia e equitação, respectivamente, que os livrava da rotina real. A princesa de Gales e a duquesa de York não tiveram essa regalia. Assim, talvez fosse inevitável que Diana, que observava a família real de dentro, visse agora um abismo entre a maneira como o mundo avançava e como era percebido pela família real. Ela achava que eles tinham sido apanhados por um desvio do tempo emocional, sem a visão necessária para absorver as mudanças que ocorreram na sociedade. Isso ficou claro durante o tradicional Natal da família real em Sandringham, em 1991. Uma noite, durante o jantar, Diana levantou a questão, em termos especulativos, sobre o futuro da monarquia britânica numa Europa federal. A rainha, o príncipe Charles e o resto da família real fitaram-na como se estivesse louca e continuaram a discutir quem abatera o último faisão do dia, uma conversa que ocupou o restante da noite.

Como disse uma amiga: "Ela acha a monarquia claustrofóbica e completamente ultrapassada, sem qualquer relevância para a vida e os problemas de hoje. Está convencida de que é uma instituição falida e de que a família nem vai saber o que a atingiu dentro de poucos anos, a menos que mude também."

Diana discutiu com seu conselheiro Stephen Twigg essas dúvidas sobre as fundações existentes da monarquia. Ele disse: "Se a família real não mudar, e se suas relações com o resto da sociedade não mudarem, está a caminho do nada. Seu papel de órgão útil da sociedade irá se deteriorar. Deve permanecer dinâmica e reagir às mudanças. Não é apenas a família real que deve mudar, mas também a sociedade deve reavaliar a maneira como percebe a família real. Queremos que a família real seja reverenciada por sua posição, ou, numa sociedade moderna, queremos admirá-la pela maneira como enfrenta os traumas e atribulações da vida cotidiana, e aprende no processo?"

Apesar de Diana ter conseguido se livrar com êxito da imagem de princesa de contos de fadas, preocupada apenas em fazer compras e com a moda, isso ainda impregnava os preconceitos dos que a encontravam pela primeira vez. Ela estava acostumada a um tratamento condescendente. Como disse a amigos: "Acontece com frequência. É interessante observar as reações das pessoas em relação a mim. Apresentam-se com uma impressão a meu respeito, mas logo percebo a mudança, à medida que conversam comigo." Ao mesmo tempo, suas lutas dentro da família real levaram-na a compreender que não deveria se esconder por trás da máscara convencional da monarquia. A espontaneidade, a compaixão cheia de tato e generosidade de espírito que ela exibia em público eram genuínas. Não se tratava de uma encenação para consumo público. A princesa, que entendia como a vida na realeza anestesiava as pessoas da realidade, estava determinada a que seus filhos estivessem preparados para o mundo exterior de uma forma desconhecida pelas gerações reais anteriores. Normalmente, as crianças reais eram treinadas para ocultarem seus sentimentos e emoções dos outros, erguendo um escudo para desviar as indagações intrometidas. Diana achava que William e Harry deviam ser francos e honestos com as possibilidades dentro de si mesmos e com a variedade de métodos para compreender a vida. Como ela disse: "Quero criá-los com segurança. Abraço meus filhos com toda força, deito na cama com eles à noite. Sempre os envolvo em amor e afeição. Isso é muito importante."

O código cultural dos arrogantes não era para seus filhos. Ela ensinava que demonstrar seus sentimentos para os outros não os transformava em "maricas". Quando levou o príncipe William para assistir à estrela do tênis Steffi Graff ganhar o torneio de simples feminino em Wimbledon, em 1991, eles deixaram o camarote real para ir aos bastidores lhe dar os parabéns. Quando Steffi deixou a quadra e desceu pelo corredor escuro a caminho do vestiário, mãe e filho reais acharam que ela parecia solitária e vulnerável fora da luz dos refletores. Por isso, primeiro Diana, depois William, deram-lhe um beijo e um abraço afetuoso.

A maneira como a princesa apresentou os meninos a seu amigo agonizante, Adrian Ward-Jackson, foi uma lição prática de como encarar a realidade da vida e da morte. Quando Diana disse ao filho mais velho que Adrian morrera, a reação instintiva de William revelou sua maturidade: "Agora ele não sente mais dor e está realmente feliz." Ao mesmo tempo, a princesa tinha plena consciência dos fardos adicionais de criar dois meninos que são popularmente conhecidos como "o herdeiro e o reserva". A autodisciplina era parte do treinamento. Todas as noites, às seis horas, os meninos sentavam e escreviam bilhetes ou cartas de agradecimento para amigos e parentes. Era uma disciplina que o pai de Diana lhe incutiu, a tal ponto que ela poderia voltar de um jantar à meia-noite, mas não conseguia dormir enquanto não escrevesse uma carta de agradecimento.

William e Harry, na época com 10 e quase 8 anos, respectivamente, estavam agora conscientes de seu destino. Numa ocasião, os meninos conversavam sobre seus futuros com Diana. "Quando eu crescer quero ser da polícia para cuidar de você, mamãe", declarou William, amoroso. No mesmo instante Harry ressaltou, com um tom de triunfo: "Não, você não pode! Tem de ser o rei!"

Como disse o tio deles, o conde Spencer, suas personalidades são muito diferentes da imagem pública. "A imprensa sempre descreveu William como o terror, e Harry como o segundo filho, quieto. Na verdade, William é um menino muito controlado, inteligente e maduro, um tanto tímido. É bastante formal e parece mais velho do que realmente é quando atende o telefone." Harry é que é o travesso endiabrado da família. Ele demonstrou seu comportamento irrequieto para o tio quando voltavam de avião de Necker, a ilha no Caribe de propriedade do diretor da empresa aérea Virgin, Richard Branson. O conde Spencer recordou: "Serviram o café da manhã de Harry. Ele estava com fones nos ouvidos e um jogo de computador à sua frente, mas decidiu que comeria seu *croissant* assim mesmo. Levou cerca de cinco minutos para manobrar as engenhocas eletrônicas, a faca, o *croissant* e a manteiga. Quando finalmente conseguiu dar uma mordida no pão, estampou-se em seu rosto uma expressão da mais absoluta satisfação. Foi um momento maravilhoso."

Sua madrinha, Carolyn Bartholomew, disse sem qualquer preconceito que Harry é "o menino mais afetuoso, expansivo e abraçável", enquanto William é mais parecido com a mãe, "intuitivo, sempre ligado, extremamente perceptivo". A princípio, ela achou que o futuro rei era "um pequeno terror". "Era um menino malcriado e tinha acessos de raiva. Mas quando tive também dois filhos, descobri que todas as crianças são assim, em determinado momento. Na verdade, William é gentil e generoso, muito parecido com Diana. Seria capaz de dar seu último chocolate. E até já fez isso uma ocasião. Ele queria muito o chocolate, e deu o último que tinha para mim." Uma prova adicional desse coração generoso ocorreu quando ele reuniu todas as suas moedas, no valor de uns poucos *pence,* e solenemente entregou a ela.

Mas ele não é nenhum anjo, como Carolyn constatou quando visitou Highgrove. Diana acabara de dar um mergulho na piscina e vestira um roupão branco, enquanto esperava por William. Em vez de sair também da piscina, porém, ele se debateu como se estivesse se afogando e deslizou devagar para o fundo. A mãe, sem saber se era fingimento ou não, lutou para tirar o roupão. Depois, percebendo a urgência, mergulhou com o roupão. Nesse momento, William voltou à superfície, gritando e rindo pelo sucesso da brincadeira. Diana não achou a menor graça.

De um modo geral, William foi um menino que exibia qualidades de responsabilidade e reflexão acima de sua idade e mantinha um relacionamento estreito com o irmão menor, que os amigos acham que será um admirável conselheiro nos bastidores, quando William eventualmente se tornar o rei. Na opinião de Diana, isso era um sinal de que eles iriam de alguma forma partilhar os fardos da monarquia no futuro. Sua posição era condicionada pela firme convicção de que não seria uma rainha e de que seu marido nunca se tornaria o rei Charles III.

Os meninos foram uma base amorosa para a princesa em seu isolamento. "Eles são tudo para mim", Diana gostava de dizer. Contudo, em setembro de 1991, quando Harry se juntou a William na escola preparatória de Ludgrove, Diana teve de enfrentar a perspectiva de um ninho vazio no palácio de Kensington. "Ela compreende que os filhos vão se desenvolver e expandir, e que logo um capítulo de sua própria vida estará encerrado", comentou James Gilbey.

A perda dos meninos, pelo menos durante o período escolar, só serviria para ressaltar ainda mais a cruel situação de Diana, especialmente depois de a duquesa de York ter deixado o cenário real. O mundo de Diana podia ser caracterizado pelo equilíbrio instável: a infelicidade do casamento compensada pela satisfação que encontrava em seu trabalho real, em particular com os doentes e agonizantes; as certezas sufocantes do sistema real compensadas por sua crescente autoconfiança, usando a organização em benefício de suas causas.

Seu pensamento sobre sua posição na realeza mudavam de um mês para outro. Contudo, embora o gráfico de seu progresso indicasse vários altos e baixos, a tendência geral durante os anos de 1991 e 1992 era de permanecer em vez de sair da organização. Ela agora sentia impaciência com as engrenagens pesadas da monarquia em vez de desespero, uma indiferença serena em relação ao príncipe Charles em vez de uma deferência submissa, e frieza em relação a Camilla Parker Bowles em vez de raiva e ciúme. Não era um desenvolvimento consistente, mas seu crescente interesse sobre a maneira de controlar e reformar o sistema, assim como o empenho em usar sua posição para fazer o bem no mundo, apontavam para permanecer em vez de se afastar. Ao mesmo tempo, a saída da duquesa acrescentava outro elemento de incerteza a uma posição já precária.

Não era uma questão para complacência. A princesa podia ser uma mulher instável e impaciente, cujos ânimos oscilavam regularmente do otimismo ao desespero. Como disse o astrólogo Felix Lyle: "Ela é propensa à depressão, uma mulher que se deixa derrotar e dominar com facilidade pelos que têm uma personalidade forte. Diana tem um lado autodestrutivo. A qualquer momento pode dizer 'que se danem todos vocês' e ir embora. O potencial existe. Ela é uma flor esperando para desabrochar."

Uma noite ela poderia se mostrar extremamente amadurecida, discutindo a morte e a vida posterior com George Carey, o novo arcebispo de Canterbury, na noite seguinte desatava a rir sem motivo numa partida de bridge. "Às vezes ela é possuída por um espírito diferente, como uma reação à libertação da responsabilidade que a oprime", comentou Rory Scott, que se encontrava com a princesa socialmente.

Como disse o irmão de Diana: "Ela se saiu muito bem ao conseguir manter seu senso de humor, que sempre relaxa as pessoas ao redor. Não tem nada de pomposa e pode dizer um gracejo sobre si mesma, ou sobre algo ridículo que todos perceberam, mas sentiram-se envergonhados demais para comentar." As excursões reais, esses exercícios ultrapassados de tédio e cerimonial antigo, eram um campo fértil para seu senso do ridículo. Depois de um dia observando dançarinos nativos numa umidade insuportável ou tomando uma xícara de algum líquido de gosto horrível, ela muitas vezes telefonava para os amigos e os divertia com os últimos absurdos. "As coisas que eu faço pela Inglaterra" era uma de suas frases prediletas. Ela se divertiu particularmente quando perguntou ao papa sobre seus ferimentos (*wounds*, em inglês), durante um encontro particular no Vaticano, pouco depois de ele ter sido baleado. O papa pensou que ela falara em útero (*womb*, em inglês), e deu-lhe os parabéns pelo filho que estava a caminho. Embora seu instinto e intuição fossem aguçados — "ela compreende a essência das pessoas, o que uma pessoa é, em vez do que parece", comentou sua amiga Angela Serota —, Diana reconhecia que seu intelecto precisava ser desenvolvido. A moça que deixou a escola com notas apenas regulares agora acalentava a ambição de estudar psicologia e saúde mental. "Alguma coisa relacionada com pessoas", disse ela.

Apesar de sua tendência a se impressionar demais com as pessoas que exibiam qualificações acadêmicas, Diana admirava os que faziam em vez de pontificar. Richard Branson, diretor da companhia aérea Virgin, o barão Jacob Rothschild, o banqueiro milionário que restaurou Spencer House, e seu primo visconde David Linley, que dirigia uma próspera organização de produção e venda de móveis, ocupavam posições de destaque em sua lista. "Ela aprecia o fato de David ter conseguido se livrar do molde real e feito algo positivo.Também inveja sua sorte de poder caminhar pela rua sem a companhia de um segurança", disse um amigo.

Durante anos, sua reduzida autoestima intelectual se manifestou numa submissão instintiva aos julgamentos do marido e dos cortesãos mais qualificados. Agora que estava mais lúcida sobre seu rumo, ela se mostrava disposta a argumentar sobre política de uma maneira que seria inconcebível anos antes. Os resultados eram evidentes. Os diplomatas britânicos, notoriamente preconceituosos em suas percepções, começaram a perceber o verdadeiro valor de Diana. Ficaram impressionados pelo desempenho dela em sua primeira visita solo ao Paquistão e discutiram a possibilidade de viagens ao Egito e ao Irã, a república islâmica em que a bandeira inglesa era rotineiramente queimada há não muito tempo. Como diria Diana, tratava-se de uma parte "muito adulta" de sua vida na realeza.

Os discursos que ela fazia, com uma regularidade quase semanal, constituíam um ponto satisfatório adicional de sua vida real. Alguns ela mesma escrevia, outros eram feitos por um pequeno círculo de assessores, entre os quais seu secretário particular, Patrick Jephson. Era um grupo informal flexível, que discutia com a princesa os pontos que ela desejava ressaltar, pesquisava as estatísticas e depois organizava o discurso.

O contraste entre seus verdadeiros interesses e o papel que lhe era designado por seus "mentores" do palácio ficou amplamente demonstrado em março de 1992, quando no mesmo dia ela foi a convidada de honra da Exposição do Lar Ideal e à noite fez um discurso inflamado e revelador sobre a Aids. Havia um simbolismo interessante nesses compromissos, separados apenas por poucas horas, mas por toda uma geração em filosofia pessoal. A visita à exposição foi organizada pela burocracia do palácio. Eles cuidaram de tudo, das oportunidades de fotos às listas de convidados. A subsequente cobertura da imprensa concentrou-se num comentário improvisado da princesa de que não podia falar sobre seus planos para a Semana Nacional da Cama porque aquele era um "programa familiar". Foi uma ocasião alegre, descontraída e banal, o tipo de coisa que o palácio gosta de oferecer à imprensa todos os dias. A princesa cumpriu seu papel de forma impecável, conversando com os diversos organizadores sorrindo para as câmeras. Seu desempenho, porém, foi apenas isso, um papel como o palácio, a imprensa e o público esperavam.

Um vislumbre da verdadeira Diana pôde ser percebido mais tarde, naquela noite, quando em companhia do professor Michael Adler e de Margaret Jay, peritos em Aids, ela falou para uma plateia de executivos dos meios de comunicação, num jantar no Claridges. O discurso sem dúvida saiu do coração e de sua própria experiência. Depois, Diana respondeu a diversas perguntas um tanto prolixas, a primeira ocasião em sua vida na família real em que teve de se submeter a esse tipo de provação. O episódio não foi comentado pela imprensa, embora representasse um marco significativo em sua vida. Isso ilustrou as consideráveis dificuldades com que ela se defrontava ao mudar as percepções de seu trabalho como princesa, dentro e fora do palácio.

Sua família, em particular as irmãs, Jane e Sarah, e o irmão Charles, estavam a par dos terríveis problemas que ela suportava. Jane sempre ofereceu conselhos sensatos, e Sarah se tornou muito protetora, depois de um período de ressentimento pelo sucesso da irmã caçula. "Nunca critique Diana na presença dela", disse uma amiga. Sua relação com a mãe e o pai, quando ele ainda era vivo, era mais desigual. Embora mantivesse um relacionamento esporádico mas afetuoso com a mãe, Diana foi firme em sua reação à notícia de que o segundo marido dela, Peter Shand Kydd, a abandonara por outra mulher. No verão de 1991, sua relação com o pai passou por um período difícil, depois da publicidade sobre a venda secreta dos tesouros de Althorp. Os filhos, inclusive a princesa, escreveram para o pai, protestando contra a venda da herança da família. Houve discussões amargas, das quais todos se arrependeram em seguida, que deixaram a princesa de Gales muito magoada. Até mesmo o príncipe de Gales interveio, manifestando sua preocupação a Raine Spencer, que tipicamente também foi veemente em sua reação. No outono de 1991, houve uma reconciliação entre pai e filha. Durante uma viagem ao redor do mundo, o falecido conde Spencer ficou profundamente comovido pela afeição por sua filha mais jovem manifestada por incontáveis estrangeiros. Telefonou dos Estados Unidos para dizer a Diana como ela o deixava orgulhoso.

O apoio da família era emulado pelo pequeno grupo de amigos e conselheiros que conheciam a verdadeira Diana, não a imagem reluzente apresentada para o consumo do público. Eles não tinham ilusões. Sabiam que a princesa era uma mulher de consideráveis virtudes, mas também propensa ao pessimismo e ao desespero, uma característica que aumentava a possibilidade de que ela deixasse o sistema. A saída da duquesa de York do cenário real exacerbara esse lado derrotista da personalidade de Diana. Como ela admitiu para amigos: "Todos diziam que eu era a Marilyn Monroe da década de 1980, e que eu adorava cada minuto. Na verdade, nunca sentei e disse 'Puxa, como isso é maravilhoso!'. Nunca mesmo. O dia em que eu fizer isso estaremos em crise. Estou cumprindo um dever como a princesa de Gales enquanto for meu tempo, mas não creio que possa ir além dos 15 anos."

Embora tivesse o direito de sentir pena de si mesma, com muita frequência isso se exprimia num martírio autoimposto. Como disse James Gilbey: "Quando se sente confiante, ela tenta se projetar além das barreiras. Assim que surge uma rachadura em sua armadura, ela imediatamente recua da batalha." Às vezes, era quase como se ela quisesse provocar uma mágoa ou rejeição, antes de ser abandonada por aqueles em que confiava e amava. Isso resultou no afastamento de aliados em períodos cruciais de sua vida na família real, quando ela mais precisava de apoio.

Enquanto a princesa desempenhava o impossível número de equilíbrio que sua vida exigia, ela descambava inexoravelmente para a obsessão, sempre falando de seus problemas. Para a amiga Carolyn Bartholomew, era difícil não se mostrar egocêntrica quando o mundo observava tudo o que ela fazia. "Como uma pessoa pode deixar de ser obcecada por si mesma quando metade do mundo acompanha atenta tudo o que ela faz? O riso estridente quando alguém fala com uma pessoa famosa deve deixá-la um tanto cínica." Diana debatia de forma interminável os problemas com que se defrontava no trato com o marido e com a família real e seu sistema. Eles permaneciam sem solução, o abismo entre o pensamento e a ação era angustiosamente profundo. James Gilbey resumiu o dilema de Diana: "Ela nunca poderá ser feliz se não romper, mas não vai romper se o príncipe Charles não tomar a iniciativa. Ele não fará tal coisa por causa da mãe, e assim eles nunca serão felizes. Continuarão a manter a farsa da família real e ambos acabarão levando vidas completamente separadas."

A amiga Carolyn Bartholomew, um ouvido atento e sensato durante toda a vida adulta de Diana, percebeu como essa questão fundamental turvava a sua personalidade. "Ela é gentil, generosa, triste e de certa forma um tanto desesperada. Apesar de tudo, manteve seu senso de humor autodepreciativo. Uma mulher muito inteligente, mas imensamente angustiada."

Seu futuro na realeza não estava definido. Se pudesse escrever seu próprio roteiro, a princesa gostaria que o marido fosse embora com seus amigos de Highgrove e procurasse a felicidade que não encontrara a seu lado. Diana ficaria livre para preparar o príncipe William para o seu destino como eventual rei da Inglaterra. Era um sonho vão, tão impossível quanto o desejo do príncipe Charles de renunciar à sua posição real e dirigir uma fazenda na Itália. Diana tinha outras ambições, mais modestas: passar um fim de semana em Paris, fazer um curso de psicologia, aprender piano ao nível de concerto e recomeçar a pintar. O ritmo de sua vida naquela época fazia com que até essas esperanças parecessem grandiosas demais, independente de sua visão insistente do futuro, em que se imaginava um dia vivendo no exterior, talvez na Itália ou na França. Um caminho mais provável era o do trabalho de caridade, comunitário e social, que lhe proporcionara um sentimento de autorrealização e autovalorização. Como disse seu irmão: "Ela possui uma personalidade forte. Sabe o que quer, e acho que depois de uma década alcançou agora uma posição que continuará a ocupar por muitos anos."

Quando criança, ela sentia que seu destino seria especial e quando adulta permaneceu fiel a seus instintos. Diana continuava a carregar o fardo das expectativas públicas, ao mesmo tempo em que suportava consideráveis problemas pessoais. Sua realização foi a de encontrar seu verdadeiro eu, contra todas as chances. Continuou a seguir por um curso diferente do marido, da família real e seu sistema, e ainda assim seguiu suas tradições. Como ela disse: "Quando vou para casa e apago a luz à noite, sei que fiz o melhor que podia."

9 "O gás acabou"

NA CORRIDA PARA ENDEUSAR DIANA, pode ser difícil lembrar que ela nem sempre foi considerada o epítome de tudo que uma princesa moderna deveria ser. Após o enorme choque inicial causado por sua morte e as demonstrações de amor e arrependimento, não apenas na Grã-Bretanha, mas também pelo mundo afora, esquecemos de que ela foi, por um tempo, vista por muitos como uma influência destrutiva para o tecido da monarquia britânica e chamada de nomes muito menos lisonjeiros do que o clichê "doidinha". Mesmo antes de sua separação oficial do príncipe Charles, a elite britânica e aqueles que apoiavam seu marido entraram em ação. Ainda que os pronunciamentos que vazaram fossem motivados por muito egoísmo e misoginia, eles, no entanto, tiveram o efeito de induzir no público uma visão cínica das ações e intenções de Diana e, na mídia, uma atitude, em geral, nada benevolente.

Muito disso, é claro, foi o resultado da publicação de *Diana — Sua verdadeira história*. Para ela, o livro foi um colete salva-vidas e um passaporte. Representou seu testamento, a prova de sua determinação de não estar mais disposta a viver uma mentira, a suportar a vida infeliz que levava na família real. Ali estava a chance de escapar da clausura de seu casamento e oferecer a sua versão dos fatos. Embora temesse a publicação do livro, isso era, entretanto, algo que ela também desejava muito: uma oportunidade de defender sua posição, falar ao povo por cima dos representantes do palácio. Conforme transcorreu, contudo, o impacto do lançamento do livro foi ainda mais devastador do que o previsto. O palácio ficou horrorizado, a mídia ultrajada e o público profundamente escandalizado. O que se seguiu nem sempre foi edificante, muito menos justo.

O *Sunday Times* começou a publicar a edição original de *Diana — Sua verdadeira história* em capítulos, em 7 de junho de 1992, com uma manchete na primeira página que dizia "Diana incitada a cinco tentativas de suicídio por um Charles 'indiferente'". Os trechos impressos pelo jornal traziam três afirmações sensacionais: que a princesa de Gales sofrera de um distúrbio alimentar, bulimia nervosa; que tentara suicídio diversas vezes, embora de forma pouco determinada; e que seu marido, o príncipe Charles, mantivera um relacionamento secreto com outra mulher, Camilla Parker Bowles, durante todo o casamento com Diana.

No dia seguinte, o casal real se encontrou no palácio de Kensington para discutir o futuro do casamento. Se os ânimos estavam sombrios, pelo menos essa foi uma das raras vezes em que o príncipe e a princesa conseguiram sentar e abordar as repercussões de uma separação de maneira fria e tranquila. Foi então que eles tomaram a decisão de terminar com a história por meio de uma separação formal. Mais tarde, Diana disse que sentiu "uma tristeza imensa e profunda. Porque lutamos para continuar casados, mas obviamente o gás acabou."

Porém, após superar com êxito o primeiro obstáculo — seu confronto com o príncipe Charles —, ela também sentiu uma profunda paz interior. Naquela noite, pela primeira vez em muitos meses ela dormiu profundamente. Também houve uma sensação de alívio em seu círculo de amigos por saberem que finalmente ela embarcara em uma jornada difícil, mas uma que, pelo menos, lhe trazia a esperança de um final feliz. Entretanto, havia também uma apreensão com relação ao fato de Diana ter ou não energia para suportar a forte pressão que viria tanto de dentro quanto de fora da família real.

Sem que ela soubesse, seu marido já dera o primeiro passo. No dia anterior, visitara a rainha no castelo de Windsor e discutira com ela as consequências de um divórcio. Há muito, a rainha tomara conhecimento do término da relação de seu filho com a esposa, mas estava, acima de tudo, preocupada com o impacto de um divórcio em seus netos, na imagem pública de Charles e na monarquia.

À medida que o público absorvia as reviravoltas da crise matrimonial, os eventos se encaminhavam, inexoravelmente, em direção a um clímax dentro dos círculos palacianos. No dia em que foi iniciada a serialização no *Sunday Times*, a rainha era a convidada de honra para um jogo de polo no Windsor Great Park, do qual o príncipe Charles participou. O gesto dela de convidar Camilla Parker Bowles e seu marido, Andrew, para o camarote real no mesmo dia em que a nação digeria as consequências do casamento infeliz foi visto pelo círculo de Diana como uma demonstração explícita de repúdio à princesa.

Ao mesmo tempo, a elite britânica e seus aliados nos meios de comunicação partiram para o ataque. Lorde McGregor, o presidente da Press Complaints Commission, emitiu uma declaração condenando a histeria que o livro gerara imediatamente como "uma exibição odiosa de jornalistas se metendo nas áreas mais íntimas de almas alheias". Na verdade, essa crítica nunca foi dirigida ao livro em si; de fato, lorde McGregor me disse que a questão foi a "mais difícil" de sua gestão. O arcebispo de Canterbury mostrou, publicamente, sua preocupação com relação aos efeitos da publicidade sobre os príncipes William e Harry; lorde St. John de Fawsley condenou a publicação do livro, enquanto vários ministros do parlamento sugeriam que eu fosse trancado na Torre de Londres; foi, também, uma época difícil para os que apoiavam Diana.

Enquanto os que apoiavam a realeza agitavam a bandeira, ignorando a mensagem e ridicularizando o mensageiro, o público começou, aos poucos, a aceitar a veracidade do livro por conta das declarações feitas pelos amigos de Diana, confirmadas ainda mais enfaticamente por sua visita à amiga Carolyn Bartholomew, que falara sobre a bulimia da princesa. Infelizmente, essa visita informal a uma amiga antiga e confiável teve consequências amargas para Diana. Cortesãos eminentes, incluindo o secretário particular da rainha, Sir Robert Fellowes, acusaram Diana ao ver a cobertura da visita na primeira página dos jornais.

Abalada e magoada, a princesa voou de helicóptero para Merseyside para uma visita a uma clínica para doentes terminais, seu primeiro compromisso oficial desde que *Diana — Sua verdadeira história* virara manchete. Foi um encontro emotivo entre Diana e seu público porque, emocionada pela demonstração de afeto dos fãs que a esperavam, ela caiu em prantos, dominada pelas lembranças de seu encontro matutino com autoridades do palácio e pela tensão causada pela decisão que o príncipe Charles e ela haviam tomado. Como disse mais tarde a uma amiga: "Uma idosa na multidão acariciou meu rosto e isso acionou algo em mim. Eu simplesmente não consegui conter as lágrimas." As lágrimas públicas não surpreenderam seu grupo íntimo de amigos, que conheciam muito bem a angústia de sua posição solitária, a tensão que ela suportara durante 18 meses. Como um deles comentou: "Ela é uma atriz brilhante que disfarça seu sofrimento."

No entanto, embora Diana tenha sido respaldada pela solidariedade do público, ela percebeu que precisaria enfrentar sozinha a família real em uma série tradicional de compromissos de verão, começando com o desfile militar que comemora o aniversário da rainha. Esse compromisso, um dos mais formais, acabou sendo um dia cheio de tensão e angústia, mas ela enfrentou com mais temor a estadia no castelo de Windsor durante a semana de corridas de cavalo de Royal Ascot. Charles e ela tinham combinado que, enquanto estivessem lá, discutiriam a situação matrimonial com a rainha e o duque de Edimburgo. A angústia de Diana com relação a esse encontro foi compartilhada por seu grupo de amigos, os quais conheciam, há anos, as dificuldades que ela enfrentava dentro da família real e estavam cientes da pressão que ela sofreria nas semanas seguintes. Eles sabiam, também, que ela não tinha tanta experiência de vida ou capacidade de manipulação quanto alguns de seus detratores acreditavam, e que ela precisaria de toda sua garra e de toda sua força interior para enfrentar as muitas batalhas que estavam por vir.

Esse confronto com a rainha, o príncipe Philip e o príncipe Charles nos apartamentos particulares do castelo de Windsor deu a Diana um vislumbre do que teria de enfrentar no futuro. Ela foi recebida com uma recusa em considerar até mesmo a ideia da separação antes que ela e o marido tivessem, pelo menos, tentado por um período — por volta de três meses — resolver suas diferenças. Nesse meio-tempo, a fachada de normalidade — ou daquilo que passa por normalidade em um casamento real — deveria ser mantida.

Mas, se a distância entre o príncipe e a princesa de Gales se tornara aparente até demais, tanto para a imprensa quanto para o público, sinais de divisão na família real agora transpareciam no cerimonial tradicional de Ascot. Em um quadro um tanto ridículo, para não dizer degradante, a duquesa de York, agora separada do príncipe Andrew, assistiu, juntamente com as duas filhas e outros espectadores, à procissão de carruagens reais em uma área separada daquela reservada à família real. Por duas vezes, o príncipe e a princesa de Gales deixaram o hipódromo juntos, no Aston Martin dele, e se separaram alguns quilômetros mais adiante na estrada, onde o carro de Diana esperava por ela. Mais obviamente, o duque de Edimburgo foi visto ignorando-a intencionalmente quando ela passou por ele no camarote real em Ascot. Pela primeira vez, deixou-se cair em público a máscara imperturbável da monarquia, uma mostra da confusão e do conflito dentro da família real à medida que lutava para enfrentar a crise.

Enquanto o sistema real absorvia a gravidade da situação, as opiniões da rainha e de sua família imediata gradualmente passaram através da hierarquia palaciana e se espalharam como pequenas ondulações até a camada exterior da realeza. A frieza com a princesa de Gales e com os que a apoiavam se tornou evidente. Embora ela não fosse ignorada por completo pelos cortesãos, não havia como esconder a falta de ternura ou aprovação.

Para seu sogro, no entanto, um silêncio embaraçoso em Ascot não fora marca suficiente de sua desaprovação. Ao longo das semanas seguintes, Diana recebeu quatro cartas pungentes do duque de Edimburgo, alternadamente amargas, reprovadoras, conciliatórias (a seu modo) e condenatórias. Essas cartas contundentes deixaram-na surpresa e paralisada, mas em uma situação em que antes teria caído em lágrimas e se retraído, ela não estava mais disposta a aceitar tal ataque da família real. Desta vez, estava determinada a se defender. Através de um amigo, ela contatou um advogado; depois, com a ajuda de seu secretário particular, Patrick Jephson, um de seus poucos aliados confiáveis, enviou respostas oficiais ao príncipe Philip, esclarecendo seus sentimentos com relação à maneira como fora tratada pelo marido, pela família dele e por seus cortesãos, e incluindo sua exigência de que, como uma condição de sua permanência na família real, o príncipe Charles deixasse o palácio de Kensington.

As cartas foram apenas o começo do que acabou sendo um verão longo e acalorado de intrigas e insinuações. A imagem da casa de Windsor como uma família zelosa, equilibrada e diligente dominava há anos a imaginação do público. Agora, a revelação repentina e dramática de que seu comportamento não era melhor do que o de qualquer outra família — e, muitas vezes, até bem pior — veio como uma surpresa desagradável para muitos daqueles que uma vez aceitaram sem questionamentos a versão esterilizada do palácio, conforme transmitida por editores, escritores, entrevistados e entrevistadores confiáveis. Dos muitos abalos causados pela publicação de *Diana — Sua verdadeira história* e confirmados logo após seu lançamento, esse contraste entre a família real em público e os Windsor na privacidade foi um dos mais dramáticos.

Dentro do palácio, uma campanha de intrigas contra a princesa agora começava a sério à medida que a família real se unia contra ela. Tanto ela quanto a duquesa de York ficaram convencidas de que havia inúmeras tramas e conspirações contra elas, muitas vezes com o objetivo de reduzir o apoio público às duas. Às vezes, exageravam de forma impensada e absurda; em outras, no entanto, suas suspeitas provaram ser muito bem-fundamentadas. Entretanto, o clima de paranoia prevaleceu dentro da própria família real. Acusações amargas, inquéritos do tipo caça às bruxas e investigações mordazes — estas, ocasionalmente, envolvendo funcionários da unidade policial responsável pela proteção da realeza — se tornaram recorrentes. Não é de se surpreender, portanto, que conversas cifradas, misturadores de frequência telefônica e trituradores de papel se tornassem elementos comuns no dia a dia de Diana. Ela mandou inspecionar o palácio de Kensington para tentar detectar dispositivos de escuta e destruía qualquer pedaço de papel no qual tivesse escrito algo, sabendo que havia alguns que secretamente vasculhavam as lixeiras em busca de materiais que pudessem ser usados contra ela.

À medida que o verão se arrastava, os aliados do príncipe Charles começaram a entrar em ação com mais força. Os amigos que, dez anos antes, o alertaram para não se casar com Diana, agora questionavam a estabilidade mental dela, aconselhando-o a "abandoná-la imediatamente" e pedir o divórcio. Descrevendo seu livro como "a petição de divórcio mais longa da história", eles instigaram o príncipe a autorizar um ataque à integridade de sua ex-mulher. Embora o próprio príncipe Charles tenha deixado claro que não participaria de qualquer campanha contra Diana, seus simpatizantes gradualmente se imbuíram de contatar a mídia e oferecer sua versão da história. Diana, na condição de suposta fonte de meu livro, seria retratada como uma mulher doente, que conseguia manter um contato apenas tênue com a realidade. Essa ofensiva, arraigada no desprezo, senão na zombaria, da princesa, foi conscientemente apoiada por executivos de diversos jornais. (Um editor sênior chegou até mesmo a passar um fac-símile de um artigo de apoio ao príncipe Charles que estava em Highgrove. Embora ele o tenha rejeitado a princípio, isso não impediu que o texto fosse publicado algumas semanas depois.) À medida que o gotejar de artigos críticos diários, muitas vezes claramente injuriosos, se transformava em um aguaceiro, gradualmente a princesa tomava conhecimento de quem estava tentando sujar seu nome e envenenar o público contra ela. A princípio, ela não acreditou, mas, por fim, foi forçada a aceitar, embora relutantemente, que amigos íntimos de seu marido — amigos que ela acreditava que a apoiassem — estavam fornecendo informações à mídia quase diariamente. Por mais abalada que estivesse, no entanto, ela não estava a ponto de ceder à pressão: "Por que não economiza uma ligação e telefona diretamente para os jornais?", exigiu ela do príncipe Charles durante uma conversa seca.

Por mais eficiente que a campanha de difamação tenha sido, não poderia chegar a ser uma vingança do príncipe de Gales. Essa tarefa coube, em grande medida, a seu secretário particular, Richard Aylard, que, no fim de junho, reuniu os amigos do príncipe para tentar resgatar sua reputação. Novamente, vários editores de jornal foram usados para veicular matérias positivas sobre o príncipe Charles e sua contribuição inestimável à vida nacional; ele também foi retratado como um pai apaixonado pelos filhos, um exemplo de devoção paternal modesta, em contraste gritante com os carinhos sufocantes que sua mulher dedicava a eles. Na verdade, Diana era acusada de impedir as tentativas de acesso do príncipe aos dois meninos de forma tão eficaz que ele era forçado a agir como um pai divorciado que busca direitos de visita aos filhos. Uma escritora da realeza, Penny Junor (biógrafa do príncipe), descreveu a conduta de Diana como "irracional, irresponsável e histérica"; outros jornais souberam por amigos de Charles que sua mulher era uma "megalomaníaca que deseja estar por cima de tudo. Ela quer ser vista como a mulher mais importante do mundo. Seu comportamento ameaça o futuro de seu casamento, o país e a própria monarquia."

Com a guerra declarada entre o casal real, o palácio de Buckingham transtornado e as discussões sobre separação em andamento, a farsa grotesca da normalidade ainda era mantida. Um cruzeiro de verão, tolamente chamado de "segunda lua de mel" para o príncipe e a princesa, foi divulgado. Para Diana, foram férias infernais. Ela tinha muitas lembranças dolorosas de férias passadas a bordo do *Alexander*, um dos 11 iates de luxo de propriedade do bilionário grego, John Latsis. O distanciamento entre o casal ficou muito evidente para os outros integrantes do grupo, o qual incluiu a princesa Alexandra e o marido, o honorável Sir Angus Ogilvy e lorde e Lady Romsey. Diana se manteve isolada, teve pouco contato com o marido, tendo dormido em uma cabine separada e preferido fazer suas refeições com os filhos. A tensão dissimulada não melhorou quando ela atendeu por acaso o rádio telefone de contato com o continente e ouviu o marido falando com Camilla Parker Bowles. Ela não ficou surpresa, embora seus temores com relação ao relacionamento tivessem sido ridicularizados como sendo fantasias de uma mulher doente. "Por que você não vai embora com sua amante e dá um fim nisso?", perguntou ela cansada ao príncipe Charles. "O casamento acabou, só falta o anúncio oficial", uma pessoa que estava no iate comentou após a partida do contingente real. Para a princesa, as férias tinham sido apenas outro exemplo da duplicidade e hipocrisia egoísta da família real.

Entretanto, o verão tornou-se, de repente, desconfortavelmente quente para a duquesa de York, em férias no sul da França, junto com as filhas e seu "conselheiro financeiro", John Bryan. Fotografias tiradas de longa distância, mostrando Bryan chupando os dedos dos pés de Fergie, que estava de topless, e beijando-a viraram manchete no mundo inteiro. O episódio foi devastador para a imagem pública da duquesa e efetivamente acabou com qualquer chance de reconciliação entre ela e o príncipe Andrew. A presença das filhas aumentou o escândalo, deixando membros do Parlamento, a imprensa e o público em geral irritados, tendo havido pedidos de que o título de nobreza dela fosse revogado e que ela fosse expulsa da família real.

As repercussões desse episódio ainda estavam sendo sentidas quando, em agosto de 1992, Diana se viu envolvida em um escândalo semelhante. Sob uma manchete que dizia "Minha vida é simplesmente uma tortura", o jornal *The Sun* publicou a transcrição de uma conversa telefônica entre uma mulher, que supostamente seria a princesa de Gales, e um admirador misterioso, que todos acreditavam ser seu amigo James Gilbey. Esse acabou sendo um dos episódios mais constrangedores da carreira real de Diana.

Havia, na verdade, duas fitas, ambas gravadas ilicitamente — até mesmo, ilegalmente — por operadores de rádio amador que se comunicaram com o *Sun*, embora houvesse um intervalo de um ano entre seus contatos com o jornal. As conversas eram semelhantes; a primeira fora gravada na véspera do Ano-Novo, em 1989, quando a princesa estava em Sandringham. O admirador falava do carro estacionado em Oxfordshire; no curso de uma longa conversa na qual a mulher parecia profundamente perturbada, solitária e vulnerável, quase pateticamente agradecida pela atenção a ela dispensada pelo sujeito que a chamou 53 vezes de "querida" e 14 vezes de "fofinha" ou "fofa". Inevitavelmente, o escândalo ficou conhecido como *Squidgygate* [Fofinhagate].

Durante a conversa picante, para não dizer desconexa e um tanto juvenil, a princesa lamentou sua vida impossível com o príncipe Charles e seu isolamento dentro da família real, a qual, ela sentia, estava cada vez mais "se distanciando" dela. Ela falou do medo de ficar grávida (embora essa parte da gravação não tenha sido publicada até cinco meses mais tarde, na véspera de sua visita ao Nepal), sua angústia com relação a um encontro clandestino com seu admirador e sobre seus sonhos para o futuro: "Vou sair e conquistar o mundo... fazer a minha parte da maneira que sei e deixá-lo para trás", ela expressou de forma significativa — embora não profética — tendo reclamado que seu marido tornou a vida dela uma "ver dadeira tortura".

Em meio a muita conversa sobre amigos em comum, horóscopos e moda — Diana admitiu que vestia outro admirador, o capitão James Hewitt dos Life Guards, "da cabeça aos pés" — ela passou a discutir a família real. Desconsiderou as tentativas da duquesa de York de consertar sua imagem maculada e lembrou-se do "olhar estranho" que a rainha-mãe lhe dirigira durante o almoço — "Não é ódio, é um tipo de interesse e pena... Me comportei muito mal no almoço e quase comecei a chorar copiosamente. Me senti tão triste e vazia e pensei: 'Que inferno, depois de tudo que eu fiz por essa família desgraçada...' É tudo tão desesperador. Sempre sofrendo insinuações, o fato de que vou fazer algo dramático porque não consigo suportar as restrições desse casamento."

A princesa, tão obviamente solitária, triste e abandonada, retirava muito conforto de seu admirador apaixonado. Seu flerte à distância, em uma época em que ela apenas começava a combater a bulimia e a aceitar o relacionamento do marido com Camilla Parker Bowles, demonstrou sua baixa autoestima crônica, assim como uma ambição para usar suas inegáveis capacidades fora do confinamento do sistema real.

O tratamento de primeira página dado à gravação "Fofinha" "devastou" Diana, e Gilbey se tornou, por um tempo, o homem mais procurado da Grã-Bretanha, caçado dia e noite por equipes de jornalistas; ele, no entanto, se recusou a fazer qualquer comentário, tanto em público quanto em particular, sobre a conversa. A princesa tinha certeza de que a publicação da gravação fazia parte da campanha para desacreditá-la: "Ela foi feita para me ferir profundamente, e essa foi a primeira vez que experimentei o que significava estar fora da rede de proteção, por assim dizer, e não fazer parte da família." Ela tentou mostrar coragem diante da família real, mas seus humores mudavam o tempo todo. "Não vou a lugar algum. Não tenho um único defensor nessa família, mas eles não vão me destruir", contou ela aos amigos ansiosos. Seu sentimento de isolamento nesse clima hostil era enorme; na verdade, no auge do escândalo, ela até mesmo pensou seriamente em arrumar as malas e largar a família real e a vida pública para sempre. Às vezes, também, aquela fachada de coragem desmoronava. Vários amigos confirmaram que ela se sentia "arrasada" pela cobertura, dizendo a uma pessoa de seu círculo que: "Se esse é o preço para ter uma vida pública, então é um preço que não estou mais disposta a pagar." De acordo com o mesmo amigo, a princesa nunca soara tão deprimida ou abandonada. Ela, no entanto, encontrou um aliado um tanto improvável no palácio na pessoa da rainha, cuja atitude compreensiva e solidária ajudou muito a encorajar Diana a continuar seu trabalho. Ainda assim, a princesa tinha poucas ilusões com relação à família real, seus cortesãos e defensores. Como uma de suas amigas mais íntimas comentou: "Mesmo que eles não tenham conseguido matar a galinha dos ovos de ouro diante da mídia, certamente conseguiram feri-la."

Parecia que a família real não estava disposta a aprender essa lição, totalmente incapaz de ver que uma campanha orquestrada para desacreditar a princesa de Gales seria contraproducente e, no fim das contas, muito danosa para a própria monarquia. Por ora, a cobertura se estendia da histeria à maldade, à medida que cada dia parecia trazer um novo escândalo real. Em meio a tanta especulação, a suspeita de que havia uma conspiração entre os amigos mais íntimos do príncipe Charles, a elite do palácio ou mesmo o serviço de inteligência, MI5, para desacreditar a princesa de Gales aumentou no círculo de Diana.

Entretanto, a propaganda negativa funcionou até certo ponto. A questão do casamento de Charles e Diana ainda precisava ser abordada, e com tal objetivo um acordo foi discutido durante um encontro reservado em Balmoral entre a rainha, o príncipe Philip e o príncipe e a princesa de Gales. A questão central discutida foi uma separação informal, um curso que a rainha há muito defendia, sob o qual Diana levaria uma vida separada dentro da família real, acompanhando o marido apenas em compromissos formais, tais como a comemoração do aniversário da rainha. O príncipe Charles concordou em se mudar do palácio de Kensington, e Diana, determinada a estabelecer um relacionamento funcional com a família dele segundo seus termos, tacitamente aceitou. Por um tempo, um equilíbrio instável se instaurou.

A princesa sempre foi leal à coroa e esteve quase sempre pronta a ceder à rainha. Ela era, também, muito sensível às dificuldades da rainha em um ano que a própria soberana descreveria, mais tarde, como seu *annus horribilis:* seu advogado, Sir Matthew Farrer, negociava com o primeiro-ministro propostas secretas para o pagamento do imposto de renda; figuras importantes da Igreja criticavam a família real por não darem um exemplo saudável de vida familiar; e as pesquisas de opinião mapeavam o distanciamento crescente do público da monarquia.

No outono de 1992 e contra esse pano de fundo de inquietação pública e privada, a princesa de Gales embarcou em uma série de reuniões com seu secretário particular, Patrick Jephson, e seu advogado, Paul Butner, para discutir uma separação oficial de seu marido e planejar seu futuro na família real. Os envolvidos nessas negociações delicadas lembraram-se de sua vulnerabilidade evidente. "Ela estava aterrorizada com a possibilidade de a família tirar os filhos dela e forçá-la a se exilar", lembrou um conselheiro. "Essa era sua maior angústia, e ela estava preparada para abrir mão de tudo, fazer qualquer coisa, para ficar com os filhos." Diana não precisava ser lembrada do divórcio conturbado dos pais, durante o qual sua mãe, Frances Shand Kydd, perdera a guarda dos quatro filhos para o pai de Diana, o conde Spencer.

Os encontros entre a família para discutir as questões envolvidas em uma separação formal foram invariavelmente emotivos e inflamados, terminando — e por vezes começando com portas sendo batidas, vozes elevadas e olhos lacrimejantes. Um jurista eminente, na forma considerável do lorde Goodman, foi recrutado para intermediar as questões constitucionais levantadas pela possibilidade de uma separação formal. Em vários momentos, o primeiro-ministro, John Major, foi consultado sobre o possível efeito que uma separação teria sobre a governabilidade do país. Ele indicou que não teria qualquer impacto.

Na maior parte do tempo, a discussão se concentrou nos filhos, nas residências e nos escritórios do casal. Ao mesmo tempo em que pedia a Charles para sair do palácio de Kensington, Diana também queria separar o pessoal de seu escritório do dele, todos eles baseados no palácio de St. James, e mudar os empregados dela para instalações no palácio de Buckingham. Essa exigência era inaceitável para Charles. Como um de seus conselheiros recordou: "O príncipe estava relutante em tomar o caminho de uma separação formal e um divórcio, não apenas por causa dos filhos, mas também pela confusão constitucional que adviria disso."

Os encontros continuaram, cada um com seu conteúdo extremamente carregado de confronto e raiva. Provocada além do seu limite, durante uma dessas discussões, Diana desesperadamente descartou seu ás. Sua frustração com o sistema real era tanta que ela ameaçou pegar os filhos e levá-los para viver no exterior, começando uma vida nova na Austrália. Sem sucesso — foi lembrada de forma decisiva que seus filhos eram segundo e terceiro na linha de sucessão ao trono e, como tal, precisavam ser criados dentro da corte real para aprenderem os deveres da realeza. Ela também foi friamente lembrada das realidades legais absolutas de sua situação desagradável. Leis que se aplicam exclusivamente à família real negam de forma categórica a uma mãe qualquer influência efetiva na criação dos filhos. Seu ás foi decisivamente batido por um trunfo.

Durante todo aquele tenso outono de 1992, o fluxo constante de histórias a favor de Charles continuou aumentando quando foi anunciado que ele contratara o jornalista de televisão Jonathan Dimbleby para escrever sua biografia, descrita como um "contragolpe" a *Diana — Sua verdadeira história*. A imagem de um empregador leal, um pai amoroso, embora frustrado, e uma figura pública malcompreendida que estaria presente para sempre — tudo isso começava a surgir.

À medida que, em novembro, os preparativos para uma visita conjunta à Coreia eram finalizados, o secretário particular do príncipe Charles informou a vários editores de jornal que a visita seria uma "turnê de união". Nessa época, as negociações da separação haviam atingido um ponto crítico, e a princesa não estava disposta a manter aquela farsa. No início do ano, em uma viagem infeliz à Índia, Diana usara sua linguagem corporal para provocar um efeito devastador ao posar sozinha no Taj Mahal, o monumento ao amor perdido, enquanto Charles discursava em uma reunião de negócios. A distância entre o casal foi enfatizada quando a princesa deliberadamente afastou-se no momento em que o príncipe tentou beijá-la após um jogo de polo em Jaipur. Ela usou as mesmas táticas na Coreia, determinada a mostrar ao mundo o que realmente acontecia, uma decisão que vários amigos, incluindo Rosa Monckton, presidente da Tiffany's, questionaram. Manchetes como "Os melancólicos" e "Quanto mais tempo essa tragédia pode perdurar?", sinalizaram que a tática fora bem-sucedida.

A viagem também foi marcada por relatos exagerados a respeito do conteúdo da edição em formato de bolso de *Diana — Sua verdadeira história*, que mencionava brevemente as cartas agressivas que ela recebera do príncipe Philip. Quando tudo isso tinha sido exagerado pelos tabloides, parecia haver os requisitos de outro escândalo envolvendo Diana e, por fim, ela foi forçada a fazer uma declaração pública para explicar seu relacionamento com a rainha e com o duque de Edimburgo. "A sugestão de que eles tinham sido tudo menos solidários e compreensivos não é verdade, além de ser muito ofensiva", disse ela.

Agora era, de todo modo, apenas uma questão de tempo antes do anúncio da separação oficial pelo primeiro-ministro. A princesa pedira que a declaração fosse feita enquanto os filhos ainda estivessem protegidos na escola, e a data foi marcada para 9 de dezembro de 1992. Na semana anterior, Diana foi ver os príncipes William e Harry na Ludgrove School, em Berkshire, para que ela própria pudesse dar a notícia a eles e tentar reassegurá-los a respeito de seu futuro.

Durante um encontro choroso, Diana firmemente evitou mencionar o nome da mulher que, em sua opinião, destruíra seu casamento. Ela estava extremamente consciente do sofrimento causado nos filhos quando "a outra mulher" é apresentada como a razão do fim de um casamento. Para a princesa, os filhos vinham em primeiro lugar — qualquer que fosse o preço a pagar.

O próprio anúncio foi, segundo Diana, "muito, muito triste. Muito triste mesmo. O conto de fadas chegara ao fim..."

Não fora apenas seu conto de fadas pessoal que chegara ao fim. Os eventos de 1992, o *annus horribilis* da rainha, tinham efetivamente destruído o mito da família real. O ano viu a colisão da fantasia com a realidade, uma vez que os fatos crus triunfaram sobre a ficção tosca. "O simbolismo do incêndio no castelo de Windsor não foi ignorado por ninguém dentro da família", Diana contou a seus amigos.

Um golpe mortal fora desferido contra a imagem da família real como a família "perfeita". Por anos demais e contra sua vontade, Diana fora cúmplice da hipocrisia que cercava sua vida dentro do clã real. Isso a esgotara emocionalmente e a deixara fisicamente exausta. Agora, a verdadeira história fora revelada e não havia mais necessidade de continuar a mentir ou a esconder a verdade.

Apenas um ano antes, tudo parecera um sonho impossível, mas agora a princesa estava pronta para deixar o passado para trás. Uma nova vida acenava, uma existência mais livre sem as algemas de um casamento desesperadamente infeliz. Ela estava começando de novo sozinha, embora ainda fizesse parte da família real e vivesse sob as restrições de um sistema que viera a desprezar e do qual desconfiava. Era um meio-termo desconfortável, e não demoraria muito para Diana, mais uma vez, tentar escapar de sua gaiola dourada. Como disse a amigos: "Contratei, concordei em pagar a conta por agora. A diversão ainda está por vir, talvez daqui a dois ou três anos."

"Estou aprendendo a ser paciente."

10 "Minha carreira de atriz terminou"

POR MUITOS ANOS, houve poucas gargalhadas e ainda menos sorrisos nos apartamentos do palácio de Kensington, onde o príncipe e a princesa de Gales fixaram residência em Londres. Os visitantes sentiam rapidamente a atmosfera lúgubre e palavras como "desanimada", "deprimida" e "tensa" se tornaram lugar-comum em suas descrições. "Sinto como se tivesse morrido naquela casa muitas, muitas vezes", Diana contava aos amigos. Até mesmo seu quarto emitia um ar de tristeza. "Posso imaginá-la deitada na cama à noite, aconchegada a seu urso de pelúcia e chorando", comentou um ex-funcionário a respeito daquele quarto de menina-moça, com sua população de animais de brinquedo de olhos esbugalhados, remanescentes de uma infância igualmente infeliz.

Agora, ela estava separada, não apenas do marido, mas de grande parte da tristeza na qual seu casamento a mergulhara. Talvez, simbolicamente, sua primeira decisão tenha sido jogar fora a cama de casal de mogno em que dormia no palácio de Kensington desde seu casamento, 11 anos antes. Depois, ela mandou pintar o quarto, trocou as fechaduras e mudou o número do telefone particular. Sua vida nova acabava de começar.

Durante o inverno de 1992, houve muitas idas e vindas entre Highgrove, o palácio de Kensington e o palácio de St. James à medida que os bens pessoais do casal eram transportados para suas novas residências de solteiro. "Foi um final indigno e melancólico para um conto de fadas", disse um funcionário do palácio. O príncipe e a princesa, que haviam recebido uma fortuna em presentes durante seu casamento, mandaram jogar, sem qualquer pesar, os bens indesejados em uma fogueira. Uma fogueira de suas vaidades foi construída nos jardins de Highgrove; os itens valiosos foram enviados para o armazém do castelo de Windsor ou para alguma instituição de caridade. No palácio de Kensington, apenas poucos itens foram deixados como recordações do tempo em que o príncipe Charles lá morou.

Para o príncipe Charles, sua esposa não foi sequer autorizada a manter essa pequena lembrança. Nos meses seguintes, todos os sinais de que ela alguma vez vivera em Highgrove foram removidos. Um arquiteto foi contratado para redecorar a casa, assim como a nova residência do príncipe no palácio de St. James. Os visitantes de Highgrove não podiam deixar de notar que, entre as dezenas de fotografias da família, não havia uma única da ex-mulher.

Nos meses subsequentes à separação, os visitantes frequentes do palácio de Kensington começaram a perceber uma mudança nos anteriormente melancólicos apartamentos Oito e Nove. Os empregados pareciam mais amigáveis, menos formais; a atmosfera mais leve e mais descontraída. Também haviam sido feitas pequenas mudanças na decoração: paredes foram pintadas; vasos de terracota apareceram, repletos de arranjos de musgos e galhos; e os quadros do príncipe Charles, onde predominavam temas militares e arquitetônicos, tinham sido substituídos por paisagens delicadas e pinturas de dança. Os convidados eram recebidos por música alta e pelo aroma de frésias ou lírios brancos de Casablanca. O clima predominante era inevitavelmente mais feminino, embora Diana nunca tenha de fato decidido seguir seu impulso inicial de redecorar totalmente sua casa.

A verdade foi que a princesa tinha relações de amor e ódio com a casa, o palácio de Kensington, como é dito dos reféns com relação a seus captores. Para ela, o palácio representava muita tristeza e pesar acumulados e, no entanto, conforme dizia a amigos, "Sinto-me segura aqui." Durante todo o seu casamento, a sala de estar no primeiro andar fora, em suas próprias palavras, "Meu refúgio, império e ninho." Na verdade, era um santuário para os dois homens de sua vida, os príncipes William e Harry. Diante da lareira estava a almofada em couro de rinoceronte com mais de um metro de comprimento para eles deitarem enquanto assistiam televisão. Por todas as superfícies havia fotografias em porta-retratos de madeira ou de prata dos meninos andando de kart, em tanques, a cavalo, de bicicleta, pescando, em motocicletas da polícia ou em uniformes escolares. Mais fotografias em porta-retratos, dessa vez de seu falecido pai, o conde Spencer, das irmãs Jane e Sarah e do irmão Charles, o atual conde, adornavam a prateleira sobre a lareira. Nessa galeria também havia fotografias da própria princesa: uma fotografia em preto e branco assinada em que ela dançava com o diretor de cinema Richard Attenborough, outra com o cantor Elton John, uma terceira com Liza Minnelli e fotografias dela imitando Audrey Hepburn, vestida como a atriz apareceu em *Bonequinha de luxo*, tiradas para uso particular.

Lotada com grupos confortadores de animais de argila, caixas de esmalte e manequins de porcelana, a sala dava a impressão de pertencer a uma mulher que tentava se proteger das incursões do mundo exterior. "É como a sala de uma senhora idosa", uma amiga observou, "repleta de enfeites pequenos... Você quase não tem espaço para se mexer." Outro amigo íntimo explicou um pouco da mentalidade por trás dessa profusão: "É muito comum para pessoas que vêm de um lar desfeito desejar possuir coisas e se cercar com elas. Elas estão construindo os próprios ninhos." O ar geral de claustrofobia era, no entanto, amenizado por mostras do senso de humor delicado e por vezes autodepreciativo de Diana. Em cada cadeira havia almofadas de seda bordadas com frases humorísticas, tais como: "Meninas boas vão para o céu, meninas más vão a todos os lugares", "Você precisa beijar uma porção de sapos antes de encontrar um príncipe" e "Sinto pena das pessoas que não bebem porque quando acordam de manhã se sentem tão bem quanto vão se sentir o dia todo". Seu banheiro e o lavabo eram decorados com caricaturas de jornais retratando o príncipe Charles falando com suas plantas e a visita deles ao papa no Vaticano; esses também eram outro indício do que ela achava divertido.

Porém, até mesmo esses toques leves não conseguiam esconder o sentimento geral de insatisfação manifestado em sua atitude ambivalente para com sua residência. Por meses após a separação, ela hesitou entre desejar permanecer no palácio de Kensington e a vontade de mudar para um lugar só seu no campo. A sensação de viver dentro de uma prisão aberta no palácio de Kensington, sob o olhar vigilante dos funcionários, atormentava seu espírito. Ela ansiava por liberdade e, no entanto, ao mesmo tempo, percebeu a interpretação que tanto a imprensa quanto o público fariam se ela comprasse uma casa própria; pareceria um rompimento óbvio demais com tudo o que ocorrera desde o início de seu casamento, em 1981. Uma amiga lembrou: "Uma coisa que a preocupa acima de tudo o é um medo profundo da censura e da condenação. Então, como sempre, ela se retraiu."

Na altura da primavera de 1993, Diana se tornara ainda mais triste com a ideia de viver no palácio de Kensington. Então, ela ficou "empolgada e encantada" quando, em abril, seu irmão Charles, o conde Spencer, ofereceu a ela a Garden House, uma casa com quatro quartos na propriedade de Althorp. Era uma oferta que também convenientemente contornava o problema de ela ser considerada extravagante. "Finalmente, posso fazer um ninho aconchegante para mim", contou ela a amigos, cheia de entusiasmo com a ideia de mobiliar e decorar o próprio espaço; na verdade, o desejo de fazer um lugar "aconchegante" se tornou seu assunto constante. Pela primeira vez, ela conseguiu se expressar sem se preocupar com a aprovação de alguém ou se lembrar de eventos tristes. Ela contratou um amigo da família, Dudley Poplak, o decorador de interiores sul-africano que organizara a decoração do apartamento que ela compartilhara com o príncipe Charles no palácio de Kensington. Juntos, discutiram os esquemas de cores, tecidos e papéis de parede — azuis e amarelos pálidos foram provisoriamente escolhidos. A perspectiva emocionante de uma vida nova à sua frente. Além disso, a Garden House tinha outra vantagem. Não havia qualquer outra construção na propriedade com vista para ela, permitindo privacidade absoluta e, melhor do que isso, o onipresente guarda-costas armado não precisaria se intrometer em sua casa nova, uma vez que havia uma casinha nas proximidades na qual ele poderia ficar.

Apenas três semanas mais tarde, o admirável mundo novo de Diana desmoronou ao seu redor. O conde Spencer telefonou para ela e disse que não se sentia mais confortável com a ideia. Ele argumentou que a presença extra da polícia, as inevitáveis máquinas fotográficas e outras formas de vigilância envolveriam níveis inaceitáveis de intrusão. Com Althorp aberta ao público, várias restrições teriam de ser colocadas à liberdade de movimentos dela. Diana ficou estupefata, pela primeira vez, absolutamente sem palavras. Embora os argumentos de seu irmão possam ter sido perfeitamente válidos, para ela, a decisão dele constituía muito mais do que simplesmente a perda de uma casa. Seu "ninho aconchegante" representara tanto um desafio quanto um recomeço; mais do que isso, entretanto, a Garden House fora literalmente o lar de seus sonhos. Por vários meses, a relação entre a princesa e o irmão ficou estremecida.

Os relacionamentos dentro do clã Spencer nunca foram fáceis. O divórcio dos pais e o subsequente casamento do pai com Raine, a condessa de Dartford, filha da escritora romântica Barbara Cartland, deixara a família amargurada e dividida. Diana nunca perdoara a avó, Ruth, Lady Fermoy, uma das damas de companhia da rainha, por sua decisão de testemunhar contra a própria filha — a mãe de Diana —, Frances, durante o caso de divórcio muito contestado. Quando o príncipe Charles e sua neta se separaram, Lady Fermoy, mais uma vez, deixou de apoiar seus parentes. Portanto, foi com uma surpresa que beirava a estupefação que a família ouviu falar sobre as duas visitas de Diana à Lady Fermoy em seu apartamento na Eaton Square em junho de 1993, apenas três semanas antes da morte desta. Em vez de permitir que seu ressentimento continuasse, a princesa simplesmente decidiu confrontar a mulher que tanto a ferira. Os encontros foram naturalmente difíceis e, por vezes, frios, com Lady Fermoy visivelmente surpresa com a decisão corajosa de Diana para abordar os problemas que as haviam afastado, em vez de — como à moda da realeza — conversar banalidades sem sentido enquanto as verdadeiras questões permanecem intocadas. Seria um exagero dizer que esses encontros trouxeram uma reconciliação, mas eles levaram a uma trégua entre as duas parentes antagonistas.

A disposição para criar laços foi um sinal da determinação de Diana para exorcizar os fantasmas de seu passado. Essa determinação recém-encontrada esteve no centro de sua reconciliação com a madrasta em maio de 1993. Não era segredo que Diana, as irmãs e o irmão tinham pouco apreço pela mulher a quem chamavam de "Acid Raine"*. Quando o pai morreu, a princesa poderia ter sido desculpada por descartá-la no lixo de sua vida, mas ela escolheu não fazer isso, convidando Raine e seu novo marido, um aristocrata francês, conde Jean-François de Chambrun, para almoçar. Foi um encontro emotivo que marcou uma virada no relacionamento delas, embora as reuniões frequentes que, subsequentemente, ocorreram foram recebidas com frieza pelos Spencer restantes e levaram, em uma ocasião, a um confronto acalorado com a mãe, Frances Shand Kydd. Durante essa troca, Diana notou que ela era a que mais odiara Raine e que, no entanto, fora capaz de perdoá-la e esquecer; assim também deveria fazer toda a família.

O sucesso de Diana em mexer nos problemas do passado deixou-a livre para começar a estabelecer as fundações de uma nova vida. Uma casa nova fora a pedra fundamental de seu sonho, e o desmoronamento dessa ambição lhe desferiu um golpe doloroso. Com as esperanças frustradas, a princesa passou muitos meses lambendo as feridas, aguentando, embora não apreciando, a vida no palácio de Kensington, o qual agora possuía um clima que levou um empregado real a apelidá-lo de "Casa sombria". Ela se tornara, em um sentido, uma prisioneira de si mesma, uma cativa de sua própria psique. Obtivera um gostinho de liberdade, mesmo que não

* Trocadilho com *acid rain*, ou seja, chuva ácida. [*N. da T.*].

fosse emancipação total. A porta da gaiola dourada estava aberta. Agora, ela tinha de encontrar a disposição para construir uma vida nova para si mesma. Em vez disso, ela parecia viver a antiga pela metade.

Na verdade, era uma vida tranquila e quase monástica. A rotina diária da princesa raramente variava. Seu dia começava às sete horas da manhã em ponto. Após um café da manhã leve, com toronja rosa, cereal caseiro com nozes e frutas secas ou torrada de pão integral, ou frutas frescas, iogurte e café, ela partia para a sessão diária de ginástica no clube exclusivo Chelsea Harbour. Ela nunca trocava de roupa no clube, preferindo fazê-lo em casa, longe dos olhares curiosos — e de possíveis lentes de máquinas fotográficas. Por volta das nove, seu cabeleireiro extravagante, Sam McKnight, aparecia. Ele era um dos poucos homens em sua vida que podiam deixar a princesa esperando — e ainda deixá-la com um sorriso nos lábios. Enquanto fazia o cabelo dela (uma mudança no estilo do qual invariavelmente indicava uma mudança na direção da vida dela), a princesa se ocupava falando ao telefone, pois os amigos sabiam que de manhã cedo era um bom momento. Naquela hora do dia, ela, em geral, estava alegre e disposta para conversar. À noite, no entanto, quando os eventos do dia a tinha deixado exausta e com as baterias emocionais descarregadas, conversar podia ser, como uma amiga observou, "como empurrar cola morro acima."

Havia muitas correspondências para responder todos os dias, com a ajuda do secretário particular, Patrick Jephson, e suas secretárias. Diana insistia em abrir ela própria a maior parte delas. Além de cartas de suas instituições de caridade, havia outras de membros do público. Essas, em geral de estilo acanhado, continham sermões, felicitações e relatos de experiências difíceis. A princesa ficava profundamente emocionada com muitas delas e, muitas vezes, as respondia pessoalmente. Ela era, de qualquer forma, uma correspondente assídua, que lembrava dezenas de aniversários todos os anos e que, nas palavras de sua amiga Rosa Monckton, "escrevia cartas de agradecimento mais prontamente do que qualquer pessoa que conheço". Jephson lembrou: "Após uma viagem, ela era capaz de escrever para sua esposa e pedir desculpas por ter levado você para longe. Ela conseguia ser uma patroa inspiradora, embora exigente e, frequentemente, era bondosa com os que trabalhavam para ela."

A partir de dez horas da manhã, aproximadamente, ela gostava de telefonar para os amigos. Os mais regulares incluíam lorde Palumbo, seu advogado lorde Mishcon, a duquesa de York e, após a reconciliação, sua madrasta, Raine. Se estivesse se sentindo deprimida, aborrecida ou solitária, ela ia às compras para se animar. Havia também visitas semanais à sua terapeuta, Susie Orbach, na casa desta no norte de Londres, e aquilo que a própria princesa chamava de dias de "mimar Diana", em que desfrutava de uma variedade de atividades terapêuticas.

Na hora do almoço, encontrava amigos em um restaurante ou, de vez em quando, dava um almoço de negócios em casa. Na maior parte do tempo, no entanto, fazia uma refeição frugal sozinha no palácio de Kensington. Após o almoço, recebia visitas oficiais ligadas às suas instituições de caridade ou às unidades militares com as quais estava envolvida, ou passava uma hora ou mais colocando a correspondência em dia, deixando seus mordomos cuidarem dos telefonemas constantes. Às vezes, visitava seus escritórios no palácio St. James, ou levava os filhos à escola, assistindo-os fazer algum esporte. Nas tardes de verão, passava horas sentada no jardim, concentrada no mais recente romance campeão de vendas.

Em seu reduto no palácio de Kensington, Diana sabia que todas as vezes que se aventurava porta afora e deixava essa segurança, ela se tornava uma refém da sorte. De vez em quando, ia ao cinema com algumas amigas, mas não foi ver *Tina* — o filme sobre o violento relacionamento de Tina Turner com o marido — porque sua escolha poderia ser mal-interpretada. Muitas vezes, passava as noites sozinha, na cama, fazendo uma refeição leve em uma bandeja e assistindo a televisão.

Sua vida incrivelmente solitária se tornou uma preocupação para seu círculo de amigos. "Tanta solidão, ela não sabe em quem confiar", disse sua amiga Lúcia Flecha de Lima, esposa do ex-embaixador brasileiro na Grã-Bretanha. A fama global da princesa só fez aumentar essa sensação de isolamento emocional. "Ela sente que está em uma prisão, não apenas em um aquário, mas dentro da própria experiência, uma prisão sem saída ou ombro para se apoiar. É uma situação horrível", disse um conselheiro.

Ela sentia muita falta dos filhos, sobretudo nos momentos tradicionais de celebração familiar. No dia de Natal, em 1993, pouco mais de um ano após o anúncio da separação, a princesa ficou com os filhos em Sandringham, o retiro da rainha em Norfolk, na véspera de Natal, mas partiu, correndo corajosamente, para o palácio de Kensington, na manhã do dia de Natal. De volta a Londres, fez um almoço solitário antes de ir nadar, novamente sozinha, no palácio de Buckingham. No dia seguinte, foi para Washington passar uma semana com Lúcia Flecha de Lima. Como a própria Diana lembrou: "Chorei durante todo o caminho, ida e volta, sentia muita pena de mim mesma."

Seus fins de semana eram, se alguma coisa, mais pacatos do que os dias de semana, exceto quando os filhos vinham visitá-la. Segundo os termos da separação, a princesa via os filhos em fins de semana alternados, quando estavam em férias escolares. Diana os pegava em Ludgrove e, mais tarde, em Eton, e os levava para Londres para fazerem um lanche. Como a maioria dos jovens, eles assistiam, colados na tela, aos últimos lançamentos de filmes de ação na TV a cabo, a qual a princesa instalara para que não perdessem seus favoritos. Após o jantar, as crianças assistiam a filmes alugados, como *Rambo*, ou jogavam vídeo game antes de irem dormir.

Nas manhãs de sábado e domingo, por volta das 8h30, William e Harry tomavam o café da manhã com a babá. A princesa mantinha sua programação mesmo quando os príncipes estavam com ela, e era a babá que supervisionava eles se vestirem. Quando estavam prontos, encontravam a mãe na academia de ginástica, onde aprendiam a jogar tênis, ficavam em casa, pedalando suas bicicletas BMX nos jardins do palácio de Kensington, descarregavam sua energia em batalhas vigorosas com pistolas d'água, ensopavam um ao outro com mangueiras, ou travavam batalhas de bombas d'água com amigos da escola. Havia outras diversões também, sobretudo quando a programação de sua mãe permitia que ela saísse com eles. O passatempo favorito de Harry era andar de kart em um circuito de Berkshire. Nos esportes, ele era destemido, ansiava por derrotar William. O príncipe mais velho preferia andar a cavalo ou caçar com os amigos, atividades nas quais não se sentia constantemente frustrado por sua incapacidade de superar o irmão mais novo. Ele é, de qualquer forma, o mais sério dos dois. Harry é mais ágil e travesso, tanto nos esportes quanto nas conversas. No entanto, embora Harry provocasse o irmão mais velho sem piedade, ele precisava de William desesperadamente.

Quando os filhos estavam com o pai, ou retornavam para a escola, os apartamentos do palácio de Kensington voltavam à sua tranquilidade costumeira. A atmosfera de clausura era perturbada apenas pelo toque do telefone, um instrumento que era, simultaneamente, o confessionário, o melhor amigo e a perdição ocasional da princesa. A publicação daquela gravação causara à Diana enorme constrangimento e sofrimento. Agora, no entanto, era a vez de o príncipe Charles lamentar a invenção do telefone.

A imagem pública do príncipe fora seriamente manchada nos meses anteriores à separação e, em janeiro de 1993, ela recebeu outro golpe quando um tabloide publicou a transcrição de uma conversa telefônica gravada que supostamente acontecera entre o príncipe e Camilla Parker Bowles em 18 de dezembro de 1989. Seu conteúdo, que tanto era íntimo quanto de péssimo gosto, forçou muitos integrantes da elite, tradicionalmente leais à coroa — com destaque para membros da Igreja, das forças armadas e do Parlamento — a questionar a aptidão de Charles para assumir o trono.

O telefonema noturno deixava clara a afeição do casal, sobretudo pela intimidade, por vezes infantil e lasciva. Após várias palavras de ternura proferidas pela mulher, o homem diz: "Seu grande feito é me amar." Depois, acrescenta: "Você sofre todos esses insultos, torturas e calúnias." A mulher responde: "Eu sofreria de tudo por você. Isso se chama amor. É a força do amor." O homem faz uma piada grosseira sobre se transformar em um tampão higiênico para poder estar constantemente junto à sua amante, que, se fosse de fato Camilla Parker Bowles, era a esposa de um de seus mais antigos amigos. Um pouco antes de desligar, ele diz que "pressionará a teta", querendo dizer que pressionaria as teclas do telefone. A mulher responde: "Eu queria que fossem as minhas." Ele responde: "Amo você, adoro você", e a mulher responde algo equivalente: "Também amo você." Significativamente, nem o príncipe de Gales, nem a Sra. Parker Bowles jamais negaram a autenticidade da gravação.

Por algum tempo, amigos do príncipe Charles tentaram explicar os telefonemas sussurrados, encontros clandestinos e presentes secretos entre Charles e Camilla em termos de pura amizade. Diana, no entanto, sempre preferira confiar em suas observações e em seus instintos. Ela também sabia de um maço escondido de cartas de amor escritas no papel personalizado de Camilla, provas que não podiam facilmente ser repudiadas. Porém, embora não tivesse dúvida da autenticidade da conversa gravada, ela, mesmo assim, ficou abalada por ver os detalhes sórdidos impressos. Chocada e enojada, leu a transcrição com um ódio cada vez maior enquanto reconhecia os nomes de muitos amigos, pessoas que conhecera e em quem confiara por anos, que conspiraram para enganá-la fornecendo histórias acobertadoras ou refúgios em que o príncipe e Camilla pudessem se encontrar em segredo.

A gravação alimentou a obsessão implacável da princesa com o relacionamento que trouxera tantos problemas para seu casamento. Embora fingisse indiferença com relação ao destino do príncipe Charles e de Camilla Parker Bowles, vigiava cada movimento deles como um gavião. Juntamente com seu astrólogo, se debruçou sobre o mapa astral de Camilla — ela é do signo de Câncer, o mesmo de Diana —, remoendo o destino do casal com uma fascinação que era, ao mesmo tempo, mórbida e doentia.

Em público, a princesa projetava uma imagem de felicidade, mas em particular era uma mulher sofrida, vivendo o luto de sua inocência perdida, um relacionamento fracassado e os anos perdidos de sua vida adulta. Em momentos de otimismo, Diana sentia que tinha como vencer o sistema real e usar sua posição de uma forma mais positiva. Em outros, ela, de repente, se via chorando, inesperadamente emocionada por um filme emotivo, ou algum comentário inocente que trazia de volta todo o sofrimento do passado. Foi notável também que ela tenha começado a usar roupas com cores escuras, sobretudo o preto, um hábito impressionante em se tratando de alguém que sempre fizera questão de cores. Isolada e solitária em seu casulo no palácio de Kensington, ela caiu na indecisão e inação.

O fim do seu casamento, sua consciência da hostilidade a ela dirigida por muitos integrantes dos círculos da realeza — e, sobretudo, do príncipe Charles —, sua obsessão com o caso amoroso do marido e a vida frequentemente sem sentido que levava dentro da atmosfera depressiva de sua casa, tudo isso contribuiu para uma solidão profunda e uma baixa destrutiva de sua autoestima. Havia, entretanto, outro fator no isolamento profundo e crescente da princesa, pois ela ainda lutava para encontrar um papel público recompensador. Em março de 1993, ela passou cinco dias no Nepal em sua primeira visita oficial ao exterior desde a separação. A mídia destacou sinais de que ela estava sendo tratada como uma alteza real de segunda classe, deixando de perceber que a natureza informal e reservada da visita fora algo que a própria Diana solicitara.

Involuntariamente, a princesa estabelecera para si mesma uma persona que se tornaria, com o passar do tempo, um fenômeno. Quase isolada entre os membros mais importantes da família real, ela reconhecera o desejo do público por uma monarquia mais modesta e relevante, um desejo que coincidia oportunamente com os objetivos de reformulação de sua vida pública de acordo com suas próprias ideias. Ela achava estimulante o trabalho no exterior, não apenas porque lhe oferecia um palco diferente daquele ocupado pelo marido, mas também porque a tirava de baixo do crivo penetrante do palácio de Buckingham. Nesses primeiros dias de sua separação, tanto o príncipe quanto o palácio ficaram inseguros quanto aos planos dela para o futuro. Sua posição constitucional era simplesmente a de mãe do futuro rei; isso, pelo menos, ninguém podia tirar dela. Porém, seu papel público não ficou claro. Como ela própria disse: "As agendas das pessoas mudaram da noite para o dia. Eu era agora a esposa separada do príncipe de Gales, era um problema, era um estorvo. 'Como vamos lidar com ela? Isso nunca aconteceu antes.'"

Quaisquer que tenham sido os sentimentos dos homens da rainha com relação a Diana, sua principal incumbência era servir à rainha e ao seu filho, além de manter o *status quo*. Com tais objetivos, eles também, assim como os amigos do príncipe de Gales, tentaram a tarefa difícil de reconstruir a imagem pública dele às custas da redução do status da princesa, a quem prontamente reconheciam ser ainda a estrela brilhante em um firmamento real ofuscado. Se a visão deles do papel do príncipe conflitava com as ambições indefinidas de sua ex-mulher, então, que seja. Agora, Diana começava a descobrir que aquelas viagens ao exterior estavam sendo bloqueadas e que cartas estavam sendo misteriosamente extraviadas. Quando, por exemplo, ela expressou o desejo de visitar as tropas britânicas e os refugiados na Bósnia, sob os auspícios da Cruz Vermelha, lhe foi dito que os planos do príncipe Charles para ir lá tinham precedência. Então, em setembro de 1993, ela soube que, por "razões de segurança", não podia fazer uma visita particular a Dublin para se encontrar com a presidente da Irlanda, Mary Robinson. No entanto, dois meses depois, ela compareceu a um serviço religioso dedicado à memória de ex-combatentes em Enniskillen, na Irlanda do Norte, uma viagem com o potencial de ser infinitamente mais perigosa.

Em particular, Diana suspeitava de que a elite não queria que ela exercesse um perfil público tão destacado e, portanto, inevitavelmente, ofuscasse seu ex-marido. Além disso, ela não tinha qualquer dúvida de que uma campanha estava sendo orquestrada contra ela por pessoas que ela denominou como "o inimigo". "O inimigo era o gabinete de meu marido, porque sempre recebia mais publicidade do que ele", ela desabafou. Entretanto, a princesa não se rebelou contra a realeza. Aprendera bastante durante sua década dentro da Firma para andar na linha. Reconhecia que sua popularidade era vista como uma ameaça ao príncipe de Gales pelos "homens de cinza" do palácio. "Mas eu queria fazer coisas boas. Nunca magoaria ninguém. Nunca decepcionaria ninguém."

Era uma situação frustrante, que foi exacerbada pela irritação com um sistema que sutilmente restringia ou marginalizava suas propostas e ambições. Sua frustração chegou ao limite naquele outono após uma série de artigos em jornais solidários a respeito das mudanças na imagem da monarquia, os quais se baseavam em conversas dos jornalistas com Sir Robert Fellowes e outros funcionários do palácio. Em um deles, um cortesão anônimo foi citado como tendo comentado condescendentemente: "Diana é caprichosa, mas devemos mostrar-lhe amor e compreensão e fazer de tudo para evitar um abismo logo no começo porque, se ela se tornar amarga e perturbada, será impossível para os filhos." Furiosa por ser caracterizada como uma criança tola, ela teve uma conversa áspera com Fellowes, seu cunhado, e lhe disse que não apenas estava enojada por ser usada pelo palácio como bucha de canhão para os jornais, mas que esse tipo de artigo servia apenas para alimentar as chamas da especulação sobre sua vida.

De qualquer forma, a verdade foi que, durante 1993, a batalha entre Diana e Charles foi travada tanto na mídia quanto nos bastidores, tanto o príncipe quanto a princesa tentando conquistar os corações e as mentes do público. No verão, havia nove funcionários trabalhando direta ou indiretamente no conjunto de interesses bem-divulgados do príncipe Charles ou na melhoria da sua imagem. Em contraste, a princesa, cuja equipe era paga pelo ducado da Cornuália, de propriedade do príncipe, se virava com um assessor de imprensa em meio expediente. Mesmo assim, ela foi acusada de ser viciada em aparecer na mídia, movendo-se de um chamado para fotografias para outro: férias no Caribe, deslizando de um escorregador aquático no centro de lazer do parque Thorpe, ou esquiando com os filhos. Para uma princesa acostumada com uma mídia adoradora, essa virada no destino minou ainda mais sua autoestima precária e alimentou sua angústia existencial. Sua crença, às vezes fervorosa, nas previsões de sua astróloga, mostrava o valor muito reduzido que ela dava a seus instintos e julgamento.

Foi, para Diana, um verão extremamente infeliz. Ela iniciara o ano com um rompante de energia, mas à medida que os meses passavam, as críticas constantes, vindas tanto de dentro quanto de fora do palácio, a exauriram; algo que ficou evidente em sua resposta pouco entusiasmada aos deveres corriqueiros da realeza. O ciclo incessante de apertos de mão, plantios de árvores, conversas banais e crianças pequenas era, em sua opinião, repetitivo e despropositado. No fim de junho, a princesa decidiu que suas "viagens mais longas", suas visitas para fora de Londres, deveriam terminar. A chamada dos fotógrafos para fotografias no curso de uma visita ao Zimbábue em julho, durante a qual ela foi retratada dando comida a crianças, simbolizou sua insatisfação profunda com o circo inútil. Ela sentiu que o exercício foi condescendente com as crianças e reforçou a imagem de "pedinte" da África. Ela jurou que isso nunca mais voltaria a acontecer.

Durante férias de verão prolongadas, primeiro em Bali e depois com os filhos nos Estados Unidos, Diana refletiu muito sobre seu futuro. Voltou para casa, renovada, para encontrar manchetes hostis e notícias perturbadoras vindas do palácio. O príncipe Charles contratara uma "mãe substituta" para exercer o papel dela quando os filhos estivessem com ele.

Diana quase não conseguiu conter o ódio. Já afastada para as margens da vida da família real, ela agora estava sendo minada em seu papel mais recompensador. Ela observou em silêncio, mas fervendo por dentro, enquanto Alexandra "Tiggy" Legge-Bourke organizou passeios para os filhos, levou-os para fazer compras e manteve-os entretidos. Abalou-se quando viu fotografias nos jornais em que Harry sentava no colo de Tiggy e estremeceu ao pensar em Tiggy chamando seus meninos de "meus bebês". Tiggy tornou-se uma ameaça ainda maior porque tinha a mesma idade e status social de Diana e se dava bem com os amigos do príncipe Charles.

O ressentimento de longa data chegaria ao auge mais de três anos depois em uma festa de Natal, quando Diana fez um comentário para a babá dos meninos sobre o relacionamento que esta tinha com o príncipe Charles. Tiggy caiu em prantos e, em seguida, enviou uma carta à princesa, através de um advogado, exigindo uma desculpa pelas "alegações falsas". Foi um episódio desagradável. Muito inocentemente, Tiggy parecia representar, na mente de Diana, tudo de que ela se ressentia com relação ao sistema real e o que viu como as tentativas dele de arrancar os filhos dela. Felizmente, antes de sua morte, Diana se reconciliou com o envolvimento ativo de Tiggy na vida de seus filhos. Naquela época, no entanto, ela achava que os lobos estavam rondando para dar um bote mortal. Seus inimigos tinham minado seu status, sua personalidade e sua posição. Agora, queriam o que ela mais valorizava na vida, a maternidade.

Durante o outono, Diana começou a planejar sua retirada da vida pública. Confusa com a hostilidade da mídia que antes a enaltecera, atacada pela máquina do palácio e olhando constantemente por cima do ombro para os apoiadores do príncipe Charles, a princesa chegara ao limite de suas forças. Sua tristeza particular se manifestou em ódio público. "Vocês fazem da minha vida um inferno", ela gritou para um fotógrafo quando ele tirou fotografias dela e dos filhos saindo de um cinema. Ela o interpelou e enfiou o dedo na cara dele antes de voltar para William e Harry. O incidente foi apenas um entre vários choques mal-humorados com os fotógrafos.

Foi, no entanto, um fotógrafo amador que acabou sendo a última gota. Se ela tinha dúvidas com relação a se afastar do olhar público, mudou de ideia ao ver a primeira página do *Sunday Mirror* no início de novembro e encontrar uma fotografia de página inteira dela se exercitando em sua antiga academia de ginástica. Há muito, ela suspeitara da existência dessas fotografias, mas mesmo assim foi um choque ver-se, vestida de oncinha, explorada daquela forma. As fotografias tinham sido tiradas em segredo pelo gerente da academia, o executivo neozelandês Bryce Taylor. Sua publicação constituiu uma invasão flagrante de privacidade, mas foi uma para a qual Taylor recebeu mais de 100 mil libras. O palácio de Buckingham, membros do Parlamento, editores de outros jornais e lorde McGregor, presidente da Press Complaints Comission, descarregaram sua fúria no grupo de jornais culpado pela ofensa. A princesa se sentiu traída e violada. "Bryce Taylor me incentivou a tomar a decisão de largar tudo", disse ela. "As fotografias eram horríveis, simplesmente horríveis."

Ela ficou mais furiosa ainda quando Taylor teve o despeito de afirmar que ela, intimamente, desejara que as fotografias fossem tiradas. Foi tanta hostilidade dirigida a ela pelos ricos e poderosos que vários colunistas e políticos influentes passaram a insinuar a existência de um fio de verdade nas acusações de Taylor, isto é, que a princesa manipulava a imprensa. Tampouco o fato de que ela dera o passo raro de instruir seus advogados a processar Taylor e a Mirror Group Newspapers aplacou seus críticos. Esse foi mais um sinal de que, por mais que tentasse, por mais inocentes que fossem suas ações, um câncer de cinismo estava gradualmente corrompendo a forma como o público a percebia. Tudo isso a deixou ainda mais determinada a se libertar da mídia volúvel, que se regozijava com o mal alheio e que a mantivera por tanto tempo em seu poder. Meses mais tarde, conseguiu provar que estava certa, e o jornal teve de pagar uma soma vultuosa em dinheiro para uma caridade.

Na sexta-feira, 3 de dezembro de 1993, em um almoço de caridade para ajudar a Headway National Head Injuries Association, a princesa anunciou sua retirada da vida pública. Com uma voz às vezes trêmula, porém, desafiadora, ela pediu "tempo e espaço" após mais de uma década sob os holofotes. Durante seu discurso de cinco minutos, ela fez questão de enfatizar a exposição implacável aos meios de comunicação: "Quando comecei minha vida pública, há 12 anos, entendi que a mídia talvez se interessasse pelo que eu fazia. Percebi então que sua atenção, inevitavelmente, focaria tanto na vida privada quanto na pública. Mas eu não tinha consciência do quão avassaladora essa atenção se tornaria; nem o quanto afetaria meus deveres públicos e minha vida pessoal, de uma maneira que tem sido difícil de suportar."

Como explicou mais tarde: "A pressão foi intolerável na época, e meu emprego, meu trabalho estava sendo afetado. Eu queria me dedicar cento e dez por cento ao meu trabalho e só podia dar cinquenta... Eu devia isso ao público, ou seja, dizer 'Obrigada, vou me afastar por um tempo, mas voltarei.'"

Indicando que continuaria a apoiar algumas caridades enquanto reconstruía sua vida particular, a princesa enfatizou: "Minha primeira prioridade continuará sendo meus filhos, William e Harry, que merecem todo o amor, carinho e atenção que posso lhes dar, assim como uma apreciação da tradição na qual nasceram."

Embora tenha mencionado a rainha e o duque de Edimburgo por causa de seu "apoio e gentileza", Diana não citou o ex-marido sequer uma vez. Em particular, ela não tinha dúvida quanto a quem atribuir a culpa por sua retirada do cenário. "Os amigos de meu marido transformaram minha vida em um inferno ano passado", ela relatou a um amigo.

Quando chegou ao relativo santuário do palácio de Kensington naquela tarde, Diana estava aliviada, entristecida, mas calmamente exultante. Sua aposentadoria lhe daria uma oportunidade muito necessária para refletir e reencontrar seu foco. Se a separação lhe trouxera a esperança de uma nova vida, sua retirada dos deveres reais lhe daria a oportunidade de traduzir essa esperança em uma nova e vibrante carreira, na qual empregaria ao máximo seus dons indubitáveis de compaixão e carinho em um palco internacional maior.

Poucos meses mais tarde, na recepção da Serpentine Gallery, da qual ela era benfeitora, a princesa estava em ótima forma. Ela estava descontraída, espirituosa e feliz entre os amigos. Os eventos de 1993 pareciam uma memória pálida e lúgubre. Enquanto conversava com o ator Jeremy Irons, ele contou a ela: "Tirei um ano de férias dos palcos."

Diana sorriu e respondeu: "Eu também."

11 "Vou ser eu mesma"

POR TODA SUA VIDA, Diana foi dominada por homens; o príncipe Charles moldou sua vida particular; os "homens de cinza" fizeram o mesmo com sua vida pública; e os editores de jornais, com sua imagem internacional. Em nenhum momento esse relacionamento ambíguo foi mais aparente do que com seus guarda-costas. Eles foram, ao mesmo tempo, seus carcereiros e amigos, protegendo-a não apenas das atenções indesejadas dos *paparazzi*, mas agindo como batedores em suas batalhas contínuas com o palácio.

Eles lhe repassavam as últimas fofocas do palácio, despistavam seus seguidores e lhe contavam piadas grosseiras. Ao longo dos anos, vários, como Barry Mannakee, Graham Smith e Ken Wharfe, se tornaram figuras paternas, ouvindo seus problemas e dando conselhos — rostos amigáveis em um mundo hostil. Não foi coincidência ela assistir ao filme de Kevin Costner *O guarda-costas* logo que foi lançado.

Apesar de serem aliados, eram também parte do sistema, um clube do qual ela tentava se afastar. Se quisesse definir a própria vida, exercer sua liberdade, precisaria fazer isso sozinha. Muito simplesmente, ela desejava ter o direito de crescer, aprender com os próprios erros, realizar algo sozinha. Ao mesmo tempo, queria gozar dos prazeres simples da vida, os quais a maioria das pessoas considera banais. Como disse certa vez: "Eu gostaria de viver da maneira mais normal possível. Andar pela rua sem um guarda-costas me deixa muito empolgada."

Agora que estava meio desligada da família real, Diana acreditava que tinha o direito de ser tratada como uma cidadã comum. A tarefa não era fácil. A Polícia Metropolitana, responsável por guardar a família real, ficou horrorizada com a ideia de deixar a princesa, um dos rostos mais famosos do mundo, sozinha, presa fácil das atenções de terroristas, fotógrafos agressivos e dementes solitários. Embora tenham concordado, com grande relutância, em retirar sua proteção pessoal, eles continuaram a monitorar seus movimentos, mas de uma distância discreta.

Não seria uma opção fácil, mas nada na vida de Diana fora fácil. Os *paparazzi* que guardavam seus passos não demoraram a perceber essa oportunidade. "Por que vocês não estupram outra pessoa?", gritou ela para vários fotógrafos durante uma ida às compras. Eles rapidamente se acostumaram às táticas de evasão dela — a expressão azeda, a cara virada e a bolsa estrategicamente colocada diante do rosto — e a apelidaram de "a bolsista real". Ela precisava provar a muitos incrédulos na Polícia Metropolitana que era capaz de sobreviver sem uma sombra permanente. Mais do que isso, no entanto, ela também queria, muito simplesmente, ficar sozinha.

Por trás das cenas, longe dos olhos curiosos da mídia, a princesa prosseguia calmamente com seu trabalho para instituições de caridade. Por um longo tempo, ela vinha explorando secretamente visitas reais que a aproximavam das pessoas o máximo possível sem a necessidade de funcionários sorridentes e fotógrafos onipresentes. Durante o verão de 1992, quando a atenção do público com seu casamento chegara ao auge, ela começou uma série de visitas particulares a clínicas para doentes terminais. Visitou também refúgios para mulheres espancadas e abrigos para moradores de rua, assim como entreteve funcionários das respectivas instituições de caridade no palácio de Kensington e esteve com eles em uma variedade de grupos de discussão.

Por anos, a princesa fora celebrada simplesmente por ser. Agora, desejava ser julgada por fazer, em palavras e atos, uma ideia que influenciou poderosamente seu desejo de fazer mais em termos de trabalho particular com instituições de caridade. Era uma ambição que, por mais meritória que fosse, ainda exigiria que ela fizesse ajustes, até mesmo sacrifícios, para aprender novas habilidades, se adaptar às circunstâncias, por vezes sem aviso prévio. Em tudo isso, no entanto, ela perseverava, usando amigos e contatos para ajudá-la a construir uma fundação firme para lançar sua nova carreira. Determinada a aperfeiçoar seus dons de oratória, Diana alistou a ajuda, em épocas diversas, do diretor de cinema Sir (hoje lorde) Richard Attenborough, do ator Terence Stamp e do fonoaudiólogo Peter Settelen. Seus discursos, embora inicialmente hesitantes, gradualmente lhe granjearam reconhecimento e elogios, transparecendo sua sinceridade e coragem em lidar com questões emocionais difíceis. Para uma moça que odiava falar em público, seus discursos davam-lhe uma sensação real de controle. No entanto, seu público nem sempre se mostrou compreensivo: a conselheira sentimental Claire Rayner a acusou de "glamourizar" os distúrbios alimentares e, em junho de 1993, a colunista conservadora Mary Kenny, uma católica, criticou o "besteirol psicológico egoísta" após ela ter feito um discurso sobre os problemas enfrentados pelas mulheres dependentes de tranquilizantes e outras drogas. Diana ficou abalada e preocupada com a hostilidade. As questões que ela abordava — Aids, mulheres espancadas, vício em drogas, alienação e solidão — eram desafiadoras, não apenas para ela própria, mas também para a sociedade. Ela aprendia, a duras penas, que essa era uma escola em que as pancadas faziam parte da educação.

A infelicidade que sofrera em sua vida lhe proporcionava uma empatia genuína com as pessoas que enfrentavam dificuldades. Sua amiga Rosa Monckton descreveu seu "gênio intuitivo", e a própria Diana falou sobre sua própria capacidade instintiva de quase "enxergar a alma de uma pessoa" ao encontrá-la pela primeira vez. Nesse sentido, ela acreditava que era observada por sua avó, Cynthia Spencer, lá do mundo dos espíritos. Suas capacidades psíquicas e empatia especial com aqueles que faziam sua última jornada espiritual fortaleceram sua convicção de que ela fora uma freira em uma vida anterior. Pode ter sido por essa razão que ela se sentiu tão atraída — na verdade, sentiu adoração — por Madre Teresa, que, uma vez, disse a Diana: "Para curar outras pessoas, é preciso ter sofrido", um sentimento com o qual a princesa concordou enfaticamente. Ela própria declarou uma vez: "A morte não me assusta." O padre Alexandre Sherbrooke, que viu Diana trabalhar na Casa de Madre Teresa para os Moribundos de Calcutá, foi uma das muitas pessoas que ficaram impressionadas com a capacidade da princesa para lidar de forma graciosa com o sofrimento, para olhar com clareza e coração aberto para os doentes e moribundos. Ele observou que a maioria das pessoas achava que era necessário um tipo de coragem especial para lidar com os gravemente enfermos e aflitos, um tipo que não se encontra em muitas pessoas. "Mas a princesa era completamente intuitiva e via algo especial em cada ser humano", disse ele.

Exemplos não faltam. Quando amigos lhe pediram para visitar uma pessoa que morria por causa de um tumor no cérebro, ela ficou feliz em ajudar. Havia também uma alegria sincera em ser capaz de ajudar um amigo com problemas. Novamente, quando sua dama de companhia, Laura Lonsdale, perdeu o filho de 11 meses, Louis, por causa da síndrome da morte súbita infantil, a princesa passou muitos meses aconselhando-a em seu sofrimento. Sua sensibilidade e compreensão foram muito apreciadas pela família. "A princesa de Gales é o que mais perto se pode chegar de um anjo na terra", disse um parente. "Ela tem uma qualidade única de ser capaz de confortar alguém sem ser intrometida ou exagerada. Ela tem um toque mágico todo especial." Algumas semanas após a morte trágica do líder do Partido Trabalhista, John Smith, ela convidou a viúva e as três filhas dele para almoçarem no palácio de Kensington para que ela pudesse expressar pessoalmente seu pesar, e reservou tempo para escrever aos pais da bebê Debbie Humphries, que fora sequestrada do hospital apenas quatro horas após o nascimento. Como

Oonah Toffolo, uma das amigas de Diana, disse: "Sua imagem pública é de beleza, elegância e carinho. Sua vida privada é de simplicidade e humildade. Ela tem tempo para todos, idosos, doentes e desprovidos."

Na verdade, Diana se transformou sem dificuldades no papel de anjo cuidador, como Rosa Monckton afirmou: "Ela tinha uma capacidade única para identificar as pessoas com problemas sentimentais e conseguia concentrar sua atenção nelas, excluindo todos os parasitas e espectadores." Era uma visão enfaticamente endossada pelo irmão, que disse: "Ela me impressiona como uma figura imensamente cristã e possui a força que acho que os verdadeiros cristãos possuem e a direção em sua vida que outros talvez invejem; sua determinação e a força de seu caráter e posição fazem um imenso bem."

As muitas visitas particulares que fez, sem estardalhaço ou formalidade, não podiam representar um contraste maior à artificialidade afetada e coreografada das visitas reais tradicionais. Finalmente, Diana tinha a oportunidade de realizar um trabalho significativo e satisfatório. "Quero entrar em uma sala, seja uma clínica para doentes terminais ou um hospital infantil, e sentir que sou necessária. Quero fazer, não apenas ser", revelou. Sua dificuldade era que sua posição lhe fornecia um papel no qual ela era eficaz — a presença da princesa garantia que dinheiro seria arrecadado —, mas também lhe deixava insatisfeita do ponto de vista pessoal. Em contraste, seu trabalho pessoal era satisfatório, mas ineficiente sem uma plateia mundial mais ampla. Era um dilema para o qual ainda não encontrara solução.

A princesa estava ansiosa para que os filhos também vissem um pouco do mundo real, além dos muros do colégio interno e dos palácios. Como ela afirmou em um discurso sobre a Aids: "Estou muito consciente da tentação de evitar a dura realidade; não apenas para mim mesma, mas também para meus filhos. Estarei lhes fazendo um favor escondendo deles o sofrimento e o que é desagradável até o último minuto possível? Os últimos minutos que escolho para eles podem ser tarde demais. Só posso olhar nos olhos deles com uma escolha baseada no que sei. O resto é com eles."

Ela sentia que isso era muito importante para William, o futuro rei. Como ela afirmou: "Conhecendo o que faço, e o que seu pai faz até certo ponto, ele tem uma ideia do que está por vir. Ele não está escondido no andar de cima com a governanta." Ao longo dos anos, ela levou ambos os meninos em visitas a abrigos para moradores de rua e para encontrar pessoas gravemente enfermas em hospitais. Quando levou William em uma visita secreta ao centro Passage para moradores de rua no centro de Londres, acompanhada do cardeal Basil Hume, seu orgulho ficou evidente quando o apresentou ao que muitos considerariam os dejetos da sociedade. "Ele adora isso, e isso realmente incomoda as pessoas", contou com orgulho a amigos. O primaz católico da Inglaterra foi igualmente caloroso. "Que criança extraordinária", disse ele a Diana. "Ele tem muita dignidade para a idade." Essa educação ajudou William a lidar com uma situação em que um grupo de crianças com necessidades especiais se uniu a seus colegas de escola para uma festa de Natal. Diana observou com prazer quando o futuro rei galantemente ajudou esses jovens vulneráveis durante a festa. "Eu fiquei muito empolgada e orgulhosa. Muitos adultos não conseguiriam lidar com aquilo", contou ela a amigos.

Novamente, durante uma semana em Ascot, uma época de champanhe, salmão defumado e frivolidades da moda para a alta sociedade, a princesa levou os filhos para o abrigo noturno Refuge. William jogou xadrez enquanto Harry assistiu a parte de uma aula sobre cartas. Duas horas depois, os meninos estavam a caminho do palácio de Kensington, um pouco mais velhos e sábios. "Eles têm conhecimento", afirmou certa vez. "Eles podem nunca usá-lo, mas a semente está lá, e espero que ela cresça porque conhecimento é poder. Quero que entendam as emoções das pessoas, suas inseguranças, agonias, esperanças e sonhos."

Seus esforços discretos conquistaram muitos dos descrentes que a consideravam uma ameaça à monarquia, ou uma mulher sem talento e amargurada que buscava causar problemas, sobretudo fazendo sombra ou constrangendo o marido e a família dele. A visão da mulher que ainda era tecnicamente a futura rainha, sem adornos e quase sem companhia, misturando-se com os mais pobres, ou mais agoniados, ou mais ameaçados da sociedade, deixava perplexos muitos de seus críticos.

Havia também outra vantagem, igualmente não proposital, mas nem por isso menos benéfica. A retirada das camadas de protocolo que cercavam a princesa significava que ela se tornava muito mais envolvida com a administração da sua vida cotidiana do que jamais estivera. Seus 12 empregados gradualmente diminuíram à medida que Diana reduziu seus deveres reais e começou a se envolver mais em suas próprias tarefas. Ela e seu secretário particular, Patrick Jephson, começaram a, discretamente, promover suas instituições de caridade junto a seus muitos contatos influentes. Por um tempo, a princesa tratou ela própria com a imprensa, com resultados inconsistentes.

Nada disso, no entanto, nem mesmo o mais satisfatório trabalho com instituições de caridade ou o apelo mais bem-sucedido, conseguia esconder o fato de que a vida de Diana estava no limbo — oficialmente separada, porém ainda não divorciada, oficialmente um membro da família real, no entanto, não mais uma parte que concorda com ela ou é bem-recebida por ela. Ela deixara para trás um mundo sem uma ideia clara de para onde iria em seguida. Em função de todo o louvor que seu trabalho com instituições de caridade lhe garantia, havia um anseio para que retornasse ao abrigo da realeza, ou forjasse uma vida nova claramente definida, ou caso nenhuma dessas duas direções fosse viável, de que ela caísse em desgraça. Muitos ficaram constrangidos e intolerantes com esse hiato prolongado à medida que ela, calma, mas de maneira sincera, esforçava-se para criar um novo estilo de vida. Agora, tudo relacionado a ela, desde as roupas — ela foi acusada de parecer uma dona de casa suburbana pela revista *Tatler* — às batalhas com os fotógrafos, começou a ser analisada de maneira hostil.

Era a injustiça que mais a feria. Acostumada a uma impressa aduladora, ela foi surpreendida pela rapidez com que a reverência e o respeito evaporaram desde que dispensara o manto invisível, porém protetor, da realeza. Entretanto, ela observava tudo com preocupação crescente à medida que a estrela de seu marido se tornou mais luminosa. A tarefa dele era muito mais fácil. Ao contrário da princesa, o príncipe Charles não estava perturbando a ordem estabelecida, mas meramente esperando sua vez para capitanear o "bom navio Windsor". Com o apoio explícito do primeiro ministro, do gabinete, da Igreja, do restante da família real, dos jornais influentes e dos representantes do poder e apoiado por uma equipe profissional, ele estava, por definição, equipado para jogar o jogo da espera.

O ponto central do longo percurso do príncipe Charles rumo à credibilidade, após o colapso de seu casamento e às gravações do "Camillagate", foi um documentário realizado pela estrela de televisão, Jonathan Dimbleby, para celebrar o 25° aniversário de sua posse como príncipe de Gales. A partir do momento em que o príncipe informou à Diana do projeto, no verão de 1992, ela ficou nervosa, preocupada se seu papel como mãe seria questionado e se seu ex-marido usaria os filhos como peças inocentes para esse fim.

Conforme ocorreu, a própria princesa nem mesmo constou do programa, veiculado em junho de 1994, que focava na vida profissional do príncipe Charles. Foi, no entanto, a confirmação angustiada de seu marido de que ele fora infiel que ganhou as manchetes do dia seguinte. Em resposta à pergunta de Dimbleby: "Você foi, você tentou honrar e ser fiel a sua mulher quando proferiu as promessas em seu casamento?", o príncipe respondeu: "Sim, totalmente." Dimbleby continuou: "E você foi?" "Sim", o príncipe Charles respondeu, mas após uma pausa breve acrescentou: "até que ele se tornou irreparavelmente acabado após nós dois termos tentado reconciliar." Perguntado sobre seu relacionamento com Camilla Parker Bowles, o príncipe confirmou que ela permanecia o esteio de sua vida e continuaria a sê-lo apesar de seu suposto papel no término de seu casamento. Ela era, segundo ele: "Uma grande amiga... ela tem sido uma amiga por muito tempo e continuará a ser uma amiga por muito tempo."

Diana decidiu não ver o programa antes de ele ser exibido e, na noite da transmissão, que foi assistida por 13 milhões de pessoas, ela se preparou não apenas para se divertir, mas para ser vista enquanto fazia isso. Ela tinha um compromisso há muito programado na Serpentine Gallery. O jantar foi um evento internacional sofisticado em que ela esteve entre amigos. Seu pretinho básico provocador não poderia ter sido uma escolha mais apropriada, seu estilo berrava a mensagem: "Seja lá o que Charles esteja fazendo, estou me divertindo." No entanto, por dentro, ela não estava tão calma. Seu comentário sobre o programa foi: "Minha primeira preocupação foi com as crianças. Eu queria protegê-las." Depois, ela acrescentou: "Eu fiquei muito arrasada. Mas depois admirei a honestidade."

Embora o príncipe tivesse sido franco com relação a seu caso amoroso com Camilla Parker Bowles, o que ficou menos claro era a questão do divórcio. Na entrevista com Dimbleby, ele foi ambíguo, dizendo que estava "muito no futuro" e "não é algo sobre o qual penso no momento". Mas sua admissão pública de adultério — na verdade, uma admissão de que ele era o culpado — indubitavelmente rompeu a paralisia em torno das discussões sobre o divórcio.

Desde o início, a princesa fora inflexível quando dizia que não seria ela que entraria com o processo e isso formou a base de qualquer diálogo com relação ao que Diana chamava de a "palavra que começa com D". Em sua opinião, foi Charles quem a pedira em casamento e era Charles quem deveria solicitar o divórcio. "Não vou a lugar algum. Fico onde estou", ela enfatizava, insistindo que a iniciativa teria de partir do marido. Era uma visão que ela, mais tarde, reiteraria durante sua famosa entrevista ao programa *Panorama*.

Uma amiga que regularmente discutia a questão com a princesa explicou o raciocínio dela: "Ela sempre operava com base em que não seria ela a causar a crise, uma vez que sentia que isso refletiria mal nela. Ela tinha um medo patológico de ser acusada. Ao mesmo tempo, se sentiu ludibriada por ter de abrir mão de todo o esforço e do bom trabalho que fizera. Ao fim e ao cabo, ela queria deixar sua marca e se simplesmente fosse embora seria a perdedora. Todos diriam que ela não fora capaz de aguentar a pressão. A família real ficaria sentada lá, e ela teria suportado 13 anos por nada antes de optar por sair."

Entretanto, sua cautela compreensível, sobretudo com relação ao acesso aos filhos, preocupava alguns de seus amigos, que observavam com preocupação à medida que ela assumia o papel psicológico familiar de vítima, um peão impotente incapaz de influenciar o desenrolar dos eventos em vez de um dos principais personagens no drama que se desenrolava. Se, eles afirmaram, ela estivesse genuinamente buscando um novo papel e uma nova vida, então havia pouca razão para ficar parada nas margens da família real. A velha escola "arrume suas malas e vá embora" sentia que, quanto mais vacilasse, mais comprometeria a liberdade pela qual tão claramente ansiava. Outros amigos e conselheiros, em particular sua equipe de advogados liderada pelo lorde Mishcon, assumiram a posição de que, taticamente, ela obteria um acordo financeiro justo — havia grandes discussões sobre residências apropriadas —, mas que acima de todas as outras preocupações estavam suas exigências em relação aos filhos, que eram sua primeira prioridade, e a seu status real, sobretudo seu direito de usar o título honorífico "Sua Alteza Real".

Em muitos aspectos, ela foi ambivalente com relação a manter esse "apelido" e, por vezes, até mesmo falou em voltar a usar o nome de solteira, Lady Diana Spencer. Não apenas achava que o título real atrapalhava seu relacionamento com o público — a maneira modesta na qual ela conduzia seus compromissos sem uma comitiva para acompanhá-la sublinhava sua falta de interesse nas aparências exteriores —, mas ela tinha muito mais orgulho de sua própria herança familiar, os Spencer sendo muito mais ingleses do que os Windsor, do que a família real. Embora tivesse pouco apreço pelo estilo que acompanha a realeza, ela sabia que a posição conferia um status que lhe permitia promover as causas em que ela acreditava. Um divórcio implicava que ela não seria mais considerada untada com aquela mágica especial conferida pela realeza, de um golpe diminuindo radicalmente seu prestígio e sua chance de atuar com eficácia no cenário mundial.

Talvez os verdadeiros sentimentos de Diana tenham vindo à tona no dia em que ela levou o príncipe William para almoçar em um restaurante familiar da moda, Smollensky's Balloon, no centro de Londres, onde o mágico John Styles pegou sua aliança de casamento, embrulhou-a em um lenço de seda e, com uma sacudida, a fez desaparecer. Diana começou a rir sem parar e gritou: "Ótimo." Infelizmente, no entanto, ela sabia muito bem que não havia varinha de condão que pudesse apagar o sofrimento de uma década, ou resolver facilmente as consequências constitucionais e financeiras de um divórcio real.

Pior do que isso, enquanto a questão permanecesse sem solução, ela estava aberta às críticas de seus inimigos dentro e fora do palácio. Por exemplo, quando o príncipe Charles reclamou, em particular, sobre a conta de beleza de 3 mil libras semanais de Diana, sua reclamação foi convenientemente publicada por dois jornais nacionais conhecidos por sua hostilidade à princesa. As críticas, que transmitiam uma imagem de frivolidade e excesso, deixaram a princesa perplexa e, embora tenha ridicularizado a declaração, observou que uma campanha similar de insinuações fora travada contra a duquesa de York quando ela, também, estava nos espasmos das negociações do divórcio.

Esse foi o lado negativo de jogar o jogo de espera. Não apenas ele adiava o dia em que ela poderia caminhar sozinha, deixando para trás a família real e todos os seus ornamentos de prestígio e privilégio, mas a tornara refém da sorte, alvo de ataques constantes. Como, mais tarde, ela reconheceu: "Eu era a mulher separada do príncipe de Gales. Eu era um problema. Ela não se comporta bem, esse é o problema. Lutarei até o fim, porque acredito que tenho um papel para desempenhar e dois filhos para criar."

Era uma luta solitária. Frustrada por aqueles a quem chamava de "os homens de cinza" em sua tentativa de redefinir seu papel como uma "princesa para o mundo" em vez de princesa de Gales, frustrada pela demora para obter o divórcio e por ser continuamente julgada pelo júri volúvel da imprensa e do público, Diana novamente sentiu uma profunda necessidade de apresentar seus argumentos. Em 1992, ela me usara como meio de articular a verdadeira natureza de sua vida dentro da família real. Três anos mais tarde, decidiu abandonar o fingimento e falar para seu público pessoalmente. Essa foi uma decisão corajosa que mostrou até que ponto ela crescera durante aquele período. Pela primeira vez, ela estava preparada para assumir a responsabilidade pelas próprias palavras, pelas próprias ações, pela própria vida.

Isso, no entanto, acabou sendo mais fácil dito do que feito. Embora cada um dos membros da família real, mais destacadamente seu marido, tivesse usado a televisão para promover suas causas e, nos últimos tempos, falar sobre suas vidas particulares, Diana sabia que ela nunca seria autorizada pelo palácio a tomar essa liberdade. Ela fora contatada por alguns dos programas de entrevistas mais importantes do mundo, inclusive os de Barbara Walters e Oprah Winfrey, enquanto em 1994, ela estava em negociações secretas e detalhadas sobre um documentário sobre sua vida na ITV. Por fim, ela decidiu, relutantemente, contra dar sua cooperação, não apenas porque o príncipe Charles estava, na época, trabalhando com Jonathan Dimbleby em seu próprio programa, mas também por causa do antagonismo dos cortesãos. "Foi a ideia certa na hora errada", lembrou o produtor, Mike Brennan. "Não ajudou que o palácio continuamente tentasse barrar o projeto."

Um ano mais tarde, a princesa cada vez mais sitiada decidiu assumir o controle, secretamente concordando em ser entrevistada por Martin Bashir, um jornalista, na época, ligado ao programa carro-chefe de assuntos atuais do canal de televisão da BBC, *Panorama*. Ironicamente, Bashir foi o último, em uma longa fila de repórteres do *Panorama*, que por algum tempo estiveram tentando desanimadamente elaborar um programa sobre a monarquia. Dessa vez, no entanto, ele decifrou o código. Como eu, ele logo percebeu que o sigilo seria essencial para que o projeto fosse bem-sucedido — a qualquer momento, o palácio poderia cancelar a entrevista proposta com um simples telefonema. Apenas por meio de um subterfúgio elaborado é que Bashir e sua equipe seriam capazes de gravar as palavras de Diana. Eles usaram câmeras compactas especiais para não atrair a atenção quando chegaram ao palácio de Kensington em um domingo tranquilo, no início de novembro de 1995. Como precaução, Diana dispensara sua equipe naquele dia, sabendo que não podia confiar em ninguém. Mesmo quando o programa estava pronto, os executivos da BBC, temendo a censura de cima, mantiveram os diretores da corporação no escuro. O fato de que a princesa de Gales, uma figura internacional de destaque, e a BBC, uma das maiores emissoras de televisão públicas, tiveram que chegar a tal ponto para gravar uma entrevista desmente a noção de que a sociedade britânica é aberta. Na verdade, se o programa tivesse sido o testemunho clandestino de uma princesa do Oriente Médio, teria gerado protestos escandalizados contra um regime repressivo.

Esse golpe televisivo eminentemente britânico, transmitido em novembro de 1995, foi uma sensação, em todos os sentidos da palavra. A princesa, usando maquiagem preta marcante nos olhos, discutiu sua vida, os filhos, o marido e suas esperanças para o futuro com extraordinária franqueza. Inevitavelmente, sua entrevista repassou muitos aspectos de *Diana — Sua verdadeira história*, na medida em que ela falou abertamente sobre os distúrbios alimentares, a depressão, os gritos de socorro, o inimigo dentro do palácio e o relacionamento do marido com Camilla Parker Bowles. Em uma frase que sucintamente resumia os problemas de seu relacionamento com o príncipe Charles, ela revelou: "Éramos três naquele casamento, então ele estava um pouco lotado." Ao mesmo tempo, ela admitiu a própria infidelidade com o ex-oficial dos Life Guards, James Hewitt, que previamente contara a história do caso amoroso deles em um livro. "Sim, eu o adorava, sim, eu estava apaixonada por ele", ela confirmou, acrescentando que se sentiu "completamente arrasada" pela traição dele quando as notícias do livro de sua coautoria chegaram a seus ouvidos. Enquanto levantava dúvidas sobre a capacidade do marido para assumir a coroa e, portanto, a eventual ascensão dele ao trono, ela falou de suas ambições não apenas para si mesma, mas para os filhos e para a monarquia. "Eu gostaria de ser rainha do coração das pessoas... alguém precisa sair por aí e amar as pessoas e mostrar isso." O programa atraiu a maior audiência de qualquer documentário da história da televisão.

No furor subsequente sobre sua admissão de infidelidade e seus comentários relativos a Camilla Parker Bowles, menos foi dito sobre o desejo de Diana de ser uma embaixadora da Grã-Bretanha do que ela esperara. Foi um fracasso de ênfase do qual ela acabou se arrependendo. A princípio, no entanto, parecia que antes que a princesa pudesse assumir qualquer papel novo como uma embaixadora da boa vontade, tanto ela quanto o palácio precisavam aprender que diplomacia começa em casa. Não se poderia permitir a continuação do estado de guerra aberta entre o casal de Gales, que danificava imensamente a monarquia e, por isso, não foi surpresa para ninguém quando, apenas quatro semanas após a entrevista, a rainha, depois de consultar o primeiro-ministro e o arcebispo de Canterbury, escreveu pessoalmente para o príncipe e a princesa de Gales solicitando que eles se divorciassem o mais rápido possível.

A intervenção da soberana, finalmente, fez as negociações começarem, e os dois grupos de advogados negociaram os detalhes labirínticos do divórcio. Mais tarde, na quarta-feira, 28 de fevereiro de 1996, uma data que Diana descreveu como "o dia mais triste de minha vida", a princesa anunciou sua decisão de concordar com um divórcio não contestado. Foram 45 minutos de reunião no palácio de St. James com o príncipe Charles, que ficou consternado quando Diana assumiu a responsabilidade por divulgar a notícia ao mundo. Em seu anúncio, ela comunicou: "A princesa de Gales aceitou o pedido de divórcio feito pelo príncipe Charles. A princesa continuará a se envolver em todas as decisões que envolvam os filhos e permanecerá no palácio de Kensington, com escritórios no palácio de St. James. A princesa de Gales reterá seu título e será conhecida como Diana, a princesa de Gales."

A declaração dela foi ousada demais na opinião da rainha. Ela autorizou seus cortesãos a emitirem uma censura pública rara e gélida à nora, dizendo que ela estava "por demais interessada" em saber que a princesa de Gales concordara com o divórcio. De acordo com Sua Alteza, detalhes relativos ao acordo, o futuro papel da princesa e seu título permaneciam ainda pendentes. "Isso levará tempo", um porta-voz do palácio de Buckingham anunciou ameaçadoramente.

Diana ficou compreensivelmente aflita, contando aos amigos: "Eu não queria esse divórcio, mas tenho de concordar com ele. Agora, eles estão jogando pingue-pongue comigo." Parece que os pontos de conflito com seu ex-marido eram sua exigência dos escritórios no palácio de St. James, agora a residência dele em Londres — o príncipe Charles preferia que ela ficasse instalada no palácio de Kensington — e seu desejo de receber uma quantia vultosa em dinheiro em vez de uma série de prestações pagas pelo ducado da Cornuália. Ao mesmo tempo, o lado dele indicava que não tinha objeção a que Diana retivesse a designação "Sua Alteza Real". Negociações continuariam por mais quatro meses até que, finalmente, em 15 de julho de 1996, o príncipe de Gales recebeu um decreto provisório. Seis meses mais tarde, em 28 de agosto, o casamento de conto de fadas terminou com a emissão do decreto final. Embora a princesa tenha sido atendida em suas exigências de manter escritórios do palácio de St. James e uma quantia grande em dinheiro, estimada em 17 milhões de libras, ela teve retirado seu título honorífico, uma decisão que foi considerada mesquinha e rancorosa pelo público.

Embora Diana tenha tratado o assunto com desdém, sua amiga Rosa Monckton ecoou os pontos de vista de muitos quando declarou: "Acho que foi mesquinhez ter retirado aquilo dela. Sempre pareceu estranho para mim que a família real tenha dito que ela ainda fazia parte da família deles, mas não autorizavam a nação a reconhecê-la como parte daquela família. Ela não se ressentia disso de forma alguma porque não era alguém que fazia questão da cerimônia."

Mais significativo do ponto de vista pessoal foi o fato de que o divórcio finalmente permitiria que ela recomeçasse sua vida. Por um longo tempo, ela ponderara a possibilidade de largar a maior parte da batelada de instituições de caridade para poder se concentrar naquelas que realmente importavam para ela. Mesmo antes de sua separação ela se tornara desanimada com a série infinita de jantares e festas de caridade que a impediam de encontrar e, portanto, aprender e entender mais sobre as pessoas que realmente importavam, aquelas que sofriam de Aids, câncer, hanseníase e estavam à margem da sociedade. Não surpreendeu que Diana, que sempre se vira como uma forasteira, escolhesse continuar com cinco instituições de caridade — a Leprosy Mission, a Centrepoint (uma instituição para moradores de rua), a National Aids Trust, a Royal Marsden NHS Trust (um hospital para tratamento de câncer) e o Great Osmond Street Children's Hospital — caridades dedicadas a ajudar aqueles às margens da sociedade e da própria vida. Com a exceção do English National Ballet, mais do que uma centena de outras instituições de caridade, incluindo a Cruz Vermelha inglesa, foram cortadas de seu portfólio.

Embora alguns observadores tenham argumentado acidamente que sua decisão foi uma réplica vingativa à decisão da rainha de retirar seu título honorífico, a verdadeira razão dizia respeito ao âmago de sua personalidade. Durante anos, ela procurara um papel que lhe permitisse contribuir para a vida nacional e, ao mesmo tempo, preenchesse sua ânsia por usar seus dons singulares de compaixão e empatia para ajudar os necessitados, assim como experimentar por si mesma os aspectos mais desafiadores do trabalho de caridade. Ao focar em um punhado de instituições de caridade, Diana esperava fazer uma diferença tanto para si mesma quanto para aqueles que genuinamente precisavam de suas habilidades especiais.

De muitas maneiras, a finalização do divórcio deu a Diana permissão para se libertar. Não apenas encerrou o casamento, mas também a libertou do jugo da realeza, pois nos anos seguintes à separação, ela permanecera inexoravelmente ligada ao príncipe Charles e à sua família. O divórcio encerrava aquele capítulo infeliz de sua vida, as escolhas difíceis que fizera durante a década turbulenta de 1990 lhe deram a única coisa com a qual nunca ousara sonhar — esperança. Finalmente, ela poderia ser ela mesma; mais do que isso, pela primeira vez em sua vida, tinha a oportunidade de utilizar plenamente os talentos com os quais nascera.

No entanto, enquanto pairava à beira de uma vida nova, seus pensamentos eram frequentemente tingidos com um ódio muito compreensível e com o sentimento de traição que sentia pelos anos desperdiçados em um casamento infeliz e em um sistema confinador.

Desde sua separação, de maneira lenta e cautelosa — talvez até inconsciente — ela realizava um tipo de *strip-tease*, retirando os véus da convenção que a encobriam. Durante a década de 1980, ela fora definida apenas por suas roupas, vista meramente como um manequim para roupas glamourosas, um adjunto da realeza, uma esposa e uma mãe. Desde a separação, no entanto, seu guarda-roupa real, que definia sua mística, caíra em desuso. Na verdade, sua decisão, inspirada pelo príncipe William, de leiloar seu guarda-roupa real para instituições de caridade que cuidavam de portadores da Aids em Nova York, no verão de 1997, foi uma despedida muito pública da antiga vida. Ela não desejava mais ser vista como apenas um modelo bonito para roupas caras. Além do mais, durante os dias como um membro semiafastado da família real, deliberadamente abrira mão de algumas outras mordomias da monarquia, seus serviçais, suas damas de companhia, suas limusines e, mais controverso, seus guarda-costas. A retirada de seu título real foi um passo gigante naquela viagem.

Ela passara muito tempo sofrendo por um relacionamento fracassado, esperanças perdidas e ambições abandonadas. Ela desabafou certa vez: "Eu tinha muitos sonhos quando jovem. Ansiava por um marido que tomasse conta de mim, ele seria uma figura paterna para mim, ele me apoiaria, me encorajaria e diria 'Muito bem' ou 'Isso ainda não está bom'. Não tive nada disso. Não conseguia acreditar."

Os dias de traição, angústia e dor ficaram no passado. Agora era hora de seguir em frente, aproveitar ao máximo sua posição e personalidade. As oportunidades surgiam. Conforme a princesa admitiu: "Aprendi com os últimos anos. De agora em diante, vou ser dona de mim mesma e ser verdadeira comigo mesma. Não quero mais viver a ideia de outra pessoa sobre quem ou como eu deveria ser."

"Vou ser eu mesma."

12 "Diga-me que sim"

COMO MUITOS EVENTOS decisivos na vida de Diana, o começo deste também foi obra do acaso. Uma conversa fortuita com a advogada que cuidou de seu divórcio, Maggie Rae, resultou em uma reunião secreta com o então líder da oposição, Tony Blair, e finalmente surgiu a solução para a questão que dominara seu pensamento há alguns meses, a saber, sua determinação de se tornar uma embaixadora humanitária.

Era uma ambição que ela alimentara por muito tempo antes de, publicamente, dar vazão a seu desejo durante uma longa entrevista à televisão, em 1995. Sua determinação em encontrar um papel como uma princesa para o mundo, em vez de como a princesa de Gales, revelava muito sobre seus sentimentos com relação ao seu dever com a nação, assim como ilustrava seu desenvolvimento como mulher e, talvez surpreendentemente, como feminista. Durante os primeiros anos na vida pública, ela se contentara em fazer o que a nação — e a monarquia — esperava de uma princesa. Em essência, os homens da realeza são julgados por suas palavras; as mulheres, por sua aparência. À medida que desabrochava sua beleza natural, Diana foi definida por sua aparência, não por suas realizações. Por muito tempo, ela aceitou o papel de dócil companheira do marido. Foi elogiada simplesmente por existir. Como um de seus amigos comentou: "O sistema real só esperava que ela fosse um manequim para exibir roupas e uma esposa obediente."

A separação, em dezembro de 1992, mudou tudo. Ao contrário do príncipe Charles, cuja posição constitucional como futuro rei é claramente definida, a princesa não tinha um papel preestabelecido, nenhuma estrela-guia para orientá-la. Semiafastada da monarquia, pela primeira vez em sua vida, voava solo e estava consciente de que seria uma viagem difícil. "Cometerei erros, mas isso não vai me impedir de fazer aquilo que sinto que é certo."

Foi um processo que incluiu uma libertação do passado real assim como um reconhecimento de suas capacidades e limitações.

Uma das muitas contradições estarrecedoras de Diana foi que, embora não se valorizasse muito como indivídua, entendia seu valor no palco público, enxergando que sua posição na sociedade, tanto no Reino Unido quanto no exterior, dava-lhe um palanque para apoiar as causas e questões que estimava. No entanto, estava profundamente desencantada com o protocolo, a falta de sinceridade e a artificialidade que cercavam a realeza. Seu desafio era reinventar sua persona pública, descartar os emblemas de seu cargo e reter sua autoridade. Como uma amiga íntima observou: "Ela sentiu que estava sendo reprimida pelo sistema e que era incapaz de desenvolver seu verdadeiro potencial."

A fonte de seu descontentamento residia na maneira de agir e no estilo da monarquia britânica, na formalidade frágil e na irrelevância monótona de grande parte da vida da realeza. A princesa sentia instintivamente que conseguiria ampliar a eficácia de sua contribuição à nação se pudesse mudar o estilo de sua vida pública. "Quero ajudar o homem comum", revelou certa vez, um sentimento que refletia o fato de que, em seu coração, era uma mulher mais feliz com o povo do que com seus pares. "Sinto-me mais próxima das pessoas que estão por baixo do que das que estão por cima, e eles [a família real] não me perdoam por isso", desabafou pouco antes de sua morte.

Sua perícia na vida pública era a capacidade intuitiva de usar seu cargo para promover suas causas, enquanto sua natureza inata a levava até os doentes, os moribundos e os despossuídos. Era uma combinação potente. "Nunca mais vou reclamar", afirmou em uma cabana abafada, em uma vila montanhosa no Nepal, durante sua primeira viagem solo ao exterior em 1993.

Ela aspirava por um estilo real mais informal, descontraído e acessível; "Isso requer um toque feminino", era o que ela dizia, uma visão que revelava um feminismo crescente em sua vida pública e privada. Seu ponto de vista, em essência, era o de que muitas questões e problemas, em um mundo dominado por homens, derivavam do ego masculino agressivo, circunspecto e, frequentemente, insensível. Ela sentia que os problemas podiam ser abordados de maneira mais eficaz quando qualidades femininas como intuição, compaixão, negociação e harmonia eram acrescentadas à equação. Seu pensamento, influenciado por conselheiros da Nova Era, também estava enraizado em sua visão sarcástica da monarquia como uma instituição dominada por homens e em seu cinismo explícito com relação ao sexo oposto, consequência do fracasso de seu casamento, assim como das visitas frequentes a um refúgio para mulheres espancadas em Chiswick.

Seu interesse nas questões femininas era combinado com a consciência crescente de que tinha um papel a desempenhar sozinha no cenário mundial. Era estimulante e revigorante. Seu trabalho com a Aids e a hanseníase provavam que tinha a capacidade de atravessar fronteiras, enquanto que sua coragem em admitir seus distúrbios alimentares estimulou milhares de mulheres no mundo todo a buscar ajuda. Muitos lhe enviaram cartas de gratidão por ajudá-los a enfrentar os problemas em suas próprias vidas, uma resposta que ela achou, ao mesmo tempo, constrangedora e encantadora.

Foi no contexto dessa filosofia em desenvolvimento que a princesa discutiu com o então primeiro-ministro, John Major, e o ministro de Relações Exteriores, Douglas Hurd, suas ideias sobre seu futuro papel. Desejava exercer o cargo de embaixadora itinerante com uma ênfase mais humanitária do que política. O pensamento de Diana era que muitos conflitos surgem de problemas de comunicação entre as partes antagônicas. Sua solução foi a de que um toque feminino podia acalmar as águas revoltas e ajudar a desobstruir as linhas de comunicação bloqueadas. Simplista, certamente; pretensiosa, talvez; mas a ideia de a princesa agir como uma embaixadora humanitária recebeu uma resposta construtiva por parte do primeiro-ministro, o qual encaminhou a proposta ao palácio de Buckingham para avaliação. Eles informaram, polidamente, a Downing Street que esse era o tipo de papel talhado para o príncipe de Gales. "Desejamos o herdeiro, não ela", foi o grito por demais familiar dos "homens de cinza".

Não surpreendeu ninguém, portanto, quando Diana, ao assistir a Nigel Short jogar contra Boris Kasparov no campeonato mundial, viu no jogo de xadrez uma parábola para a própria situação. "Adorei o jogo, representa a minha vida. Sou simplesmente um peão empurrado de um lado para o outro pelos que mandam", observou. Muito embora sentisse que suas ambições eram frustradas pela elite britânica, seu trabalho não passou despercebido em outro lugar. Em dezembro de 1996, o Dr. Henry Kissinger concedeu-lhe o prêmio de "Humanitária do Ano" em uma cerimônia em Nova York; o diplomata veterano reconhecia a força e a "personalidade luminosa" dela e honrava a forma como ela "se alinhou com os doentes, os sofredores e os oprimidos."

Enaltecida no exterior, mas marginalizada em seu país, Diana, como outros antes dela, se considerava uma profeta sem reconhecimento em sua própria casa. Essa frustração vazara, anteriormente, em sua famosa entrevista para o programa de televisão *Panorama,* quando apelou para o público passando por cima do palácio. Ela lamentou: "Eu gostaria de ser uma embaixadora deste país. Como atraio muito interesse da mídia, não vamos simplesmente ficar sentados aqui, passivamente, e apanhar dela. Vamos levá-las, essas pessoas, para fora, para que representem nosso país e as boas qualidades dele no exterior... Estive em uma posição privilegiada por 15 anos. Adquiri um enorme conhecimento sobre as pessoas e sobre como me comunicar e quero usar isso."

Embora suas palavras possam não ter repercutido dentro do governo e do palácio, outros estavam na escuta. À medida que as negociações do divórcio ganharam fôlego após a intervenção da rainha, em dezembro de 1995, Diana passou muito tempo com seus advogados, construindo laços fortes com Maggie Rae, sua consultora jurídica, que, na época, a orientava pelas complexidades do caso. Por coincidência, Maggie, uma ex-companheira de apartamento de Cherie Blair, é grande amiga dos Blair e, incentivada por Diana, concordou em agir como um canal de comunicação informal entre a princesa e o líder da oposição. Observando dos bastidores o desenvolvimento dela, Tony Blair percebeu, instintivamente, que Diana tinha um potencial extraordinário para representar a Grã-Bretanha no cenário mundial. "Ela era a face da juventude da nova Grã-Bretanha que ele queria construir", comentou um assessor de Blair. No entanto, muito cuidado precisava ser tomado para agendar contatos pessoais, uma vez que qualquer vazamento teria sido politicamente constrangedor tanto para Tony Blair quanto para Diana. Vários encontros foram arranjados, e Blair ficou cada vez mais impressionado com os instintos humanitários e o apelo internacional de Diana.

Ao se tornar primeiro-ministro, em maio de 1997, Blair teve a oportunidade de empregar, de maneira oficial, os talentos de Diana, organizando uma cúpula de fim de semana em Chequers, a casa de campo oficial do primeiro-ministro no verão. Enquanto o príncipe William jogava futebol com os filhos de Blair no jardim, a princesa e o primeiro-ministro discutiram os detalhes do papel diplomático informal dela. Diana ficou encantada, comentando mais tarde: "Acredito que, finalmente, terei alguém que saberá como me usar. Ele me contou que deseja que eu realize algumas missões. Eu gostaria muito de ir à China. Sou muito boa em resolver os problemas das pessoas."

Na verdade, o que impressionou o jovem primeiro-ministro, acima de tudo, foi o dom fantástico dela de ir ao cerne de uma questão difícil sem levantar objeções políticas indevidamente. Como comentou após a morte dela: "Ela tinha uma habilidade tremenda, como vimos na questão das minas terrestres, para entrar em uma área que talvez fosse polêmica e, de repente, esclarecer às pessoas qual era a coisa certa a ser feita. Isso em si mesmo era um atributo extraordinário, e eu senti que havia muitas formas diferentes em que esse dom poderia ter sido aproveitado e usado para o bem das pessoas."

Mais do que tudo, nas últimas semanas de sua vida, a aprovação e o incentivo entusiasmado do primeiro-ministro pelo trabalho dela, assim como o sucesso de sua campanha contra os males das minas terrestres, lhe deram um sentimento renovado de autoestima e também uma direção mais nitidamente focada em sua vida pública. Seus funcionários foram os primeiros a perceber a mudança em seu estado de espírito. "O entusiasmo dela foi permanente e contagioso", lembrou sua secretária Louise Reid-Carr.

Da mesma forma que seu acordo com Blair, seu envolvimento com a questão das minas terrestres foi um caso de receber a proposta certa na hora certa. Por uma feliz coincidência, seu amigo e diretor de cinema lorde Attenborough convidou Diana para uma pré-estreia beneficente de seu filme *No amor e na guerra*, uma história comovente sobre a devastação causada pelas minas terrestres em civis, sobretudo mulheres e crianças, ao mesmo tempo em que o diretor-geral da Cruz Vermelha inglesa, Mike Whitlam, visitou o palácio de Kensington para tentar conseguir uma renovação do compromisso deles com essa instituição de caridade.

O filme, que focava no trabalho da Cruz Vermelha, arrebatou Diana, que concordou prontamente em ajudar a levantar recursos para a campanha para livrar o mundo das minas terrestres. Além disso, ela decidiu acompanhar os funcionários da Cruz Vermelha e uma equipe de filmagem da BBC para fazer publicidade do trabalho de caridade na Angola destroçada pela guerra. Foi, como Diana teria colocado, uma missão "muito adulta".

Em uma reunião no palácio de Kensington antes de voar para a África, a princesa expressou a preocupação de que suas ações pudessem ser vistas como políticas. Lorde Attenborough lembrou: "Ela estava consciente de que havia possíveis percalços políticos, mas decidiu assumir o risco porque achava que o sofrimento causado pelas minas terrestres deveria ser trazido à atenção do público."

Inevitavelmente, ao liderar a luta para banir as minas, Diana incomodou alguns políticos — um ministro de segundo escalão do então governo conservador descreveu-a como uma "nau desgovernada", enquanto as objeções dos membros conservadores do Parlamento impediram-na de ir a uma reunião do grupo multipartidário de erradicação de minas terrestres na Câmara dos Comuns. Como era de praxe, a princesa manteve distância de seus acusadores. "Sou humanitária. Sempre fui e sempre serei", afirmou com simplicidade.

Mais do que isso, ao acrescentar sua influência à campanha, claramente fez uma diferença. As fotografias que mostravam ela andando por um campo minado de Angola forçaram o mundo a prestar atenção. "O impacto que ela provocou foi fenomenal", comentou a Cruz Vermelha britânica.

Entusiasmada pelo sucesso inicial — o novo governo britânico reagiu banindo a exportação e o uso de minas terrestres, enquanto a administração Clinton foi forçada a fazer uma reavaliação similar de sua política —, a princesa considerou visitar outros países, com destaque para Camboja, Tailândia, Afeganistão, Bósnia e o norte do Iraque. Por fim, após conselhos do Ministério de Relações Exteriores, decidiu fazer uma visita de três dias à Bósnia, que ainda se recuperava lentamente da guerra civil, acompanhada pelo renomado jornalista lorde Deedes. Ele lembrou não apenas do senso de humor delicado de Diana, mas também de sua capacidade de ouvir e comunicar o incomunicável. Quando visitou o maior cemitério de Sarajevo, ela encontrou uma mãe junto à sepultura do filho. "Não existiu qualquer barreira por causa da língua", ele escreveu. "As duas mulheres se abraçaram carinhosamente. Observando aquela cena à distância, tentei pensar em quem mais poderia ter feito aquilo. Ninguém."

No entanto, os mais de quarenta cinegrafistas e jornalistas que circulavam entre as ruínas de uma nação que, um dia, se orgulhara de si mesma estavam menos preocupados com as questões sérias que cercavam as minas terrestres do que com a explosão de interesse pelo novo homem na vida de Diana, Dodi Fayed, o filho playboy do polêmico proprietário da loja de departamentos Harrods, Mohamed al-Fayed. Era um lembrete impactante para Diana — se é que isso era necessário — de que, embora pudesse ter escapado do abraço sufocante da família real e conseguido reinventar sua persona pública, nunca poderia se livrar de sua imagem duradoura e marcante de uma jovem bonita, solteira e disponível. Gostasse ou não, a pessoa com quem se casaria era um assunto mais fascinante do que suas opiniões.

Mais do que isso, desde sua separação, em dezembro de 1992, a princesa tivera de aprender a lidar com uma sociedade que se constrangia diante de mulheres fortes e determinadas. Vários comentaristas observaram que a separação de Charles e Diana gerou "uma reação de indignação misógina que foi verdadeiramente chocante". Ela sabia que se fosse pega fazendo um carinho descuidado ou dando um abraço inocente em outro homem, a campanha de insinuações começaria. Isso não era nenhum exagero, como foi ilustrado pela humilhação quase ritual enfrentada pela duquesa de York, já separada, após a divulgação de imagens em que seu dedo do pé era chupado por seu conselheiro financeiro, John Bryan.

Até a finalização do divórcio e o esclarecimento dos termos do acordo, a maior preocupação de Diana dizia respeito à possibilidade de que a família mais influente e temida da Grã-Bretanha afastasse os filhos dela. Portanto, era obrigada a ser extremamente cautelosa. Por exemplo, nunca oferecia jantares no palácio de Kensington porque seriam mal-interpretados, qualquer homem solteiro presente se tornaria alvo da mídia em vigília constante. Na verdade, quando desejava estar com um visitante masculino no palácio de Kensington, muitas vezes insistia que ele viajasse na mala do carro dela para evitar os *paparazzi* que espreitavam. Como frequentemente reclamou: "Quem me aceitaria? Carrego muita bagagem. Qualquer um que me convide para jantar precisa aceitar o fato de que sua vida será revirada pelos jornais. Acho que estou mais segura sozinha."

Ela estava consciente de que suas andanças eram seguidas por fotógrafos *paparazzi*, famintos por aquela primeira fotografia valiosa da princesa com o novo homem de sua vida. Sua cautela era, portanto, compreensível. Por mais inocentes que fossem suas amizades, ela sabia, por experiências amargas, que os companheiros masculinos estavam sujeitos a um sofrimento longo, se não eterno, por causa da mídia. Ela quase perdera a conta do número dos homens — e frequentemente de suas esposas — que se descobriram nas primeiras páginas dos jornais por terem passado uma noite casual com ela em um cinema, teatro ou restaurante.

Era uma situação pouco saudável que foi exacerbada por sua natureza emocional. A princesa era uma mulher carinhosa, carente e tocava, literalmente, as pessoas. Ela ansiava pelo carinho e pelo companheirismo que uma relação amorosa poderia trazer, mas que lhe foram negados por muito tempo. Presa em um casamento frio e distante pela maior parte de sua vida adulta, fora forçada a canalizar sua afetividade para outros lugares, comprando presentes generosos para amigos e se cercando com bens materiais para amenizar seu isolamento. Assim, exagerava na proteção aos filhos da mesma forma que muitas mães solteiras, era íntima demais com seus funcionários porque se sentia solitária e, desconcertantemente aberta com pessoas completamente estranhas em seu trabalho com instituições de caridade. Como uma amiga observou: "Ela está sempre fazendo algo por alguém, ela precisa começar a fazer algo para si mesma. Ela deseja elogios e adulação porque se sente uma mártir por causa de sua enorme insegurança."

Sua imagem de glamour sofisticado e sexualidade inacessível apenas mascarava sua necessidade de ter um homem que a estimasse, cuidasse e amasse. Indesejada quando bebê, mal-amada como esposa, simplesmente desejava um homem em quem pudesse confiar, um companheiro em quem pudesse acreditar. No entanto, tudo que Diana conhecera fora uma vida romântica de traição, fosse casual ou intencional, e de deslealdade. Quando confiou, se decepcionou, quando amou, foi cruelmente exposta. Ela foi preterida pelo príncipe Charles por outra mulher; seu ex-guarda-costas, Barry Mannakee, com o qual contava, morreu tragicamente; a amizade com James Gilbey foi cruel e publicamente exposta ; e seu amante, o capitão James Hewitt, vendeu a história dos dois. A amizade com o ex-capitão da equipe de rúgbi inglesa, Will Carling, terminou quando sua esposa, Julia, uma personalidade de televisão, culpou-a pelo fim de seu casamento, enquanto o relacionamento dela com o negociante de artes Oliver Hoare terminou abruptamente, após a investigação policial de uma série de chamadas telefônicas invasivas para a casa dele. Apenas suas amizades com o Dr. Hasnat Khan, um cirurgião cardíaco, e Christopher Whalley, dono de uma imobiliária, pareceram escapar incólumes. Sua relutância em se entregar por inteiro à paixão não surpreendia.

Apesar da dor e da traição, a princesa, que era, no fundo, uma jovem sincera e bastante ingênua, retinha uma visão romântica de seu futuro, sonhando com um cavaleiro em armadura brilhante que a arrebataria para lhe dar uma vida nova. "A cabeça dela lhe diz que gostaria de ser a embaixadora do mundo, seu coração lhe diz que gostaria de ser cortejada por um bilionário adorador", comentou uma amiga. Ao mesmo tempo, ela estava muito consciente da turbulência que uma nova união geraria, tanto na família real quanto em seus filhos. Como uma vez contou ao marido: "Se eu me apaixonar por outra pessoa, faíscas voarão, e Deus nos ajude." Em primeiro lugar, em seu pensamento, estavam os filhos. Qualquer futuro candidato à sua mão teria de conquistar a aprovação deles antes de poder, verdadeiramente, conquistar o coração dela. Na verdade, uma das vantagens de James Hewitt era que ele se dava bem com William e Harry. Embora desejasse ter mais dois filhos, preferivelmente meninas — ficou animada quando seu astrólogo previu que ela teria outro bebê em 1995 —, seus desejos eram contrabalançados por sua sensibilidade ao impacto que isso teria sobre sua família.

Portanto, sua esperança de poder encontrar um homem para compartilhar a vida era diminuída por uma cautela nascida de sua experiência, sua posição e da família que formara. "Não esperei tanto tempo para sair de um casamento infeliz e entrar em outro", contou a Taki Theodoracopulos, um jornalista de fofocas. Essa tensão em seu coração se manifestava em suas consultas frequentes a astrólogos, buscando algum tipo de sinal, alguma direção que levasse ao lugar em que seu futuro residia. Constantemente, pedia a eles que previssem o tipo de homem com quem um dia se casaria. "Quem quer que você seja, venha", costumava dizer despreocupadamente. Embora muitas das profecias fossem totalmente inverossímeis, as previsões principais, aquelas nas quais ela verdadeiramente acreditava, hoje possuem uma precisão estranha e bizarra. Um tema consistente nessas profecias era que ela casaria com um estrangeiro ou, pelo menos, um homem de sangue estrangeiro. A França aparecia repetidamente em suas profecias astrológicas particulares, tanto como um lar futuro quanto como o local de nascimento do novo homem em sua vida. Na verdade, uma das razões para ter cogitado viver na França, África do Sul ou nos Estados Unidos não foi apenas a atenção indesejada da mídia no Reino Unido, mas também imagens atraentes que os astrólogos lhe deram de um novo amor, felicidade e esperança longe de sua terra natal.

Suas especulações sobre o futuro eram combinadas com pensamentos sobre o passado. Com os amigos, ela tinha discussões intermináveis sobre as questões que a atormentavam; se Charles e Camilla encontrariam a felicidade juntos ou se ele, algum dia, teria a coragem de abrir mão do trono por causa da mulher que amava. Sua curiosidade obsessiva era combinada com uma solidariedade pelos apuros deles. "Ele não desistirá dela e lhe desejo felicidade", disse uma vez a um amigo. "Gostaria de dizer isso a ele pessoalmente algum dia." Com o passar dos anos, ela se reconciliou com a ideia de Camilla ser a castelã de Highgrove e começou a apreciar o fato de que a lealdade e a discrição dela deveriam ser recompensadas pela comunicação ao público, pelo príncipe, do relacionamento deles. Entretanto, esse espírito se transformava, com muita facilidade, em censuras a si mesma ou em autopiedade quando vivia o luto pela juventude e inocência perdidas. Portanto, quando o príncipe anunciou que daria a festa de 50 anos de Camilla em Highgrove em julho de 1997, Diana optou pela discrição. Embora tenha mostrado indiferença com relação ao evento — "Não seria engraçado se, de repente, eu saísse de dentro do bolo de aniversário?", brincou —, sabia que a cobertura da mídia apenas reabriria velhas feridas e despertaria dores antigas.

Foi com esse espírito que ela decidiu aceitar um convite de longa data de Mohamed al-Fayed, o proprietário da loja de departamentos Harrods, para ela e os filhos se juntarem a ele, a sua mulher Heini e aos quatro filhos na casa deles em Saint-Tropez, no sul da França. Muito embora Fayed, uma figura polêmica cujos pagamentos a determinados membros do Parlamento ajudaram a derrubar o governo conservador, conhecesse a família Spencer há anos, vários amigos dela, inclusive Rosa Monckton, mulher do editor do *Sunday Telegraph*, aconselharam-na a recusar o convite. O multimilionário egípcio, que teve o pedido de cidadania inglesa negado, apesar dos frequentes protestos por considerar ser uma injustiça essa exclusão, empregou a madrasta de Diana, a condessa de Chambrun, em sua loja e se tornou tão íntimo do falecido conde, pai de Diana, que se vangloriava de que os dois eram como irmãos. Embora seja cruel e ditatorial na esfera profissional, como aqueles que entraram em confronto com ele afirmarão, Diana via apenas o lado carinhoso, generoso e afetivo de sua personalidade. Ela pareceu feliz em ser fotografada abraçada a ele no convés de um de seus iates perto de Saint-Tropez. Essa foi uma das raras vezes em que Diana parecia descontraída e à vontade, aparentemente se esquecendo da imprensa vigilante enquanto andava de jet-ski ou nadava na praia em frente à vila de Fayed.

Entretanto, a censura da mídia, porque a princesa escolhera um anfitrião dúbio e inapropriado, a irritou. Ela foi até uma embarcação cheia de jornalistas ingleses e reclamou que eles tinham sido cruéis com Fayed, a quem considerava um amigo da família de longa data, e injustos com ela e os filhos, e pediu que a deixassem em paz. Em um aparte final, revelou: "Aguardem uma grande surpresa nas próximas duas semanas."

Foi um incidente que parecia simbolizar sua grande inocência, assim como sua constante vulnerabilidade. Ela foi ingênua ao esperar passar despercebida na companhia de um homem que foi um espinho na carne da elite britânica, no refúgio mais chique do sul da França, no auge do verão. Ao mesmo tempo, ela sempre esteve em busca de um porto seguro, sobretudo durante as férias escolares, em que ela e os filhos poderiam gozar algum tempo juntos antes de os príncipes viajarem de volta para encontrar o pai em Balmoral. Talvez, se tivesse comprado sua casa de campo — durante um tempo ela procurou propriedades em Berkshire, perto do colégio interno de William, Eton — ou realizado seu sonho de viver nos terrenos de Althorp, teria tratado com mais cautela o convite de férias de amigos bem-intencionados.

Passados quatro dias daquelas férias de julho fatídicas, o grupo recebeu mais um integrante, o filho mais velho de Fayed, Emad, conhecido como Dodi, que conhecera a princesa dois anos antes, quando jogou uma partida de polo juntamente com o príncipe Charles. Após ter sido apresentado a Diana, houve poucos sinais de intimidade entre eles. Membros da tripulação observaram que ele fez uma reverência e a chamou de "Senhora", tratando-a com o respeito devido à posição dela. Na verdade, Dodi tinha seu próprio iate ancorado perto do *Jonikal*, o barco do pai, e era nessa embarcação que estava hospedado com a namorada da época, a modelo californiana Kelly Fisher.

À primeira vista, o playboy de 41 anos, um produtor de cinema de Hollywood, era um pretendente improvável à mão de uma princesa, uma mulher que passara a vida se despojando do falso glamour da realeza para poder passar tempo e verdadeiramente entender as pessoas que estavam às margens da existência. Nascido no luxo desavergonhado, Dodi, o único filho de Mohamed al-Fayed e sua primeira mulher, a falecida Samira Khashoggi, cujo irmão Adnan é um negociante de armas bilionário, ganhou seu próprio Rolls-Royce, completo com motorista e guarda-costas, aos 15 anos. Educado em uma série de escolas exclusivas na Suíça, França e Egito, sua formação foi completada por uma passagem pela Sandhurst Royal Military Academy, para "endurecê-lo" antes de ele se alistar na força aérea dos Emirados Árabes.

Por ser um jovem com predileção por carros velozes e mulheres bonitas, foi inevitável que acabasse atraído pelo glamour de Hollywood, onde se tornou produtor cinematográfico envolvido, mais memoravelmente, com o ganhador do Oscar *Carruagens de fogo*. Após o fracasso de seu casamento de oito meses com a modelo Suzzane Gregard, foi associado a uma série de namoradas deslumbrantes, incluindo Brooke Shields, Joanne Whalley, Cathy Lee Crosby e Julia Roberts. Sua companheira de férias, Kelly Fisher, era a última de uma longa fila de amantes. Embora tenha dito certa vez que seu primeiro casamento o desanimara com relação àquela instituição para o resto da vida, parecia estar pronto para sossegar com a modelo californiana. Mais tarde, ela afirmou que ele discutira seriamente a possibilidade de casamento e de comprarem uma casa juntos em Malibu. Ele até mesmo comprara para ela um anel no valor de 200 mil dólares e lhe dera um cheque no mesmo valor — que foi devolvido por falta de fundos — como um sinal de suas intenções duradouras.

Superficialmente, então, Dodi Fayed era o arquétipo do playboy frívolo, deslizando pela superfície da vida, comprando fama e amizade da mesma maneira que comprara cinco Ferraris, com a suposta mesada de 100 mil dólares que o pai lhe dava. No entanto, Diana era capaz de penetrar a superficialidade de sua personalidade para descobrir qualidades que podem tê-la feito recordar seu primeiro amor, o príncipe Charles.

Além de um amor mútuo pelo polo, os dois homens tinham outra semelhança impressionante, vivendo à sombra de pais fortes e dominadores. Isso os levou a praticar esportes perigosos para se afirmar e agradar os respectivos progenitores. Enquanto Dodi poderia ser facilmente descartado como um provocador sem objetivo, pelo menos até ele encontrar Diana, a vida do príncipe Charles primava pela falta de direção e pela indecisão, seus discursos eram vagos e seu pensamento desorganizado. Era uma vida arruinada também pela dor do assassinato de seu "avô honorário", lorde Mountbatten. "Um homem tão triste", foi a primeira impressão de Diana do futuro rei, uma qualidade que indubitavelmente a atraiu. Aqueles que conheciam Dodi dizem que, por baixo do verniz de sedução e cortesia cavalheiresca, qualidades que Diana admirava no príncipe Charles, ele era um homem com tristeza na alma. Sua sensibilidade era atribuída às calamidades que ele experimentara na vida, ou seja, a morte da mãe, que ele adorava, e de vários outros parentes próximos. Essa combinação de sofrimento e sensibilidade atraía Diana, que reagia intuitivamente quando via dor em seus semelhantes.

Tão importante quanto a existência de uma química entre eles foi o relacionamento de Dodi com os filhos de Diana. Ele alugou uma boate por duas noites para que ela e os filhos pudessem dançar em um ambiente privado. Aqueles que o observaram com William e Harry no bistrô La Renaissance, em Saint-Tropez, notaram que eles pareciam à vontade em sua companhia. Mais tarde, todos foram de carro para um parque de diversões, no qual brincaram em carrinhos de bate-bate.

Àquela altura, a formalidade e a distância que caracterizaram os primeiros dias dos dois haviam se transformado em uma intimidade alegre, em conversas amigáveis e desenvoltas. "Eles estavam descontraídos, trocavam olhares muito afetuosos e, obviamente, se sentiam bem juntos", observou um membro da tripulação. A avaliação de Diana, antes de voar para Miami para acompanhar Elton John e outras celebridades no funeral de Gianni Versace, foi simples e direta: "Foram as melhores férias da minha vida."

À medida que a amizade deles se fortalecia, Mohamed al-Fayed incentivava o relacionamento incipiente do filho, deixando descaradamente evidentes suas ambições para o filho mais velho com a mulher mais famosa do mundo. "Eu já os abençoei", declarou, à medida que a possibilidade do vínculo entre sua dinastia familiar e os altos escalões da sociedade britânica se tornava perigosamente próxima.

Durante todo esse tempo, a sombra do príncipe Charles agigantava-se. De forma curiosa, sua decisão de "aparecer" em público com Camilla ao oferecer uma festa para comemorar os 50 anos dela parece ter dado a Diana permissão para também exibir sua vida amorosa. Da mesma forma que o ressentimento dela com relação a Camilla se dissipava, assim também o equilíbrio amistoso que ela atingira com o príncipe Charles, juntamente com a nova direção e o sucesso de sua vida pública, tudo isso apontava para uma única direção — Diana não apenas começava a encontrar paz interior, mas estava também preparada para o homem que tão entusiasticamente esperava que entrasse em sua vida. Em resumo, estava pronta para viver um romance.

Como um temporal de trovões em um dia tranquilo de verão, o surgimento repentino desse caso amoroso pegou a todos de surpresa. "Não se preocupem, não vou fugir com ele", tranquilizou um amigo enquanto voava em um jato da Harrods para um cruzeiro na costa da Sardenha, sozinha com o novo homem de sua vida. Pela primeira vez desde a separação, Diana não sentia mais necessidade de esconder, conduzir seu caso amoroso em sigilo, encarando com naturalidade as notícias de que *paparazzi* rastreadores haviam tirado fotografias que mostravam o casal trocando carícias. Ela contou aos amigos que sentia que Dodi era muito carinhoso, amoroso e infinitamente atencioso e que encontrara um homem que a valorizava por ela mesma e não desejava nada dela a não ser que fosse feliz.

Até mesmo as declarações televisivas chorosas de Kelly Fisher de que Dodi a dispensara para ficar com Diana, as quais deveriam ter servido como um sinal de alerta a todos, não afetaram os sentimentos dela. Logo houve mais relatórios preocupantes vindos dos Estados Unidos, e várias ex-amantes falaram indiscretamente sobre as idiossincrasias dele, uma até afirmou que ele a ameaçara com uma arma, mas Diana permaneceu inabalada. O tempo todo, figuras sombrias forneciam ajuda aos jornalistas, através de citações atribuídas a "amigos" que enfatizavam a crescente intimidade do casal.

Quando ela voou para a Bósnia, mais uma vez num jato por cortesia da Harrods, para sua campanha contra as minas terrestres, o casal manteve contato através de telefones por satélite. "Ela ria muito com ele", revelou Sandra Mott, que foi a anfitriã da princesa durante os três dias da visita. Como Dodi contou à ex-mulher, Suzanne Gregard: "Diana e eu estamos tendo um romance, um romance verdadeiro." Esses sentimentos foram enfatizados por uma mudança em sua personalidade. Seus amigos de longa data perceberam que Dodi parecia mais sereno e sério, determinado a fazer a relação entre ele e Diana funcionar. "Nunca, jamais, terei outra namorada", contou ele ao porta-voz de Fayed, Michael Cole, que logo divulgou essa breve declaração.

O que começara como uma história típica de verão, quando todos estão de férias e as notícias estão em falta, era agora levada mais a sério, um fato enfatizado quando o casal voou no helicóptero de Dodi para ver a médium de Diana, Rita Rogers, uma conselheira importante dela e da duquesa de York. Suas amigas mais íntimas achavam espantoso que ela revelasse aspectos tão íntimos de sua vida a um homem que conhecera há tão pouco tempo. Enquanto Dodi voava para Los Angeles para resolver o fiasco com Kelly Fisher, ela viajou, secretamente, para as ilhas gregas com a amiga Rosa Monckton, mais uma vez em um jato da Harrods. Muito embora não tenha tomado qualquer decisão sobre seu futuro, estava claro para a amiga dela que, pela primeira vez em anos, Diana estava feliz, se divertindo com um homem que, óbvia e publicamente, gostava dela.

No entanto, ela se sentia claramente insatisfeita pela forma como ele a enchia de presentes. "Não é isso o que quero, Rosa, fico constrangida. Não quero ser comprada, tenho tudo que quero. Só desejo alguém que fique ao meu lado, que me faça sentir segura." Sem dúvida, esse tipo de comportamento provocava memórias dolorosas de uma infância em que não faltaram bens materiais, mas sim satisfação emocional, assim como lembranças de seu relacionamento com o falecido pai. Embora seu pai a tenha coberto de presentes, ela sentia que não estava presente quando precisava dele. Em uma ocasião, ela lembrou uma conversa em 1991, quando ele voou para Paris para comprar um presente de aniversário para ela. "Não quero isso, só quero você", queixou-se.

Qualquer que tenha sido a angústia que o comportamento extravagante de Dodi possa ter lhe causado, a princesa, ela própria conhecida pela generosidade com os amigos, comprou para o namorado um cortador de charutos da Aspreys, o joalheiro em Londres, gravado com as seguintes palavras: "Com amor, de Diana." Como mais uma demonstração de sua afeição, ela lhe deu um par de abotoaduras que pertencera a seu pai. "Ela disse que sabia que o pai ficaria feliz em saber que elas estavam seguras e em mãos especiais", disse o porta-voz dos Fayed no dia anterior ao funeral dela.

Apesar da rapidez de sua evolução, o romance provocou um turbilhão. O casal tinha pouco mais de uma semana sozinho na companhia um do outro, mas a mídia de massa, com seu apetite alimentado mais uma vez pelos vazamentos propositais de fontes anônimas, já falava em casamento. Sem dúvida alguma, os sentimentos envolvidos não eram unilaterais. A cautela instintiva de Diana e sua desaprovação do consumo ostensivo de Dodi eram sobrepujadas pelo carinho, consideração e sensibilidade evidentes que ele lhe proporcionava. Junto dele, ela não se sentia mais sozinha. "Elsa, adoro ele. Nunca fui tão feliz", a princesa contou à amiga Lady Elsa Bowker. Ela chegou a ligar para o correio de voz de seu celular simplesmente para ouvir a "maravilhosa voz" dele. Em 21 de agosto, o casal voou para o Mediterrâneo, onde embarcaram no iate de Fayed, o *Jonikal*, para as segundas férias a sós naquele mês. Mais uma vez, determinados jornalistas receberam os detalhes das horas aproximadas de chegada e partida, fotógrafos flagraram Diana e Dodi andando pela praia em Saint-Tropez.

Enquanto se divertiam andando de jet-ski na baía, Diana colocando a perna sobre o ombro de Dodi, a intimidade e o calor da linguagem corporal claramente indicavam a proximidade do relacionamento dos dois. Mais importante ainda, eles conseguiram despistar a mídia para fazer compras em Monte Carlo. Diana ficou muito impressionada com um anel de diamantes na vitrine da joalheria Alberto Repossi, na Place Beaumarchais. O anel, um grande diamante cercado por pedras menores que era avaliado em 130 mil libras, pertencia a uma coleção de anéis de noivado chamada "Diga-me que sim". "É esse que eu quero", dizem que Diana exclamou. Não estava claro se o anel simbolizava uma união mais duradoura, um sinal de que sim, afinal ela encontrara a paz e a felicidade verdadeiras.

Embora possa ter estado contente, a paz foi mais imprecisa. Quando o casal passou ao largo de Portofino, os batedores nefastos do jornalismo, os famosos *paparazzi*, fotografaram de longe os dois festejando no convés do *Jonikal*, um iate com cerca de sessenta metros de comprimento. A intrusão deles provocou alarme, mas isso não evitou que fotografias da princesa tomando sol na plataforma de mergulho do iate fossem publicadas no mundo inteiro. "Simplesmente me diga: 'Você está feliz?'", perguntou Rosa Monckton quando ela telefonou para Diana de seu celular em 27 de agosto, apenas dois dias antes de ela morrer. Sua resposta diz tudo: "Sim, muito feliz. Tchau, tchau."

Ela parecia ter tudo. Sucesso humanitário no cenário mundial, contentamento e amor na vida privada. Enquanto descansava no convés do *Jonikal*, pela primeira vez o barômetro de seu coração parecia indicar tempo bom. Segundo alguma alquimia curiosa, o público sentia essa transformação, que aquela nau solitária, vulnerável e sem leme finalmente encontrara uma âncora reconfortante na vida, um porto seguro para se abrigar dos perigos das profundezas.

Por poucos dias, ela desfrutou do estado de graça em uma vida tempestuosa. Depois, os céus se abriram — e a chamaram.

13 "A princesa do povo"

Não morre quem vive no coração dos que ficam.
THOMAS CAMPBELL 1777-1844

Inscrição nos portões do palácio de Kensington nos dias de luto antes do funeral de Diana, princesa de Gales.

ELA ESTAVA EM PAZ AGORA, seu rosto sereno, quase angelical. Vestida de forma simples e elegante, estava linda. Nos pulsos, várias pulseiras; nos dedos, anéis simples.

No fim, o único homem de sua vida que nunca a decepcionara, o homem que ela chamava de "minha rocha", seu mordomo, Paul Burrell, permaneceu ao seu lado para que, nas horas antes de ser levada em sua jornada final, ela não ficasse sozinha. Enquanto rezava e derramava lágrimas silenciosas ao lado do caixão, que ficou no palácio de Kensington, o mundo chorava com ele, ainda descrente, ainda incapaz de compreender o fato desnorteante e chocante de que Diana, a princesa de Gales, estava morta.

Apenas alguns dias antes, o público vira com prazer fotografias dela, de férias, relaxando no Mediterrâneo com o novo homem de sua vida, Dodi Fayed. Parecia à vontade consigo mesma, o público discretamente encantado pelo fato de uma mulher que sofrera tanto parecer ter conseguido algum grau de felicidade e contentamento pessoal. O foco entusiástico em suas causas humanitárias, sobretudo sua campanha contra as minas terrestres, e o sentimento de que resolvera muitas das dificuldades que a assolaram desde sua saída da família real foram fontes de prazer para muitos de seus defensores. No início daquele verão, sua decisão de vender o guarda-roupa real em um leilão de caridade em Nova York foi um sinal muito público de que a princesa estava pronta para ingressar em uma nova etapa, que sua nova vida, sua verdadeira vida, estava apenas começando. Na verdade, animada pelo sucesso do leilão, ela escrevera para várias amigas pedindo-lhes para devolverem roupas que lhes dera. Algumas receberam o pedido na manhã do dia seguinte à sua morte.

O público sentia essa mudança marcante, uma percepção que tornou o imprevisto de sua morte ainda mais difícil de suportar. Esse espírito foi capturado pelo escritor Adam Nicolson: "A tristeza arrebatadora e arrasadora sentida pelo mundo foi o reconhecimento de que essa longa e árdua luta, tão corajosa e, de alguma forma, cegamente enfrentada, como uma pessoa que se afoga e luta para respirar, para subir à superfície, para chegar à luz, podia ser cortada e trancada pela banalidade inflexível de um desastre de automóvel. É um fim desproporcional para tudo que aconteceu antes. É por isso que dói tanto."

Havia pouco consolo em saber que os últimos poucos dias de sua vida foram verdadeiramente idílicos, desfrutando de suas segundas férias a sós com Dodi Fayed em um cruzeiro pela costa da Sardenha no iate do pai dele. Eles planejavam terminar as férias com uma noite em Paris antes de Diana voar para a Inglaterra para ver os filhos. Embora a perseguição dos *paparazzi* tivesse sido uma chateação, gerando trocas de palavras acaloradas com a tripulação do iate, a partida do casal para Paris foi antecipada. Não obstante, quando chegaram ao aeroporto de Le Bourget, nos arredores de Paris, em uma tarde quente de sábado, os *paparazzi* estavam à espera, como também estavam os motoristas e seguranças do hotel Ritz, pertencente a Mohamed al-Fayed.

No caminho para o hotel cinco estrelas, eles pararam no que um dia fora a casa em Paris do duque e da duquesa de Windsor, outra joia da coroa de Fayed, para que Dodi pudesse mostrar à princesa a mansão que fora lindamente restaurada e seus jardins magníficos. Durante essa viagem do aeroporto, eles foram seguidos por vários fotógrafos que quase bateram no Mercedes dela na ânsia para tirar fotografias do casal. O guarda-costas, Kes Wingfield, viajando em um veículo sobressalente com Henri Paul, que exerceu um papel fatal na morte deles, lembra que a princesa, embora irritada pela atenção dos fotógrafos, estava mais preocupada com a possibilidade de um dos perseguidores cair e se machucar, tal a maneira perigosa com que a perseguiam.

O comportamento dos *paparazzi* não era o único problema assolando sua mente naquela tarde fatal. Quando chegaram ao Ritz, a princesa recebeu um telefonema de um príncipe William ansioso, que fora solicitado a aparecer em uma sessão de fotografias em Eton, onde começaria o terceiro ano. Embora o pedido do palácio de Buckingham fosse parte do acordo entre a imprensa e o palácio em que, em compensação por deixarem os jovens príncipes em paz, a mídia receberia convites para tirar fotografias oficiais ocasionais, William estava preocupado porque achava que o irmão, o príncipe Harry, estava sendo ofuscado. Essa era também uma preocupação de Diana.

Enquanto fazia o cabelo no Ritz, indubitavelmente pensava sobre essa conversa, suas últimas palavras para o filho mais velho. Entretanto, por volta de 18h30, Dodi foi à joalheria Alberto Repossi mais próxima, a qual apertara o anel "Diga-me sim" que Diana escolhera enquanto o casal fazia compras em Monte Carlo. Mais tarde, naquela noite, eles planejavam visitar o magnífico apartamento de Dodi na avenida Champs-Élysées, antes de jantarem no restaurante Le Benoît, perto do centro Pompidou.

Era ali que Dodi planejava fazer uma declaração de amor, dar-lhe o anel, que foi encontrado mais tarde no apartamento dele e pedi-la em casamento? Certamente, a última conversa deles com os confidentes naquela noite sugeria que seu breve caso de amor estava prestes a tomar um rumo significativo e, talvez, permanente. Um pouco antes, Diana telefonara para Richard Kay, um repórter do *Daily Mail*, que acabou conhecendo-a bem após sua primeira visita solo ao Nepal, em 1993. Enquanto falava, ele ficou com a impressão de que ela estava apaixonada por Dodi, e ele por ela. Os dois estavam, ele supôs, "tremendamente felizes". Naquela mesma noite, Dodi falou com o milionário da Arábia Saudita, Hassan Yassin, irmão do padrasto de Dodi, que também estava hospedado no Ritz, e contou-lhe: "É sério. Vamos nos casar." Hassan lembrou mais tarde: "Eu fiquei muito feliz por ele, por ambos."

Um pouco depois das sete horas, o casal fez uma passagem rápida pelo apartamento de Dodi, onde permaneceram algumas horas. Novamente, os fotógrafos tiraram fotografias deles saindo do hotel e entrando no apartamento dele, onde, mais tarde, algumas lembranças do afeto dela, o cortador de charutos e as abotoaduras do pai, foram encontradas. A presença dos fotógrafos fez com que decidissem cancelar a reserva no restaurante e voltar ao Ritz para jantar. Quando chegaram, às 21h50, Diana, que vestia um *blazer* preto e jeans brancos, e Dodi, com um casaco de camurça marrom, pareciam pouco à vontade, um sentimento exacerbado pelos olhares dos outros clientes presentes no restaurante duas estrelas do hotel, o Espadon. Em vez de jantarem ali, retornaram à suíte imperial de 6 mil libras por noite, onde Diana comeu ovos mexidos com aspargos, seguidos de linguado. Entretanto, Henri Paul, o chefe de segurança do hotel, que estava de folga há três horas, foi chamado para organizar o retorno do casal para o apartamento de Dodi, onde passariam a noite. Esperando por ela, no apartamento dele, estava um poema de amor escrito por Dodi, o qual fora gravado em uma placa de prata. Ele a colocara cuidadosamente sob o travesseiro de Diana. Ela nunca a viu.

Enquanto isso, o aglomerado de fotógrafos que esperava do lado de fora do hotel crescia a cada hora e, de vez em quando, Henri Paul, que conhecia vários deles pelo nome, saía para bater papo e zombar deles com relação à hora em que o casal apareceria. Seu patrão, Dodi Fayed, tinha outras ideias. De acordo com o guarda-costas, Kes Wingfield, Dodi elaborara um plano que deixaria os fotógrafos de mãos abanando. Era um plano bastante simples: carros iscas partiriam da frente do Ritz e atrairiam os *paparazzi*, permitindo assim que Dodi e Diana escapassem pela porta dos fundos e voltassem desimpedidos ao apartamento dele. Às 12h20 da manhã, o Mercedes 220SL, com Diana, Dodi, Henri Paul como motorista e outro guarda-costas, Trevor Rees-Jones, saiu pela porta de serviço do hotel. Embora Henri Paul tenha sido acusado de ter gritado para alguns *paparazzi*, "Nem se preocupem em seguir, vocês nunca nos pegarão", os fotógrafos, na cola deles, conseguiram tirar fotografias da princesa escondendo o rosto com os braços enquanto o carro deixava o hotel.

Os detalhes dos minutos seguintes permanecem obscuros, com os porta-vozes de todos os cantos torcendo cada migalha de prova disponível numa tentativa de se eximir da responsabilidade pelos eventos fatais daquela noite. Não há dúvida de que o motorista, Henri Paul, estava bêbado; na verdade, tão bêbado que ultrapassara três vezes o limite legal para dirigir alcoolizado. Ele também ingerira uma mistura de remédios, um dos quais era um antidepressivo e o outro era um medicamento usado no tratamento do alcoolismo.

A julgar pela quantidade de álcool encontrada em sua corrente sanguínea, era seiscentas vezes mais provável que ele tivesse um acidente de carro fatal do que se estivesse sóbrio. O excesso de bebida alcoólica misturada com remédios, a adrenalina e o desespero para assegurar que o ardil de Dodi funcionasse, fizeram Henri Paul dirigir feito um louco, atravessando uma área muito trafegada a uma velocidade perigosa. Como Dominic Lawson, editor do *Sunday Telegraph* e amigo da princesa, observou: "Bêbado ou sóbrio, nenhum motorista viajaria a mais de 160 quilômetros por hora em um túnel com um limite de 45 quilômetros por hora a não ser que tivesse recebido ordens de seu patrão para fazê-lo."

Na Place de la Concorde, Paul foi visto por um fotógrafo furando o sinal vermelho e se aproximando da passagem subterrânea da Place de l'Alma, na margem norte do rio Sena, em alta velocidade. Por volta das 12h24 da manhã, o Mercedes, trafegando entre 135 e 150 quilômetros por hora, entrou no túnel mal-iluminado. Henri Paul perdeu o controle do carro, que colidiu de frente com uma pilastra de concreto sem proteção que dividia as duas pistas, girando e parando de frente, na contramão.

O motorista e Dodi morreram na hora, enquanto o guarda-costas, o único ocupante que usava cinto de segurança, ficou gravemente ferido, recuperando a consciência duas semanas mais tarde. A princesa ficou presa no espaço entre o banco da frente e o de trás, mortalmente ferida e inconsciente. Os primeiros a chegar ao local foram os fotógrafos, que andavam cerca de trezentos metros atrás do Mercedes, e disseram que ouviram um barulho tão grande que pensaram que Diana tivesse sido vítima de um atentado a bomba.

Um médico francês que passava na hora, Frédéric Maillez, prestou os primeiros socorros, mas não reconheceu quem era aquela mulher que quase não respirava. Em suas palavras, ela estava "inconsciente, gemendo e gesticulando em todas as direções."

Quando a ajuda médica chegou, vários *paparazzi* cercavam o carro tirando fotografias. Um fotógrafo, Romuald Rat, treinado em primeiros socorros, abriu a porta traseira, supostamente para verificar o pulso de Diana, e a consolou em inglês. Outros foram menos caridosos e afirmaram que a porta foi aberta para que ele e os colegas pudessem tirar fotografias mais chocantes da cena sangrenta. O que repeliu a muitos, quando os primeiros relatos incompletos foram divulgados, foi que os fotógrafos não consolaram a princesa moribunda ou telefonaram para pedir socorro. Os relatórios iniciais da polícia descreveram uma cena de desordem com "flashes de máquinas fotográficas disparando como tiros de metralhadora ao redor do lado direito traseiro do veículo onde a porta estava aberta". O primeiro policial a chegar à cena teve de chamar reforços para lidar com os *paparazzi* truculentos, cujas ações ao perseguirem Diana, a princípio, indicavam que ela fora, literalmente, caçada até a morte. Sete fotógrafos foram presos e investigados formalmente por tentativa de homicídio e por omissão de socorro a vítimas de um acidente.

É uma das muitas ironias marcantes em uma vida cheia de tragédias que, quando ainda casada com o príncipe Charles, uma das ambições mais acalentadas por Diana era passar um fim de semana em Paris sem guarda-costas ou fotógrafos, perdida nas multidões. Em vez disso, enquanto a vida lhe escapava, com a buzina do Mercedes tocando pesarosamente na noite, como uma música de despedida macabra, sua vida adulta terminava como começara, na luz reveladora e intermitente do flash de uma máquina fotográfica. Até mesmo na cidade dos sonhos, ela não escapara de seu passado.

As equipes de resgate levaram uma hora para estabilizá-la e retirá-la das ferragens retorcidas antes de, lentamente, levá-la ao hospital mais próximo, o La Pitié-Salpêtrière, para uma cirurgia de emergência. Nessa altura, já era tarde demais. Ela sofrera ferimentos graves na cabeça e no peito e, embora a equipe médica tivesse feito tudo que podia, sabiam que era um caso perdido. Às quatro horas da manhã, três horas em Londres, ela foi declarada morta. Um relatório *post mortem* indicava que a princesa, que nunca recuperou a consciência, provavelmente já estava morta cerca de vinte minutos após a colisão. Como sua mãe, Frances Shand Kydd, disse alguns dias mais tarde: "Sei da gravidade de seus ferimentos e asseguro a todos que ela não sentiu nada. Ela não sofreu nada." E acrescentou: "Minhas informações são de primeira mão", visto como uma censura a Mohamed al-Fayed que, na noite anterior ao funeral, divulgou que ele transmitira as supostas últimas palavras e instruções de Diana para sua irmã mais velha, Lady Sarah McCorquodale, durante uma reunião na Harrods. A rejeição da Sra. Shand às "últimas palavras" foi apoiada por uma declaração do primeiro médico que chegou à cena do acidente.

Logo após o acidente, a rainha e o príncipe Charles, que estavam em Balmoral, foram acordados por assessores e tomaram conhecimento de que Diana estava gravemente ferida. O príncipe ouviu os boletins no rádio a noite inteira, mas não acordou os filhos até mais tarde naquela manhã, quando lhes deu a notícia terrível. "Eu sabia que algo estava errado, fiquei acordando a noite inteira", dizem que o príncipe William revelou. Notícias semelhantes foram divulgadas sobre o primeiro-ministro, Tony Blair, as irmãs de Diana, Lady Sarah McCorquodale e Lady Jane Fellowes, esposa do secretário particular da rainha, Sir Robert Fellowes. Às 4h41 da manhã, o mundo soube da notícia devastadora por meio de uma breve declaração. "Diana, a princesa de Gales, morreu, de acordo com fontes britânicas, a Associação de Imprensa foi informada esta manhã."

Enquanto a nação procurava entender a enormidade de sua perda, a necessidade de atribuir a culpa a alguém foi uma companheira inevitável de seu sofrimento. Antes de descobrirem que o motorista estava bêbado e corria, foram os famosos *paparazzi* que ficaram na mira de tiro. Falando da África do Sul, o conde Spencer foi o primeiro a acusá-los. Visivelmente enraivecido pela perda da irmã, desabafou: "Sempre acreditei que a imprensa acabaria por matá-la. Mas nem mesmo eu poderia imaginar que eles teriam uma participação direta na morte dela como parece ter sido o caso. Parece que todo proprietário e editor de todas as publicações que pagaram para obter fotografias intrusivas e exploradoras dela, que encorajaram indivíduos ávidos e cruéis a arriscarem tudo para perseguir a imagem de Diana, também têm sangue nas mãos."

E continuou: "Finalmente, o único consolo é que Diana agora está em um lugar em que nenhum ser humano pode tocá-la novamente. Rezo para que ela esteja em paz."

A família Fayed também entrou em ação, advogados agindo em nome da família abriram um processo civil contra os fotógrafos que foram presos no local. O porta-voz da família agora denunciava as atividades dos *paparazzi*. "Não há dúvida na mente do Sr. Fayed de que essa tragédia não teria acontecido se os fotógrafos da imprensa não tivessem perseguido o Sr. Fayed e a princesa por semanas." Os *paparazzi*, ele disse, se comportaram como "Índios apache afluindo ao redor de uma diligência da Wells Fargo atirando, não flechas, mas flashes nos olhos do motorista." Central para a discussão foi o argumento de que talvez os *paparazzi* tivessem causado o acidente como resultado direto de suas ações ou, indiretamente, por causa de sua presença indesejada.

Enquanto as recriminações continuavam ao longo de uma semana que acabou sendo um divisor de águas na história inglesa, nas primeiras horas havia questões práticas com relação à organização do funeral de Diana e a triste tarefa de repatriar seu corpo. Como uma princesa de Gales divorciada, sem título de realeza, os cortesãos do palácio, inicialmente, ficaram confusos com o tratamento e o status que deveriam atribuir a ela, tão inseguros com relação a como tratá-la na morte quanto ficaram durante sua vida. Certamente, ela não podia ser tratada como qualquer cidadão comum que morre longe de seu país. A rainha e o príncipe de Gales e seus conselheiros concordaram, ao contrário do que foi relatado, que ela devia receber todas as honras que o status real exige.

Antes de as irmãs de Diana voarem para Paris, o príncipe se reuniu com o resto da família real, inclusive com os príncipes William e Harry, na missa de domingo na igreja de Crathie, perto da propriedade de Balmoral. Os meninos, que tiveram a escolha de irem ou não, insistiram em participar da missa. Embora ela tenha demorado uma hora, nenhuma menção foi feita à morte de Diana, tampouco se rezou por sua alma. Em vez disso, o ministro fez seu sermão original sobre as dúbias alegrias de mudar de casa, repleto de piadas do comediante escocês, Billy Connolly. Essa foi a primeira de muitas diferenças de tom e ênfase entre o povo e o palácio que, a princípio, causaram estranheza e depois viraram ressentimento explícito.

Enquanto a família real rezava, o mordomo de Diana, Paul Burrell, foi um, entre vários funcionários reais, que voou para Paris para organizar o retorno dela para casa. Ele levou consigo uma pequena mala contendo as roupas e a maquiagem dela e passou um longo tempo preparando o corpo para a chegada iminente do príncipe de Gales e das duas irmãs de Diana. Quando o grupo real chegou, naquela tarde, foi levado para a sala de pronto-socorro, no primeiro andar, onde estava o caixão de Diana. Cada um dos membros do grupo passou alguns minutos sozinho se despedindo dela; o príncipe de Gales permaneceu com a ex-mulher por trinta minutos. Ficou claro quando saíram que todos haviam chorado.

Em um dia em que milhões de pessoas no mundo todo, literalmente, não podiam acreditar que a princesa delas estava morta, foi somente quando o BAe146, da esquadrilha de transporte da rainha, se aproximou para pousar na base da força área de Northolt, às 19h do domingo de 31 de agosto, que a enormidade da perda começou a ser percebida de fato. Seu caixão, coberto com a bandeira real e com uma simples coroa de lírios, símbolo de sua família, foi carregado em silêncio pela pista por oito integrantes da força aérea, observados pelo primeiro-ministro e por várias outras autoridades militares e governamentais. Enquanto seu corpo era levado, primeiro para um necrotério particular e depois para o palácio de St. James, os restos mortais de seu companheiro, Dodi Fayed, eram enterrados no cemitério de Brookwood, em Woking, após um serviço religioso na mesquita de Regent's Park.

O primeiro-ministro, que estava em contato estreito com a rainha e com o príncipe Charles, deu vazão aos sentimentos de perda e desespero quando falou à nação na manhã do dia seguinte, de seu reduto eleitoral, em Sedgefield. Falando de improviso, sua voz embargada de emoção, ele descreveu Diana como "um ser humano maravilhoso e carinhoso."

"Ela tocou as vidas de muitas pessoas na Grã-Bretanha e no mundo inteiro com alegria e consolo. As dificuldades que enfrentou, tenho certeza que podemos apenas imaginar. Porém, as pessoas em todos os lugares, não apenas aqui, tinham fé na princesa Diana. Eles gostavam dela, eles a amavam, eles achavam que ela pertencia ao povo. Ela foi a princesa do povo e é assim que ela permanecerá, como permanecerá em todos os corações e na memória de todos para sempre."

Embora esse tenha sido o primeiro de muitos tributos feitos por personalidades do mundo inteiro, ele capturou perfeitamente o espírito da nação em uma semana histórica que viu o povo inglês, com intensidade sóbria e dignidade raivosa, colocar em julgamento o *ancien régime*, notavelmente uma mídia de massa elitista, exploradora e dominada por homens, e uma monarquia indiferente. Durante uma semana, a Grã-Bretanha sucumbiu ao poder das flores; o aroma e a visão de milhões de buquês eram um testemunho mudo e marcante do amor que as pessoas sentiam por uma mulher que foi desdenhada pela elite durante sua vida.

Portanto, foi completamente apropriado quando o palácio de Buckingham anunciou que seu funeral seria "uma missa única para uma pessoa singular". Os ramalhetes de flores, os poemas, as velas e os cartões colocados no palácio de Kensington, no de Buckingham e em outros lugares falaram mais alto sobre o espírito da nação e o estado da Grã-Bretanha moderna. "A família real nunca respeitou você, mas o povo respeitava", dizia uma mensagem, enquanto centenas de pessoas, a maioria das quais nunca a conhecera pessoalmente, se dirigiam ao palácio de Kensington para prestar sua homenagem silenciosa e expressar seu sofrimento, aflição, culpa e arrependimento. Estranhos completos se abraçaram e se consolaram, outros esperaram pacientemente para depositar suas dádivas, alguns rezaram em silêncio. Quando a noite caiu, os jardins estavam banhados por uma incandescência etérea exalada por milhares de velas, transformados em um lugar de peregrinação, o qual Chaucer teria reconhecido. Todos foram bem-recebidos, e todos vieram, formando um arco-íris de jovens e idosos de todas as cores e nacionalidades. Ricos e pobres, refugiados, portadores de necessidades especiais, solitários, curiosos e, inevitavelmente, multidões de turistas. Ela foi a única pessoa na terra capaz de se comunicar com aqueles britânicos que foram empurrados para as margens da sociedade, assim como com aqueles que os governavam.

De alguma maneira, a vida de Diana, sua vulnerabilidade, força, fragilidade, beleza, compaixão e busca por satisfação os tocaram, os inspiraram e, por fim, os comoveram, talvez mais do que qualquer outra coisa em suas vidas. Ela não só capturou o espírito da época, espelhando a sociedade, como por um tempo fizera a monarquia, mas sua vida e sua morte pareceram, na época, formar parte de um ciclo religioso de pecado e redenção. Era uma mulher genuinamente boa e cristã que foi martirizada por nossos pecados, exemplo perfeito de nosso apetite estranho por fama. A cantora Madonna confessou. "Por mais que eu queira acusar a imprensa, nós todos temos sangue nas mãos. Todos nós, até eu, compramos aquelas revistas e as lemos." Até as camisetas apressadamente estampadas com o sentimento ridículo: "Nasceu princesa, morreu santa" expressava o sentimento do espírito popular a menos de mil dias antes do novo milênio

Aqueles poucos dias após sua morte capturaram para sempre o contraste entre a princesa e a casa de Windsor: a abertura dela, a distância deles; a afetividade dela, a frieza deles; a espontaneidade dela, a inflexibilidade deles; o glamour dela, a insipidez deles; a modernidade dela, o ritual desgastado deles; a generosidade emocional dela, a indiferença deles; a aliança colorida dela, a corte de aristocratas deles. Como a comentarista Polly Toynbee escreveu: "Diana, a Difícil foi um problema com o qual o palácio conseguia lidar, mas a santa Diana é algo que o palácio nunca poderá superar... Se algum dia a monarquia chegar pacificamente ao fim, o fantasma de Diana terá desempenhado um papel nisso."

Enquanto a família real passava a semana em reclusão em Balmoral, eles pareciam um clã perturbado e estupefato pelos acontecimentos, recolhendo-se em vez de liderar a nação enlutada. Embora isso tenha sido uma pressuposição completamente injusta, a crescente irritação da nação com o comportamento deles não era novidade. Durante a década de 1980, quando os britânicos sofreram uma série de desastres pavorosos, notavelmente a tragédia do estádio de futebol de Hillsborough, a queda do avião da Pan Am em Lockerbie e o naufrágio do cruzeiro de férias *Marchioness*, foi notável a ausência da família, que preferiu permanecer de férias em vez de comparecer a missas comemorativas. Naquela época, ela foi muito criticada, embora o ódio tenha logo diminuído. Dessa vez, a força do sentimento ameaçava tomar conta de tudo. Foi, talvez, uma sorte que um encontro de caça a veados, planejado para aquela semana na propriedade de Balmoral, não tenha ido adiante.

Enquanto a missa na igreja de Crathie causava estranheza, o ressentimento crescia à medida que o palácio parecia mais preocupado com o protocolo do que com os desejos do povo. O público estava irritado por causa de vários pequenos detalhes; a polícia, a princípio, se recusou a autorizar que buquês de flores fossem colocados do lado de fora do palácio de Buckingham, onde a bandeira nacional, ao contrário das presentes em quase todas as edificações públicas da Grã-Bretanha, não fora hasteada a meio pau. Os que desejavam prestar sua homenagem tinham que esperar até 12 horas para assinar um dos cinco livros de condolências no palácio de St. James — esse número foi aumentado para 43 apenas após reclamações feitas pelo público. Mais importante do que a resposta inadequada da família real para a manifestação do sofrimento do público foi a impressão de que seus integrantes estavam voltando as costas para a nação quando esta mais precisava deles. A decisão da rainha de chegar a Londres na manhã de sábado para o funeral até provocou o historiador lorde Blake a criticar os cortesãos por obedecerem tão rigorosamente as regras de comportamento real. "Nunca mais haverá outra princesa Diana", ele desabafou. O jornal *Sun* foi direto: "Onde está a rainha quando precisamos dela? Ela está a novecentos quilômetros de Londres, o ponto focal da dor nacional."

Pela primeira vez, esse não era somente o desabafo bombástico de um tabloide. De uma forma que dizia respeito diretamente ao papel de uma monarquia em um estado democrático moderno, as pessoas desejavam ver a chefe de Estado unificar e consolar, assumindo a posição dela no centro do cenário nacional em vez de observar do lado de fora. Portanto, ouviu-se uma onda de aplausos vinda da multidão do lado de fora do palácio de Buckingham quando foi anunciado que a rainha estava voltando à capital e falaria com a nação na véspera do funeral. "Nossa mãe está voltando para casa", anunciou um homem de meia-idade, quase sem poder conter as lágrimas. O afeto, o carinho e a generosidade do tributo da rainha, feito da varanda com vista para a Mall, calou muitas línguas ferinas. Ela comunicou aos telespectadores: "O que digo a vocês como sua rainha e como avó, digo do fundo do meu coração. Em primeiro lugar, quero eu mesma prestar minha homenagem a Diana. Ela foi um ser humano excepcional e talentoso. Nos bons e maus tempos, ela nunca perdeu a capacidade de sorrir e rir, inspirar os outros com seu afeto e sua gentileza. Eu a admirava e respeitava por sua energia e comprometimento com os outros, sobretudo por sua dedicação aos filhos." Ela continuou a explicar que em Balmoral, naquela semana, a família real tentara ajudar os príncipes William e Harry a aceitarem a "perda devastadora" que sofreram.

A decisão, sem precedentes, de autorizar que a bandeira nacional fosse hasteada a meio pau no palácio de Buckingham após a saída da rainha para comparecer à missa fúnebre; o acordo para dobrar o comprimento da rota do desfile fúnebre; os passeios da rainha e do príncipe Philip diante do palácio de Buckingham; assim como os do príncipe de Gales e de seus filhos diante do palácio de

Kensington demonstraram que a soberana, seu herdeiro e o primeiro-ministro percebiam o que a rainha chamou de "reação extraordinária e comovente" à morte de Diana e respondiam a ela.

Embora a rainha tenha emergido, esplendidamente, das sombras, foi a presença do príncipe William, o portador natural do legado de Diana, o verdadeiro foco de afeto. Quando ele se juntou ao pai e ao irmão diante dos portões do palácio de Kensington, o jovem de sorriso envergonhado, porém digno, foi tratado com o tipo de êxtase adulatório mais apropriado a uma visita papal, algumas mulheres caindo em prantos quando beijaram a mão dele.

Esse espírito de devoção foi refletido na forma como Diana partiu. Seu funeral foi, em imagem e som, mais medieval do que moderno. Houve o badalo triste do sino de tenor a cada minuto enquanto o caixão, acomodado em uma carruagem de artilharia puxada por cavalos, fez seu caminho sombrio do palácio de Kensington até a abadia de Westminster. Houve também o silêncio tenso da multidão; a solenidade antiga da missa cristã; e as flores atiradas pelas ruas quando o corpo de Diana foi levado para Althorp, onde, após uma cerimônia particular, foi enterrado em uma ilha chamada Round Oval, situada em um lago na propriedade ancestral da família.

Até mesmo as críticas penetrantes que o conde Spencer fez à família real durante a oração fúnebre, sentimentos que atraíram murmúrios de aprovação das multidões do lado de fora, foram recordações do atrevido conde de Essex que ousou desafiar Elizabeth I diante de todos os seus cortesãos. A imagem dos príncipes William e Harry seguindo a carruagem de artilharia ressoante expressava vividamente a intimidade da perda deles, revelando os Spencer e os Windsor não como figuras distantes e tremeluzentes, mas como duas famílias unidas pelo sofrimento.

Embora o estilo fosse antigo, quase tribal, a essência naquele dia, 6 de setembro de 1997, será vista pelos historiadores como a marca do esfarelamento do velho regime hierárquico e a chegada de uma era mais igualitária. Quando a rainha fez uma reverência ao caixão da princesa enquanto ele passava pelo palácio de Buckingham, ela o fazia não apenas para Diana, mas para tudo que ela representara, valores que expressam muito da Grã-Bretanha moderna — "O autocontrole britânico das emoções versus o tremor do lábio inferior", como um piadista verbalizou.

A apresentação emocionante de Elton John cantando "Candle in the Wind", reescrita para incorporar um tributo a Diana, expressou os sentimentos de todos. O conde Spencer deu expressão aos pensamentos da nação com uma honestidade incisiva e implacável. Ele desafiou a soberana e a família dela, assim como os representantes da imprensa, implicitamente censurando a família real por retirar o título de Diana e pela maneira como os filhos eram criados. Diana, ele disse, "não precisava de um título de realeza para continuar a espalhar sua magia particular", uma referência ao fato de a rainha ter tirado da princesa o direito de ser chamada de "Sua Alteza Real" quando ela se divorciou. Não foi surpresa alguma que, quando seu cunhado, o secretário particular da rainha, Sir Robert Fellowes, transmitiu, mais tarde naquele dia, a oferta de restituir o título de honra, seu irmão tenha recusado peremptoriamente.

Os Windsor também não foram poupados pelo conde Spencer pela maneira como criavam os filhos. "Em nome de sua mãe e de suas irmãs, prometo que nós, sua família de sangue, faremos tudo que pudermos para continuar a maneira imaginativa e amorosa com a qual você orientava esses dois jovens excepcionais para que as almas deles não sejam apenas imersas no dever e na tradição, mas possam cantar livremente como você planejou."

Após elegantemente atacar os Windsor como uma família disfuncional, ele continuou e bateu com força nos meios de comunicação de massa. "Minha própria e única explicação [para o tratamento que ela recebeu da mídia] é que a bondade genuína é uma ameaça para aqueles que se colocam do lado oposto do espectro da moralidade. É algo a ser lembrado que, entre todas as ironias a respeito de Diana, talvez a maior delas seja — uma moça que recebeu o nome da antiga deusa da caça foi, no fim, a pessoa mais caçada da modernidade."

Embora tenham sido esses os sentimentos que provocaram aplausos espontâneos na congregação, ele falou com sagacidade sobre o caráter da irmã, a quem chamou de "a única, complexa, extraordinária e insubstituível Diana, cuja beleza, tanto interna quanto externa, nunca será apagada de nossas mentes." Ele elogiou seu estilo, compaixão, dons de intuição e sensibilidade, e admitiu que seus sentimentos de insegurança e falta de autoestima haviam provocado seus distúrbios alimentares.

O irmão, da mesma forma que a família real e os amigos e conselheiros dela, ficou espantado com a efusão de sofrimento impressionante provocada por sua morte e alertou para que não se canonizasse a memória dela. "Você permaneceu suficientemente altiva como um ser humano de qualidades singulares, que não precisa ser vista como uma santa", afirmou.

Acabou sendo uma esperança vã. Ao mesmo tempo em que um fundo estabelecido em sua memória atraía centenas de milhões de libras — o tributo a Diana por Elton John se tornaria o disco mais vendido no mais curto espaço de tempo jamais visto, e livros, vídeos, revistas e outras lembranças surgiram da noite para o dia —, Diana se juntava ao panteão dos imortais. Da mesma forma que Graceland, a casa de Elvis Presley, seu derradeiro lugar de descanso em Althorp se tornou um lugar de peregrinação e admiração. Ela recebeu vários prêmios póstumos — o Prêmio Nobel da Paz teria sido muito apropriado —, seu nome foi dado a hospitais, clínicas para doentes terminais e outras causas de caridade pelo mundo, enquanto que seu trabalho e memória continuam inspirando muitos nesta geração a levar vidas mais dignas e mais recompensadoras.

Está claro que havia duas Dianas, de um lado a pessoa conhecida pelos amigos e pela família e, do outro, o ícone venerado, a projeção de milhões de fantasias, esperanças e sonhos. Muitos dos que a conheceram na juventude, uma princesa perturbada e uma divorciada buscando por felicidade, ainda continuam perplexos pela efusão global de pesar. Sua morte não provocou o tipo de histeria de massa que é frequentemente visto em shows de música popular, mas algo muito mais profundo. Muitos médicos falaram na "Síndrome de Diana" quando lidaram com membros do público perturbados que os procuraram para pedir ajuda pela morte da princesa haver despertado neles memórias dolorosas que estavam profundamente enterradas.

Como então explicamos Diana, o indivíduo, e Diana, o fenômeno? Em sua vida, Diana foi uma teia complexa de contradições; destemida, mas frágil; pouco amada, mas adorada; carente, mas generosa; obcecada com ela mesma, mas abnegada; inspiradora, mas desesperada; necessitada de conselhos, mas avessa a críticas; honesta, mas insincera; intuitiva, mas ingênua; extremamente sofisticada, mas constantemente incerta; e manipuladora, mas inocente. Ela podia ser teimosa e exagerada, uma perfeccionista com defeitos capaz de desarmar a todos com uma frase espirituosa autodepreciativa; seus olhos azuis penetrantes seduziam com um olhar de relance. Sua língua materna não conhecia fronteiras; seu vocabulário era o sorriso, a carícia, o abraço e o beijo, não o enunciado ou o discurso. Ela foi infinitamente fascinante e permanecerá eternamente enigmática.

Por toda a vida, ela foi guiada, não por discussões ou debates, mas pelo instinto e pela intuição. Foi um rio que a levou em uma jornada aos mundos dos astrólogos, videntes, profetas e terapeutas. Aqui jaz a chave que abre as portas que existem entre sua personalidade e o apelo universal. Essa é a razão pela qual, se Diana tivesse vivido para sempre, a mídia nunca a teria entendido ou apreciado. Ela não pertencia ao mundo dela nem compartilhava seus valores. Quando ela olhava para uma rosa e se encantava com sua beleza, eles contavam as pétalas.

No trabalho, Diana abraçou os que estavam às margens da sociedade — leprosos, portadores da Aids e outros —, e muito da sua atração reside na maneira como ela se conectou a uma corrente subterrânea espiritual na sociedade, uma abordagem essencialmente feminina à existência que, por séculos, foi forçada a esconder. Seu apelo dirigia-se às emoções e não ao intelecto, sua natureza intuitiva e provedora, assim como a maneira como foi usada e explorada pelos homens em sua vida, fossem príncipes ou fotógrafos, refletia a forma como muitas mulheres veem a própria vida. No fundo, ela foi uma feminista que defendeu os valores femininos em vez de simplesmente buscar aceitação em um mundo dominado por homens. Sua importância agora permanece não apenas no que fez durante a vida, mas no sentido de sua vida, a inspiração que ela foi para outros, sobretudo para as mulheres, para buscarem a própria verdade.

Quando os historiadores refletirem sobre sua reputação e seu legado, eles considerarão Diana, a princesa de Gales, como uma das figuras mais influentes desta ou de qualquer época. Enquanto existirem poetas, dramaturgos e homens com corações a serem quebrados, histórias serão contadas sobre a princesa que morreu do outro lado das águas e voltou para casa para ser coroada como rainha; a rainha de todos os nossos corações.

Diana, a princesa de Gales. Ela escreveu poesia em nossas almas. E nos deixou maravilhados.

Este livro foi composto na tipologia Palatino LT Std,
em corpo 11/15, impresso em papel off-white
no Sistema Cameron da Divisão Gráfica
da Distribuidora Record.